中小学国学教育理论研究与实践

主编 陈涵平 郑国岱

编委（按姓氏笔画排列）
刘石泉　刘兴晖　李杰荣　余新明
陈涵平　侯立兵　郑国岱　徐世中
葛立斌

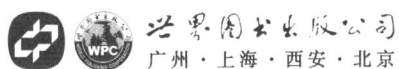

图书在版编目（CIP）数据

中小学国学教育理论研究与实践/陈涵平，郑国岱主编.—广州：世界图书出版广东有限公司，2022.2
　ISBN 978-7-5192-9368-0

　Ⅰ.①中…　Ⅱ.①陈…②郑…　Ⅲ.①中华文化—教学研究—中小学　Ⅳ.①G633.302

中国版本图书馆CIP数据核字（2022）第009478号

书　　名	中小学国学教育理论研究与实践 ZHONGXIAOXUE GUOXUE JIAOYU LILUN YANJIU YU SHIJIAN
主　　编	陈涵平　郑国岱
责任编辑	冯彦庄
策划编辑	陈名港
装帧设计	传欣设计
责任技编	刘上锦
出版发行	世界图书出版有限公司　世界图书出版广东有限公司
地　　址	广州市海珠区新港西路大江冲25号
邮　　编	510300
电　　话	（020）34201967
网　　址	http://www.gdst.com.cn
邮　　箱	wpc_gdst@163.com
经　　销	各地新华书店
印　　刷	广州市迪桦彩印有限公司
开　　本	787 mm×1 092 mm　1/16
印　　张	17.25
字　　数	321千字
版　　次	2022年2月第1版　2022年2月第1次印刷
国际书号	ISBN 978-7-5192-9368-0
定　　价	58.00元

版权所有　翻印必究
（如有印装错误，请与出版社联系）

序

新一轮的中国传统文化教育，自20世纪90年代中期迄今，已经20多年了。20多年间，全社会对传统文化意义与价值的认识越来越深化，对传统文化教育投入的资源也越来越多。20多年来的传统文化教育，以2012年和2013年之交为分界，此前主要是民间力量在努力，广大家长、一线校长和教师、民办私塾和书院在合力推动。一些有识之士意识到了传统文化教育的重要，认为这是寻根、固本、筑基、铸魂的工作，因而利用各种资源和途径开展这一教育。此后，政府强势介入，积极倡导，大力扶植，系统规划。2014年3月，教育部发布了《完善中华优秀传统文化教育指导纲要》，第一次对中小学的传统文化教育做了整体规划，着力突出中华优秀传统文化教育在各学段的教学目标和任务，致力于"教什么、怎么教"问题的解决，为中小学的传统文化教育确定了基调，划定了准绳，具有明确对象、指示内容、指明方向的意义。2017年1月，中共中央办公厅、国务院办公厅印发了《关于实施中华优秀传统文化传承发展工程的意见》。它在更高的站位上，提出了要将传统文化教育贯穿国民教育的各个环节、各个阶段的目标，提出了构建中华文化课程和教材体系的任务，甚至提出了各级党委和政府要切实把中华优秀传统文化传承发展工作"纳入考核评价体系"的要求，这就为中小学的传统文化教育提供了新的动力，开辟了更加广阔的空间。正因为上下一心，多方联动，传统文化教育在我国开展得如火如荼，大有方兴未艾之势。

不必讳言，而且必须正视的是，我们现今的传统文化教育中还存在着诸多问题。由于传统文化教育的研究相对滞后，人员也少，工作有待深入，没有扎实的研究做基础，没有深厚的学术为依托，人们普遍对为什么教学、教学什么、怎么教学感到迷茫。有的学校之所以开设传统文化课程，不过是基于"别人有，我也要有"的攀比，是因为"别人这么做，我也这么做"的跟风。就连传统文化到底包括哪些内容、它与"国学"是怎样的关系、传统文化和传统文化教育的区别在哪里等最基本的问题，一些从业人员也不完全清楚。从整体上说，传统文化教育还处在各自为阵的状态，到底是学经典，还是读蒙书、背诗歌，没有一定之规，全靠各地主事者的喜好；至于是否讲解、以怎样的方式记诵，就更是多姿多彩。大家都在摸索之中，呈现出百花齐放的样态，但没有章法，没有规范，使得乱象丛生，弊病昭彰。诸如我们一再指出的，在教育目的上存在着功利化、狭隘化的问题，在教学内容上存在着碎片化、庸俗化的问题，在教学方法上存在着仪式化和复古化的问题，还有整个教育、教学过程中非教育化的问题。

现今传统文化教育中存在的种种问题，都可以归结为缺乏合格的师资。众所周知，这个问题是制约传统文化教育健康、持久、有效开展的主要瓶颈。很多学校有很强烈的开设这门课程的愿望，但因为没有必要的师资，此事只好搁浅。一些开设传统文化课程的学校，师资也难以胜任。现今有关传统文化教育的很多争议，也集中在师资问题上。比如，较早开展传统文化教育的一些私塾和书院，每每因陋就简，既没有必要的门槛，更无研修培养计划，甚至根本不把师资问题的解决当作责任。为了推广读经，扩大影响，形成声势，不辨贤愚，兼收并蓄，广纳信众，以至于胸无点墨的"阿猫阿狗"，都能滥竽其间。不少人既无经师的学识，也无人师的风范。最为根本的师资问题没有解决，所谓的传统文化教育，不过是毫无章法、令人痛心疾首地乱搞一气。

我们还应该注意到，传统文化教育的师资解决起来之所以难，难就难在一名合格的教师，不仅要有传统文化的基本素养，而且要有教育学的起码训练。一方面，无论是教育学，还是传统文化，内容都丰博繁富，一个人即便穷毕生的精力，也难以精熟；另一方面，这两个学科的知识，一个主要属于中国古代，一个则主要在现代西方，缺少内在的逻辑关联。这就决定了一个人的知识结构很难兼而有之。所以，现在从事传统文化教育的人，往往要么没有传统文化的基本素养，要么没有教育学的起码训练，更有的甚至两者都不具备。

进一步说，虽然现在在中小学开设的其他科目，也可能会遇到没有合格师资的问题，但因为这些学科历史悠久、传统丰厚，无论是教学的内容，还是教学的方式、方法，都经过了较长时间的实践，有成熟、稳定的范式，入手之后，仿效不难。传统文化教育是一个新兴的学科，虽然它在中国有过两千多年的悠久传统，但也中断了近百年，以至于现在很多人对这一传统一无所知。此外，即便我们现在利用这一传统，也不能完全照抄、照搬，而必须在社会结构发生了全面变革的时代，对其教学内容或资源进行创造性转化，对其教学方式和方法进行创新性发展。也就是说，从事传统文化教育，很多工作都要从头开始，很少前规可供仿效，极少现存的经验可供借鉴，所谓"凡事创者难为功，因者易为力"，这就大大增加了成为传统文化教育合格师资的难度。

在学校的所有资源中，教师是最为重要的资源。教育水平的高低、教学质量的好坏，在很大程度上取决于教师。传统文化教育的师资问题，是开设这门课程首先要解决的问题，现在已经引起了各方面高度的重视，并试图通过各自的努力加以解决。

作为传统文化教育的研究者，我们也意识到了这一问题，并希望通过编写传统文化教育教师的培训教材《中国传统文化教学论》，为解决这一问题贡献绵薄之力。

2017年9月，广东第二师范学院的郑国岱来到北京师范大学，作为我的访问学者，参加了我们团队的科研工作。一次在讨论《中国传统文化教学论》的编写大纲之后，国岱对我说："老师，我们广东第二师范学院国学教育团队也计划编写一本这样的培训教材。"并告诉了我编写计划。当时我想，我们各有侧重，一个偏向理论，系统完备，一个偏向实践，多有教学案例，完全可以并行不悖。一年之后，国岱回到广东，一头扎进传统文化教育，以广东教育学会国学教育专业委员会为平台，以"公益岭南国学夏令营"为阵地，将广东的传统文化教育开展得有声有色、红红火火。三年来，我和我的团队因为忙于《中小学传统文化教育指导标准》的研制，忙于《中华传统文化》教材全国版和各地方版的编写，搁置了《中国传统文化教学论》的编写工作。而广东第二师范学院国学教育团队在陈涵平教授的带领下，书稿的编写工作进展很顺利。陈涵平教授是我的朋友，国岱是我的学生，而且也是该书的主编之一，所以他们的《中小学国学教育理论研究与实践》如期告成，国岱就索序于我。我为国岱近年在传统文化教育领域所做的努力感到欣慰，也为他们团队所取得的成绩感到高兴，故欣然应允为序，希望并祝福他们今后取得更多、更大的成就。

是为序。

徐　梓
2020年7月21日

目 录
CONTENTS

第一编 理论探索与拓展

第一章 国学与国学教育 ································· 2
  第一节 国学 ··· 2
  第二节 国学教育 ·· 19

第二章 国学教育的内涵、体系和方法 ············ 33
  第一节 中小学国学教育的样本分析 ············· 33
  第二节 国学教育的内涵、体系和方法 ············ 43

第三章 国学教育与基础教育改革 ·················· 52
  第一节 基础教育阶段国学教育面临的历史机遇 ········· 52
  第二节 基础教育阶段国学教育面临的挑战 ··············· 54
  第三节 基础教育阶段国学教育的改进措施 ··············· 58

第四章 国学教育与学生核心素养发展 ············ 63
  第一节 "中国学生发展核心素养"的提出 ············ 63
  第二节 中华优秀传统文化教育是学生文化基础的主要来源 ········· 67
  第三节 中华优秀传统文化教育是学生参与社会的精神引领 ········· 75
  第四节 中华优秀传统文化教育是学生自主发展的文化力量 ········· 84

第二编 体系改造与重建

第五章 国学教育与课程改革 ························· 90
  第一节 国学课程的定义与价值 ····················· 90
  第二节 开设国学课程的意义与依据 ··············· 92
  第三节 国学课程的开发现状与改革必要性 ········· 96
  第四节 国学课程改革的主要内容 ·················· 99
  第五节 国学课程的实施策略 ······················· 106

第六节　国学课程改革应注意的问题与发展趋势……………… 108

第六章　国学教育与学科渗透…………………………………… 112
第一节　通方知类：国学教育与学科渗透的观念与趋势……… 112
第二节　"超以象外，得其环中"：中小学国学教育与学科渗透的现状与展望…………………………………………………… 117

第七章　国学教育与特色学校创建……………………………… 129
第一节　学校特色与特色学校……………………………………… 130
第二节　传统文化教育与特色学校创建…………………………… 139

第八章　国学教育与校园文化建设……………………………… 145
第一节　校园文化系统与国学教育………………………………… 145
第二节　国学教育对校园文化建设的参与………………………… 149
第三节　校园文化建设导入国学教育的实践……………………… 155

第九章　国学教育与教材建设…………………………………… 162
第一节　当前常见的国学教材……………………………………… 164
第二节　当前国学教材编写特点…………………………………… 167
第三节　编写国学教材应当注意的问题…………………………… 173

第三编　教法提炼与实践

第十章　国学教育的基本原则和常用方法……………………… 180
第一节　中小学国学教育的基本原则……………………………… 180
第二节　中小学国学教育的常用方法……………………………… 194

第十一章　国学经典教育的课堂教学模式……………………… 204
第一节　"三元五场"国学经典课堂教学模式…………………… 204
第二节　跨文化视野下的小学国学经典"点融通"教学研究…… 217

第十二章　国学经典教育典型课例分析………………………… 229
第一节　小学国学经典教育课例…………………………………… 229
第二节　中学国学经典教育课例…………………………………… 244
第三节　国学教育学科渗透课例…………………………………… 256

后　记……………………………………………………………………… 266

第一编

理论探索与拓展

第一章　国学与国学教育

国学，即一国固有之学。清末民初，西学东渐，"国学"作为统揽中国学术文化的"概念"被提出来，以之与"西学"抗衡。1937年后，在历史风云变幻中，国学一度沉寂。直至20世纪90年代，国学再度复兴，并形成一股热潮。国学持续大热，又推动了国学教育的发展。至今，经过百余年的发展，国学与国学教育都取得了相当大的成就，但在国学的推进和国学教育的践行中，也一直存在着争议。本章通过梳理国学和国学教育的发展，阐明相关问题，以期使人们对国学和国学教育有更清楚的认识。

第一节　国学

"国学"一词，古已有之。《周礼·春官·乐师》记："乐师掌国学之政，以教国子小舞。"孙诒让《周礼正义》注曰："国学者，在国城中王宫左之小学也。"可见，"国学"原指国家设立的一级学校。清末鸦片战争后，西学东渐，文化亦随之转型。面对西学的强大冲击，"国学"又被再提出来，但语义已发生转移，乃指一国本有之学，以之与西学对峙，寻求民族文化认同和民族文化自信。"国学"的提出，由此开启了一百多年的发展道路。

一、国学的发展

纵观国学百余年的发展史，大致可以分为三段：一是1840至1948年，是国学的兴起期；二是1949至1989年，是国学的沉寂期；三是1990年至今，是国学的复兴期。

（一）兴起期（1840至1948年）

国学的提出与兴起，缘于西方文化的冲击和对传统文化的批判反思。1840年鸦片战争的失败，使有识之士开始自我反省，并兴起了一股学习西方文明的风气。先是魏源提出"师夷长技以制夷"，后又形成"洋务运动"，其代表人物张之洞提出了"中学为体，西学为用"，即在保留中国传统价值观念的基础上去学习西方先进的科学技术。但1894年甲午中日战争的失败，又引来时人对洋务运动的质疑，如严复以"牛体马用"来批驳"中体西用"，认为不但要学习西方先进的科学技术，还要学习西方的体制文明。1898年的戊戌变法，就是要求学习西方的政治制度文化。而戊戌变法的惨败和辛亥革命胜利的果实被袁世凯所窃取，又使人们进一步思考中国传统文化最深层次的"道统"问题。所以1915年的新文化运动进行了一场彻底的思想改革，激进的青年学者以全盘西化的态度，一方面，发起对中国传统文化的全面检讨，要求"打倒孔家店"，粉碎"吃人的旧礼教"；另一方面，开展对西方文化的全面学习，高举"德先生"（民主）和"赛先生"（科学）两面大旗，从精神层面上接受西方的自由、民主、平等和马克思主义。

当时的中国，积贫积弱，内忧外患。从历史进程来看，现代化是中国历史发展的必然选择。所以，从洋务运动、戊戌变动、辛亥革命、新文化运动，再到五四运动，除旧革新，是历史正确的选择和走向。但从中也可看到，西学步步紧逼，而传统文化则节节后退。面对西方的军事侵略和文化入侵，民族自觉和文化认同也在苏醒。在这样的背景下，为了保存中国传统文化、抵御西学，"国学"被提了出来。一方面，以"国学"与西学抗衡，寻求文化上的认同；另一方面，以"国学"来挽救国家民族危难，保国存种。

19世纪末，受"欧化主义"的刺激，日本学界提倡"国学"，以区别于"汉学"和"西学"。这触动了处境相似的中国学人。1902年，梁启超致信黄遵宪，商议创办《国学报》，"以保国粹为主义"。1904年，邓实发表《国学保存论》，次年又与黄节等人成立国学保存会，以"研究国学，保存国粹"为宗旨，发行《政艺通报》和《国粹学报》。这标志着国学在中国的立足。1906年，邓实撰文《国学讲习记》："国学者何？一国所有之学也。有地而人生其上，因以成国焉，有其国者有其学。学也者，学其一国之学以为国用，而自治其一国也。"①一国有国之学，中国自有中国之学，这是相对西学而言。可见，邓实侧重于文化学术的国域界限，强调的是民族性，以求文化认同。

1906年，章太炎在东京创立国学讲习会，后又成立国学振兴社。在署名为"国学讲习会发起人"的《国学讲习会序》中，有言："夫国学者，国家所以成立之源泉也。吾闻处竞争之世，徒恃国学不足以立国矣，而吾未闻国学不兴而国能自立者也。吾闻有国亡而国学不亡者矣，而吾未闻国学先亡而国乃立者也。故今

---

① 原载于《国粹学报》第19期，1906年8月9日。

日国学之无人兴起,即将影响于国家之存亡。"①这显然是将国学视为立国兴邦的根基,阐述了国学与国家存亡的关系,强调了民族文化认同的重要性。在当时的历史时势下,将国学与救亡图强关联在一起。

随着中西文化交流的深入,国人发现西方文明亦非尽善尽美,中西文化两相比较,中国传统文化也有很多有价值的东西,如1920年梁启超旅欧归回后撰写的《欧游心影录》和1921年梁漱溟出版的《东西文化及其哲学》,对中西文化进行比较,分析了各自的优缺点,不再将西方文化凌驾于中国传统文化之上。这使国人对传统文化有了新的认知,也对中华文明增添了几分自信。

与此同时,国人也在反思:全然否定自己的传统文化是否可行?这种反思又促使国人不断去传授国学和研究国学,从而在20世纪二三十年代引发了一股国学热潮。1920年底,唐文治等人筹建无锡国学专修学校,延聘当时的国学导师,培养了一批国学学者。1922年,章太炎在上海讲授国学,培养了近现代许多国学大家,而他的讲演也由人整理成《国学概论》和《国学讲演录》出版。1922年,东南大学梅光迪等人创办《学衡》杂志,同一年,北京大学成立国学门,开展国学研究。1925年,清华大学创建国学院,聘请王国维、陈寅恪等培养国学人才。其后,很多高校,包括教会大学诸如燕京大学、辅仁大学等,都纷纷成立国学研究机构。在这十年,出版了一大批国学著作,如钟泰《国学书目举要》(1925)、徐文泰《国学入门》(1925)、范祎诲《二千五百年来之国学》(1927)、顾荩臣《国学研究》(1930)、钱穆《国学概论》(1931)、蒋梅笙《国学入门》(1934)等。

这股国学热潮也引发了一场论争。有人对"国学"表示了质疑,认为"国学"是个含糊笼统的名词,是时代的产物,未来恐怕也不成立。曹聚仁是章太炎的入室弟子,曾将章太炎讲授的国学内容整理成《国学概论》出版,但也表示:"'国学'一名词虽流行于全国,实际上还含混糊涂,没有明确的观念可得到呢!"陈独秀在1923年发文也表示"国学是什么,我们实在不大明白",并在文末转录了曹聚仁的话,言:"我老实说,就是再审订一百年也未必能得到明确的观念,因为'国学'本就是含混糊涂不成一个名词。"②郑伯奇亦言:"本来'国学'二

---

① 原载于《民报》第7号,1906年9月5日。《国学讲习会序》发表时署名为"国学讲习会发起人",或考虑到章太炎创立了"国学讲习会",又时任《民报》主编,不少人将《国学讲习会序》归于章太炎名下。但也有人考为章士钊(行严)所作,并将此文收入《章士钊全集(第一卷)》,文汇出版社,2000,第3-7页。
② 陈独秀:《寸铁·国学》,原载于《前锋》第1期,1923年7月1日。

字是很笼统的名词,而国学运动云云更令人不易理解。"①钱穆也认为国学"特为一时代的名词","将来亦恐不立"。②国学,是在西学东渐的背景下提出来的,无疑是一个新名词。国学的内容与范围,也无明确划分,时人常作宽泛的诠释,也的确是国学存在的问题。

到了20世纪30年代,中西文化之争更为激烈,有学者表示中国文化应该全盘西化,亦有学者坚持中国本位的文化立场。1933年,陈序经在《中国文化之出路》列举了中国学术的三个派别:复古派、折衷派和西洋派。他自认为是西洋派,即全盘接受西方文化,认为西方各方面都比中国好,中国要想发展必须全盘西化才有可能。与之针锋相对的是1935年王新命、何炳松等十位教授发表的《中国本位文化的建设宣言》,这篇文章一开头就作惊人之论:"从文化的领域去展望现代世界里面固然已经没有了中国,就是在中国的领土里面,也几乎没有了中国人。"所以表示:"中国要有自我的意识,要有世界的眼光,既不要闭关自守,也不要盲目模仿。"③现代化是中国不可逆的发展方向,但现代化并不就等于全盘西化,而丧失本位的文化,也就成为西学的附庸,被西方文化所征服,最终成为殖民文化。

在保存中国固有文化和全盘接受西方文化之间,还有主张"整理国故"的。1919年12月,五四运动之后,正是新文化运动达到顶点的时候,胡适在《新思潮的意义》④提出"整理国故"的口号,并身体力行。1923年,胡适在《国学季刊》的创刊宣言中又提出从三个方面来"整理国故"。同年,胡适应邀为清华学子拟出"最低限度的国学书目",向广大青年大力推荐。这让胡适在当时受到了猛烈的抨击,1927年他撰写《整理国故与"打鬼"》⑤辩解道,"烂纸堆"里有无数的老鬼,能吃人,能迷人,整理国故就是为了"捉妖""打鬼"。胡适曾言"国故"是个中立名词,包含"国粹",又包含"国渣""整理国故",就是弘扬精华而弃其糟粕,这是对传统文化进行批判的接受。

上述对国学的三种态度,即是后来所称的"国粹派""国渣派"和"国故派"。对于这场国学论争,楼宇烈明确指出了其争论的根本原因:"对于研究'国学'不只是有对象、范围之争,更主要的是在以何种心态、何种目的去研究'国

---

① 郑伯奇:《国民文学论》,原载于《创造周报》第35号,1924年1月6日。
② 钱穆:《国学概论·弁言》,商务印书馆,1997,第1页。
③ 原载于《文化建设》1935年第1卷,第4期。
④ 原载于《新青年》第7卷第1号,1919年12月。
⑤ 原载于《现代评论》第5卷119期,1927年3月19日。

学'等问题上存在着根本的分歧。"①楼宇烈认为国学论争的原因是国学研究存在两点分歧：一是国学内容范畴的界定；二是研究国学的态度倾向。这两点分歧，在1990年国学复兴时，再度成为论争的重点。

1931年，抗日战争爆发，民族生存危乎一线；继而是1946年的解放战争，直至1950年方结束。在这段战火连天的历史时期，国学也因之停滞。

（二）沉寂期（1949至1989年）

1949年，中华人民共和国成立，中国进入一个新的历史时期。国学在内地（大陆）和港台两地的发展，出现了分化。

清末民初，西化促使中国进入到现代化的进程，是有其历史必然性的，而对中国传统文化的批判，使国人摆脱了几千年的思想束缚，也有其历史合理性。在洋务运动中，保守派掌握了"儒学正统"的话语霸权，每每以"礼义纲常""夷夏之辨"来否定新器物的合法性，"近代中国的'反传统'至少是'势所必至'了。"②

1949年，中华人民共和国成立后，站在阶级立场上，继续对传统文化中的落后思想和腐朽制度进行深刻的批判。1950年，在"胡适思想批判"运动中，"整理国故"也受到种种指责和批判。到了"文化大革命"期间，又提出了"破四旧"的口号，即破除"旧思想、旧文化、旧风俗、旧习惯"，要求在思想文化上破旧立新，包括国学在内的几乎所有的传统文化都被当作"封建主义"被"彻底打倒"。"在局外人难以想象的巨大压力之下，'国学'几成绝学。"③在当时的形势之下，批判落后、腐朽的封建文化思想有其合理性，但矫枉过正，对传统文化未能做到公平、合理，也对中国传统文化造成了极大的破坏，国学也因此而继续陷入沉寂。

但是，在港台两地，国学却有所发展。国民党迁到台湾后，为了消除台湾日据时期的殖民印记，国民党非常重视中国传统文化的教育与传播。在1966年，开始了"文化大革命"，台湾则发起了"中华文化复兴运动"，朝着另一个方向发展。20世纪下半叶以"国学"命名的专著，就主要出版于台湾，如董桂先的《国学问答三百题》、钟泰的《国学概论》等。

继新文化运动"批孔"后，1974年再次发起"批孔"运动，认为儒学是开倒车的，为防"复辟倒退"，将矛头对准了儒家思想。与之相对的是港台两地20世

---

① 楼宇烈：《中国国学研究的回顾与展望》，载《温故知新：中国哲学研究论文集》，商务印书馆，2004，第553页。
② 雷颐：《"国学热"、民族主义转向与思想史研究》，《二十一世纪》2014年2月号第141期，第14页。
③ 雷颐：《"国学热"、民族主义转向与思想史研究》，《二十一世纪》2014年2月号第141期，第6页。

纪五六十年代兴起的新儒学思潮。1958年，港台学者张君劢、唐君毅、牟宗三、徐复观联名发表《中国文化与世界——我们对中国学术研究及中国文化与世界文化前途之共同认识》[①]，因有感于中国文化的"花果飘零"，呼吁复兴儒家思想，重建儒家的价值系统，在此基础上再去融通西方文化，以谋求中国文化和社会的现代化。1978年改革开放后，"新儒学"得到广泛的传播和研究，对国学热也起到推波助澜的作用。

（三）复兴期（1990年至今）

1978年，在"文化大革命"结束的两年后，中国实行对内改革、对外开放的政策，由此进入一个新的时代。改革开放打开了尘封已久的国门，西方思想文化又纷纷涌了进来。随着思想的解放和文化的撞击，一时之间各种文化观念相互激荡，在20世纪80年代形成了蔚为壮观的"文化热"。在这股"文化热"中，思想文化界由反省"文化大革命"转向批判中国传统文化，又迅即延伸为中西文化的优劣对比，甚至全盘否定传统文化而全盘肯定西方文化，认为中国传统文化是封闭的黄色文明，是早已失去了生命力的封建文化，而西方文化即是开放的蓝色海洋文明，是不断进取的文化。[②]

西化是20世纪80年代"文化热"的主流，同时也有学者以创建"中国文化书院"、出版传统文化丛书、举办学术研讨会等方式宣扬中国传统文化，并积极回应中西体用、传统文化与现代化等议题，在论辩中重新认识和评估传统文化，肯定其积极因素而摒弃其落后、不合时宜的部分，努力为传统文化正名，摘掉"封建糟粕"的帽子。1989年底，俞晓群与陶铠等人商议组织出版"国学丛书"，时隔一年，"国学丛书"正式推出第一批书目，主编张岱年作序道："国学是本国学术之意。""中华民族屹立于世界东方，创造了灿烂光辉的中国文化，对于世界文化做出了巨大的贡献。古语云：'国有与立。'这立国的思想基础即是中国传统学术中的精湛思想。""我们今天建设社会主义的新中国文化，必须对于以往的学术成就进行批判性的总结。"进行爱国主义教育时，"要将自古以来中国学术的优秀成果昭告国人，借以启发热爱祖国的崇高感情。"[③]

历史总是相似的，面对西方文化的冲击和对传统文化的批判，"国学"再次被提出来。不同的是，这次国学的复兴，背后还有国家力量的支持。"文化大革

[①] 原载于香港《民主评论》第9卷第1期，1958年1月1日。
[②] 这个观点出自1988年6月16日中央电视台首播的电视纪录片《河殇》。"河殇"，即黄河之死，中心思想就是西方的蓝色文明要优于中国的黄色文明，中国应抛弃黄色文明而推行蓝色文明，表达了对西方民主文明的向往。
[③] 张岱年：《〈国学丛书〉序》，载《国学今论》，辽宁教育出版社，1991，第2-3页。

命"对传统文化造成了严重的破坏,而改革开放后,价值观念的剧变又带来了种种社会问题,因此,国家对传统文化进行了重新认识和重新评估。1991年7月1日,江泽民在庆祝建党70周年大会上发表重要讲话:"我们的文化建设不能割断历史。对民族传统文化要取其精华、去其糟粕,并结合时代的特点加以发展,推陈出新,使它不断发扬光大。"①讲话释放出一个重要的信号,就是官方对国学的态度,由批判转向倡导。

1992年1月,北京大学成立中国传统文化研究中心,并于次年5月出版《国学研究》年刊第1辑,在当时引起了巨大的反响。1993年8月16日,素有"党的喉舌"之称的《人民日报》对此发表长篇报道《国学,在燕园又悄然兴起——北京大学中国传统文化研究散记》,言:"精神文明建设离不开我国的文化传统。所谓'有中国特色',一个重要含义就是中国的文化传统。……深入地探讨中国传统文化,对繁荣社会主义新文化,提高中国人的自尊心、自信心,增强民族凝聚力等,都是一项基础性工程。……把对中国传统文化的研究尊为'国学',并无不当。"这篇报道的"编者按"又指出:中国传统文化,即"国学","研究国学、弘扬中华民族优秀传统文化,是社会主义精神文明建设的一项基础性工作。"②仅隔两日,《人民日报》在头版又发表短评《久违了,"国学"!》:"社会主义精神文明建设离不开我国优秀的文化传统。""所谓'有中国特色',一个重要含义就是中国的文化传统。"③这是国家提倡国学的开始,也是国学复兴的标志。

1994年10月5日,国际儒学联合会在北京人民大会堂宣布成立,时任全国政协主席李瑞环和国务院副总理李岚清出席会议并发表讲话,会议期间,江泽民主席还接见了会议部分代表。几乎同时,孔子诞辰2545周年纪念与国际学术讨论会亦在北京召开,李岚清和谷牧发表讲话,谷牧还宣布将大力推广教育部编定出版的《中国传统道德》丛书。这不但表明了国家对国学的支持态度,也反映了对国学由理论探讨开始转向实践运用,并纳入政府的实际操作层面。

作为呼应,中央电视台、《光明日报》、《中国青年报》等也纷纷进行了国学宣传。这些国家媒体影响力大,导向的作用也十分明显,使得国学在全国迅速火热起来。而在20世纪90年代国学热中,最有代表性的就是传统文化典籍的出版与

---

① 江泽民:《在庆祝中国共产党成立七十周年大会上的讲话》,载《十三大以来重要文献选编(下册)》,人民出版社,1991,第1645页。
② 毕全忠:《国学,在燕园又悄然兴起——北京大学中国传统文化研究散记》,《人民日报》1993年8月16日。
③ 文哲:《久违了,"国学!"》,《人民日报》1993年8月18日。

热销、儒学研讨会的频繁举办，以及民间书院和民间经典诵读的兴起。①

在20世纪90年代，国家倡导国学，一是把传统文化作为建设社会主义精神文明的"中国特色"，如1993年《人民日报》的报道称："精神文明建设离不开我国的文化传统。所谓'有中国特色'，一个重要含义就是中国的文化传统。"所以1994年李岚清在北京大学教师座谈时说："弘扬中国优秀传统文化是社会主义精神文明建设的一项急迫任务。"二是把传统文化作为爱国主义教育的主要内容，1994年中共中央发布《爱国主义教育实施纲要》，把"中华民族悠久历史的教育"和"中华民族优秀传统文化教育"作为爱国主义教育的主要内容，并要求各地建立"爱国主义教育基地"。

进入21世纪后，国家继续倡导国学。2004年3月，中宣部和教育部制定《中小学开展弘扬和培育民族精神教育实施纲要》，要求中小学开展弘扬和培养民族精神教育，增强广大青少年对民族优秀文化的认同和自信。2005年6月，《中宣部　中央文明办教育部　民政部　文化部关于运用传统节日弘扬民族文化的优秀传统的意见》指出运用传统节日来弘扬民族文化的优秀的传统，"对于不断发展壮大中华文化、维护国家文化利益和文化安全，具有十分重要的意义"。

在各种方针政策的指引下，国学与中国特色社会主义文明建设、爱国主义教育、民族认同与自信、维护国家文化利益和文化安全等密切地关联在一起。基于此，2006年9月13日中共中央办公厅、国务院办公厅印发《国家"十一五"时期文化发展规划纲要》，明确提出"重视中华优秀传统文化教育和传统经典、技艺的传承"，要求有条件的小学开设书画、传统工艺等课程，在中学语文课程适当增加古典诗文的比例，中小学各学科都要根据学科特点融入中华优秀传统文化内容，大学则要面向全体大学生开设中国语文课。2014年3月26日，教育部印发《完善中华优秀传统文化教育指导纲要》的通知，要求在大中小学有序地推进中华优秀传统文化，将中华优秀传统文化系统地融入到课程和教材体系，全面提升中华优秀传统文化教育的师资队伍水平，并为此着力增强多元支撑，加强组织实施和条件保障，其中一点就是"增加中华优秀传统文化内容在中考、高考升学考试中的比例。"在升学考试中加大中华优秀传统文化内容的比例，教育、教学势必会据此进行调整，因为升学考试，尤其是高考，向来被称为教育、教学的"指挥棒"。这也说明国家对国学的提倡，已进入到具体的制度安排之中了。2017年初，中共中央办公厅、国务院办公厅又印发了《关于实施中华优秀传统文化传承

---

① 可参详徐庆文：《90年代"国学热"》，载庞朴主编《20世纪儒学通志·纪事卷》，浙江大学出版社，2012，第238-240页。

发展工程的意见》的通知，要求全面推进中华优秀传统文化的传承与发展。国家"从传统文化中吸取政治理论资源"，"肇因于深刻的'合法性'需求"①。这种在国家政策中加强"民族性"的做法，使官方话语具有日益深厚的"民族文化"色彩，也强而有力、自上而下地推动了国学的发展。国家力量之巨大，是他者所不可比拟的。

民间也在自发兴起一股国学热潮。自清末民初以来，随着中国现代化的进程，传统文化的空间逐渐被压缩。自1905年起，中国传统教育进入现代化，采用西方分科化、课程化的教育模式，传统文化在教育体系中所占的比例越来越少，造成了国人知识结构中传统文化的缺失。从五四新文化运动的"打倒孔家店"到"文化大革命"的"批林斗孔""评法批儒"，导致国人严重缺乏国学常识，以致闹出了不少笑话。传统文化的匮乏，让国人开始反思，从而激发学习国学的兴趣。而且，改革开放以来，随着经济的发展，物质生活水平提高后，人们进而追求精神层面上的满足。同时，市场经济的发展也给社会带来了各种弊端，享乐主义、功利主义、拜金主义、极端个人主义腐蚀着人心，而儒家文化中的礼、义、廉、耻等道德人格修养，就为全社会提供了最需要的东西。人们试图通过学习国学来弘扬中华民族优秀的传统文化，来提高国人的整体道德素养，重现礼仪之邦的美好风貌。如今，因为教育的普及，大众文化水平整体有所提高，以及现代传媒手段的发达，获取国学知识的途径更为快捷便利，这让国人自觉或不自觉地卷入到这场国学热潮中去。当前国学的推动者和追随者，大多来自民间，他们中不少人是出于兴趣而参加推动国学发展活动的。20世纪前五十年的国学热，参与者大多是当时的社会精英、知识分子，而90年代以来的这场国学热，则有种全民参与的意味。从这点来看，国学复兴也是一种社会需求。所以有人说这是一场自下而上的国学热："这次国学热潮的发生是自下而上的，是基层许多活动刺激了社会神经，然后学术界才被动跟进，被卷入国学讨论中的。"②

民间自发兴起，学术界积极响应，国家支持推动，使90年代形成的国学热在21世纪进一步扩大，形成一股从官方到民众、全社会参与互动的发展态势。③在国家的倡导和民众的追寻下，国学成为一种社会集体性的需求。首先是发表文化宣言，如《中华文化复兴宣言》(2001)和《甲申文化宣言》(2004)，呼吁各国

---

① 雷颐：《"国学热"、民族主义转向与思想史研究》，《二十一世纪》2014年2月号第141期，第11页。
② 景海峰、赵东明：《诠释学与儒家思想》，东方出版中心，2015，第277页。
③ 关于"国学热"的表现，可参详何锡蓉：《新中国哲学的历程》，学林出版社，2012，第308-315页；姚才刚、王智慧：《当代中国国学发展报告》，载《中国文化发展报告2013》，社会科学文献出版社，2014，第378-391页；陈来：《新世纪国学热的发展》，《北京大学学报》2011年第6期。

政府制定文化政策，保护民族传统文化。传播媒体也纷纷推波助澜，如央视《百家讲坛》、《光明日报》"国学"专版、乾元国学博客圈，通过各种传媒向大众宣传和普及国学，对国学热潮的形成起到了很大的促进作用。自中华人民共和国成立以来就中断的祭孔活动也恢复了，而且地方主要官员也参加主祭以示支持，至今年年举行祭孔活动，并成为一个重要的文化活动。在王财贵和蒋庆的带动之下，在社会上又引发了少儿读经和开办私塾的热潮，以至于传出要在中小学设置儒学基础课程的流言。虽然教育部明确表示在当代教育体制内反对传统的私塾教育，但在《基础教育课程改革纲要（试行）》（2001）里，为"继承和发扬中华民族的优秀传统文化"，还是增加了古诗文作品在语文教科书中的比例。国学研究与教育机构也纷纷成立，一方面，为了研究传统文化和破除学科壁垒，高校相继成立国学研究和教育机构；另一方面，为满足广大民众对国学的需求，除了高校开办国学班外，民办国学教育机构也应需而生。作为国学的载体，典籍编纂也一直在进行，从"儒藏"项目到"子海""子藏"的规划，形成了"经典汇编"的文化现象。随着国学的发展，学术界陆续举办国学发展的研讨会，并撰写了诸多国学论著，国学研讨对国学的健康发展至为紧要。此外，随着国学热在全国的蔓延，社会上各种国学文化活动也进行得如火如荼，形成一股声势浩大的国学热。

　　国学的提出与复兴，都是面对西方文化冲击时，为保存本国传统文化而做出的努力。当下，现代化是国家的发展方向，全球化是世界的发展趋势，国学就是"在全球化的浪潮中保护我们的传统文化"，"在现代化交流中保持自己文化主体意识"[①]。在未来，相信国学仍将继续传承并发展下去。

二、国学论争

　　"国学"，自清末民初提出再到新世纪复兴，就一直存在着论争。论争的核心，一是"国学"是否合理；二是关于"国学"的定义。一方面，在中国现代化的进程中，中西碰撞，新旧交替，如何去对待本国传统文化和外来文化，就成为国人需要思考的问题；另一方面，"国学"是个很含混、笼统的概念，在谈论"国学"时，每个人所指各有所侧重，这是因为学界对国学内容范畴的界定存在着分歧和争论，至今未能达成一致的意见。

（一）国学论争的内容

　　在20世纪初，邓实最早将国学定义为"一国所有之学"。从邓实的定义来看，

---

① 楼宇烈：《国学百年争论的实质》，《光明日报》2007年1月11日。

"国"当指国界，在地域上限定在于本国；"学"或理解为学术、学问、学识、学理等，其所指的内容，就有了多种解释。章太炎讲授国学，将国学内容划分为小学、经学、史学、诸子学和文学。钱穆《国学概论》的内容，则以经学和子学为主，再兼及"清代考据之学"和"最近期之学术思想"。胡适认为国学是"国故学"的缩写，指的是"中国的一切过去的历史文化"①，吴宓则认为国学"乃指中国学术文化之全体而言"②。当时国人出于爱国情绪和文化自保，也常作宽泛的诠释，只要是属于本土的传统文化，就冠以"国"字，以示为中国特有的文化，如国医、国画、国乐、国剧、国术等。因此，陈独秀、郑伯奇和曹聚仁都认为"国学"一词过于含混、糊涂。1924年，陈独秀更认为"国学"一词不成立，并以此尖锐地批评了国故派和国粹派："学问无国界，'国学'不但不成一个名词，而且有两个流弊：一是格致古微之化身；一是东方文化圣人之徒的嫌疑犯。前者还不过是在粪秽中寻找香水（如适之、行严辛辛苦苦地研究墨经与名学，所得仍为西洋逻辑所有，真是何苦！），后者更是在粪秽中寻找毒药了！"③陈独秀是新文化运动的领袖，可以理解他的批判立场和价值取向。钱穆认为"国学"前无所承，"特为一时代的名词"，所以也表示："学术本无国界。国学一名，前既无承，将来亦恐不立。"④

经过一段沉寂期后，到了20世纪90年代，国学复兴。在新的时代，对国学内容的界定，依然是缠夹不清，众说纷纭，以致于有人建议不用"国学"一词或缓行。造成这种情况的原因⑤：

一是概念不清，将不同层次的概念混为一谈。如张岱年认为"国学是中国学术的简称"⑥，张立文认为国学是"中华民族学术文化的总和"⑦，李中华认为国学应该指中国传统文化⑧，楼宇烈则认为"国学就是研究中国的传统文化"⑨，刘桂生认为"国学"的内涵就是"中华民族文化研究"或"中华民族学术文化研究"⑩，等等。"中国学术""学术文化""传统文化""传统文化研究""文化研究""学术文

---

① 《〈国学季刊〉发刊宣言》，原载于《国学季刊》1卷1号，1923年1月。
② 吴宓：《在清华开办研究院之旨趣及经过》，原载于《清华周刊》第351期，1925年9月18日。
③ 陈独秀：《国学》，原载于《前锋》第3期，1924年2月1日。
④ 钱穆：《国学概论·弁言》，商务印书馆，1997，第1页。
⑤ "概念不清"和"内容和范围模糊"这两点原因的概括，主要参考自李宗桂《国学与时代精神》一文，参见《学术研究》2008年第3期，第24页。
⑥ 张岱年：《〈国学丛书〉序》，载《国学今论》，辽宁教育出版社，1991，第1页。
⑦ 张立文：《国学的度越与建构》，《理论视野》，2007，第24~25页。
⑧ 李中华：《对"国学热"的透视与反思》，《理论视野》2007年第1期，第27页。
⑨ 楼宇烈：《国学百年争论的实质》，《光明日报》2007年1月11日。
⑩ 刘桂生：《"国学"的外相与内涵》，《人民日报》2007年8月10日。

化研究",都不是同一层面意义上的概念。除此之外,还有人将"国学"与"儒学""孔子思想""哲学思想""封建文化"等混为一谈。诸此种种,将"国学"的概念搅得混乱不堪。

二是内容和范围模糊,论者之间并无共识,莫衷一是。章太炎参考经、史、子、集四部将之界定为小学、经学、史学、诸子学、文学等五学,但马一浮认为四部是古代的图书分类法,故应以"六艺之学"来"楷定国学",进而统摄一切学术。① 清代姚鼐将"学问之事"分为义理、考证、文章三端,后来曾国藩在此基础上扩充为义理、考据、辞章、经济四门。据此,邱燮友等人又将国学分为四门——义理之学、考据之学、辞章之学、经济之学,但是国学四门所涵括的内容,各人又略有不同。② 中国学界现在已习惯了西方的学术分科体系。张岱年参照西方分科体系,认为国学包括哲学、经学、文学、史学、政治学、军事学、自然科学及宗教、艺术等,其中自然科学又有天文、算学、地理、农学、水利、医学等。③ 赵汀阳认为中国的传统研究是综合性学术研究,"同时是政治、伦理、哲学、历史等方面的混合理论",以西方学科制度去"规整"中国学问,难免会影响和改变许多问题的原本性质,所以提出了"综合文本"说。④ 综上可见,"国学"之"学",论者各有阐述,导致对国学内容范围的界定,各执一词。

20世纪90年代以来,时代背景与清末民初已大不相同,"国学"的内涵和外延越来越大,这也引起了争论。从时限来说,清末民初所说的"国学",主要是指中国古代这一时段的学术文化,但现在学界有说不但包括古代的,还应包括近现代的,甚至包括当代的。如王生平认为,以往中西文化比较都是以中国的旧学(即国学的研究对象)与西方的现代文化去比较,但现在中国不但走出了旧学,产生了新学,而且还创立了以马克思主义为指导的无产阶级新文化,这种新文化是以扬弃的形式摄取了中华民族传统文化的优秀成果,所以"如果从真实的历史而不是从概念出发,中国近现代文化也是国学,而且从质上看是比国学家们规定的'国学'更高级的国学"⑤。但金景芳、吕绍纲还是坚持认为:"国学指未曾染

---

① 马一浮:《泰和宜山会语·楷定国学名义》,载虞万里校点《马一浮集》第1册,浙江古籍出版社,1996,第10页。
② 邱燮友的四门分类,漏掉了"史学",而詹杭伦、孔祥骅、刘介民在四门之后所列举的内容与邱燮友所列举的,彼此间又有相异的地方。参见邱燮友:《国学课》,三联书店,2007,第3页;詹杭伦:《国学通论讲义》,中国人民大学出版社,2007,第8—11页;孔祥骅:《国学入门》,上海人民出版社,2006,第8—9页;刘介民:《国学基础导论》,广东高等教育出版社,2008,第5—6页。
③ 张岱年:《〈国学丛书〉序》,载《国学今论》,辽宁教育出版社,1991,第2页。
④ 赵汀阳:《国学之争在学理不在"意见"》,《新京报》2005年7月30日。
⑤ 王生平:《跳出"国学"研究国学——兼评〈论天和人的关系〉》,《哲学研究》1994年第8期,第39页。

指西学的中国学问。晚清学者讲'中体西用'的与西学相对而言的中学应当就是国学。近现代以来形成的新学不应在国学范围内。"① 王杰也将"国学"的时限划在"民国以前"：国学"就是民国以前的以经史子集为主体的所有中国学术文化的总和"②。但若将时间限定在民国以前，势必将中国现当代的文化排斥在"国学"的范围之外，那中国文化的内涵和意义就凝固起来了，所以王富仁又提出了"新国学"一说，强调凡是用汉语言文字书写的文学与文化，都归于"国学"的范畴之内。如此的"国学"，将一直处于发展的动态，时间对它来说，是毫无界限的。这样，"国学"作为社会发展的思想资源，就得到充分的利用。③

"国学"之"国"，本为强调"学"的疆域界限，以此突出"学"的民族性。"国学"提出以后，陈独秀、钱穆就表示学术本无国界，而何炳松也曾批评说："国学的国字，显然表出一种狭小的国家主义的精神。"④ 国学若一直囿于学术文化的国界，未免有"自固""自秘""自赏"的嫌疑。更重要的是，国学的提出和复兴，都有着西方文化冲击和对传统文化批判的背景，细味国学的发展，"国学"之"国"，不仅是划清界限，更有中西文化对抗的意味在其中。新中国把马克思主义作为党和国家的指导思想，随着国学的大热，国学渐有意识形态化的倾向，那马克思主义作为外来文化，其指导地位是否会因此受到威胁呢？罗卜就此指出，如果以为能从"国学"中找到立国之本或重建民族精神的支柱，而将马克思主义作为外来文化而置之一边，就未免太过迂腐，而且"不排除有人企图以'国学'这一可疑的概念，来达到摒社会主义新文化于中国文化之外的目的。"⑤ 由此引发学界关于"国学与马克思主义"的一场讨论。在讨论中，关于国学与外来文化的关系，就有了更深刻的认识，进而扩大了国学的外延。首先，中国传统文化是包容和开放的，并不拒斥外来文化，反而会合理吸收，传统文化里有不少内容就是吸收外来文化而融入本土形成的，最典型的例子就是佛教，历经魏晋南北朝和隋唐的消化吸收，最终创造出中国的佛教文化。因此，赵吉惠认为："今天的'国学'，虽然还是中国的历史、文化的全部。但是，随着历史与文化的不断积淀、不断融通、不断演变，其内容越来越丰富多彩，所以'国学'概念的内涵和外延都理所当然与过去有所不同，'国学'除了包括'国故学'

---

① 景芳、吕绍纲：《关于孔子及其思想的评价问题——兼评〈跳出国学　研究国学〉》，《哲学研究》1995年第1期，第40页。
② 刘丹忱：《国学热与国学的定位和前瞻》，《社会科学论坛》2008年第1期，第93页。
③ 王富仁："新国学"论纲，分为上、中、下三篇，发表于《社会科学战线》2006年第1、2、3期。
④ 何炳松：《论所谓的"国学"》，《小说月报》第20卷第1号，1929年1月。
⑤ 罗卜：《国粹·复古·文化——评一种值得注意的思想倾向》，《哲学研究》1994年第6期，第36页。

之外，还包括本是外域之学而逐渐被中华民族所消化、吸收、认同或再创造的那部分文化。"①

此外，还有人从"民族"扩展了国学的内涵和外延。中国是一个多民族的国家，56个民族共同创造了灿烂的中华文化。历代以来，汉民族文化一直占有绝对的优势，即使在中国历史上，元、清是蒙、满民族统治的朝代，亦被汉文化同化，所以直至今天，我们谈起国学，依然是指汉民族的传统文化。汉民族不等同于中华民族，所以张衍田提出："中国的国学，是综合研究以汉民族为主体、组成中华民族的各民族各自的文化特色与相互文化融合的学术。这样的国学内容，才是中国国学的完整概念。"②朱维铮指出现在讲的"国学"，没有一个衡量尺度，所以要求讲"国学"必须确定两个前提，其中一个就是"要承认中华民族是个复体，'国学'一定要包括各个民族群体"③。可见，张衍田和朱维铮都认为"国学"并不等于"汉学"，还要包括各民族文化在内。

从时限、国界到民族，国学的内涵和外延逐步扩大，所以季羡林和袁行霈分别提出"大国学"和"新国学"，从范围的"大"和时间的"新"来囊括国学。季羡林提出了"大国学"："国学应该是大国学的范围，不是狭义的国学。国内各地域文化和56个民族的文化，都包括在国学的范围之内。地域文化和民族文化有各种不同的表现形式，但又共同构成中国文化这一文化共同体。"④袁行霈则提出了"新国学"：要开掘国学的当代意义，必须采取分析的态度、开放的态度、前瞻的态度来对待国学，取其精华而去其糟粕，处理好中外文化交流关系，正确对待古今关系，立足当前，面向未来，"建立具有当代形态和前瞻意义的新国学"⑤。但是，也有人提出了批评，如季羡林的"大国学"，就有人批评为漫漶无稽。⑥由此可见，国学概念的界定，实在是难以尽善尽美，让所有人都认同。

从上可知，"国学"概念大体是比较含混且宽泛的。因此，楼宇烈认为还是应该将国学的范围限制在"传统文化"里："国学就是研究中国的传统文化。如果说中国所有学问都叫国学，那范围就太大了，应该把国学的研究范围限制在传统文化里。"⑦再考虑到中国传统文化有精华和糟粕之分，又有人强调"国学"应属于传统文化的精华内容，如赵敦华认为："'国学'当然属于中国传统文化研究

---

① 赵吉惠：《"国学"是历史文化现象》，《中国社会科学院研究生院学报》1996年第3期，第2页。
② 张衍田：《国学教程》，中华书局，2013，第11页。
③ 朱维铮：《"国学"答问》，《书城》2007年第9期，第7页。
④ 季羡林：《国学应该是"大国学"》，《紫光阁》2007年第8期，第60页。
⑤ 袁行霈：《国学究竟有什么用》，《人民日报》2007年6月20日。
⑥ 李廷华：《漫漶无稽的"大国学"——〈季羡林口述历史〉读后》，《书屋》2011年第1期。
⑦ 楼宇烈：《国学百年争论的实质》，《光明日报》2007年1月11日。

的范围，但并非所有的中国传统文化研究都可以称之为'国学'……惟有贯通中西，汇其精华，'立乎其大者'，才能享此殊荣。"①

国学的范围如此宽泛，所以又有人强调"国学"的主体为儒学，如纪宝成认为："国学可以理解为是参照西方学术对以儒学为主体的中华传统文化与学术进行研究和阐释的一门学问。"②再如周桂钿，也将国学核心归结为儒学的思想精华："国学的核心是儒学，国学精神主要是儒学。儒学的仁义之道、和而不同、经济调均、仁民爱物、为政以德等思想精华，对于促进世界和平、构建和谐社会、维护生态平衡，对于提高个人素质，都是有重大意义的。"③郭沂也认为国学"以儒学为核心"④。儒学对中国传统文化影响深远，早在民国时期，马一浮就提出以"六艺之学"来楷定国学，进而统摄一切学术，而"六艺"即是六部儒家经典——《诗》《书》《礼》《乐》《易》《春秋》，这显然是以儒学来界定国学。但也有人提出反对，朱维铮认为中华民族是个复体，国学自然要包括各个民族群体，所以"不能说国学的核心就是孔子和儒教"⑤。舒芜即态度激烈地质疑道："所谓'国学'，实际上是清朝末年、一直到'五四'以来，有些保守的人抵制西方'科学'与'民主'文化的一种借口，是一个狭隘、保守、笼统、含糊而且顽固透顶的口号"，因为国学"并不是传统文化的概念"，"就是讲儒家的那点东西，封建的那些价值观念"，所以他"最反对一些人提出所谓'尊孔读经'这些东西的，明摆着是倒退嘛"。⑥随后，蒋国保撰文为"国学"正名，在列举章太炎、马一浮、钱穆等人对"国学"的阐释后说："国学"固然不是泛指中国传统文化，但也不是舒芜所说的，只是特指儒家学术。⑦

这就必须提及儒学复兴思潮了。20世纪90年代，在弘扬传统文化的口号下，有论者视传统文化是尽善尽美的，宣扬回归传统，更有论者倡议复兴儒学，把传统文化当作社会主义精神文明的"直接来源"，认为半部《论语》仍然可以治天下。⑧新世纪后，新儒家又发起了儒学复兴运动，不少儒教原教旨主义者认为国学就是儒学，并公开宣传"立儒教为国教"的观点，明确提出"用儒学取代马

---

① 赵敦华：《试论国学的几个理论问题》，《新视野》2006年第3期，第44页。
② 纪宝成：《重估国学的价值》，《南方周末》2005年5月26日。
③ 周桂钿：《国学精神与当代社会》，《北京行政学院学报》2007年第3期，第92页。
④ 刘丹忱：《国学热与国学的定位和前瞻》，《社会科学论坛》2008年第1期，第99页。
⑤ 朱维铮：《"国学"答问》，《书城》2007年第9期，第7页。
⑥ 舒芜：《"国学"质疑》，《文汇报》2006年6月28日。
⑦ 蒋国保：《为"国学"正名》，《文汇报》2006年7月24日。
⑧ 这是李宗桂在《中国哲学研究的回顾和展望》一文中对20世纪90年代文化研究的总结的一点内容，参阅《中国哲学史》1998年第1期，第16页。

列主义""儒化共产党"的主张。①这种言论不但有失偏颇,而且涉及政治意识形态,因为中国是以马克思主义为主导意识形态的社会主义国家,所以又引发了论争。②"国学",本身是一个中性的概念,而上述的这种思想倾向,是以"国学"为旗号来推行自己的价值观念。国学也因此受到了批判甚至抵制。

  围绕着"国学"的争议,在未来很长一段时间内都会存在。但国学发展到今天,仍然没有一个广为接受的概念,无论对国学还是国学教育,无形之中都会形成种种的掣肘。那么我们应如何给"国学"下一个较为合理的定义呢?如果从国学的发展史来看,"国学"界限的划定是不断演变的:古代的"国学"是指国家一级学校,近现代的"国学"主要是指古代人文社会科学范畴的学术历史文化,20世纪90年代以来的"国学",内涵和外延进一步扩展,时间上从古代延伸到近现代,学科上亦涵括人文社会科学和自然科学,且各人所指又各有所侧重。"至于'国学'之'学',既指传统文化,也指传统文化研究",因为传统文化研究也会随着时间成为研究对象而最终也成为传统文化。如"四书"是传统文化,而研究"四书"的《四书章句集注》,随着历史的发展,又成了《四书集注简论》的研究对象,现在三者都属于传统文化了。基于此,李宗桂给"国学"下了这么一个定义:"近年所谓国学,本质上就是传统文化。就时限而言,包括古代传统文化和近现代传统文化(不包括当代文化);就学科门类而言,包括人文社会科学和自然科学;就国别而言,相对于西学而言是中学,相对于世界而言是国学;就内容而言,《十三经》《诸子集成》《黄帝内经》《本草纲目》《周髀算经》《孙子兵法》《孙膑兵法》以及二十四史等是国学,民俗风情、元宵节、春节、清明节、端午节等也是国学。道理很简单,这里所谓传统文化,是广义的说法,既包括思想文化、制度文化、物质文化、行为文化,也包括生活方式、风俗信仰,而不仅仅是

---

① 可参阅蒋庆:《读经与中国文化的复兴》,载《儒学的时代价值》,四川人民出版社,2009;康晓光2002年在网络发表《"文化民族主义"随想》一文,后以《文化民族主义论纲》为题目,发表于《战略与管理》2003年第2期,此后,又发表《仁政:权威主义国家的合法性理论》(《战略与管理》2004年第2期),并于2004年11月在中国社会科学院研究生院发表题为《我为什么主张"儒化"》的演讲。
② 在20世纪90年代,罗卜最先发表《国粹·复古·文化——评一种值得注意的思想倾向》(1994),随后,学界围绕着"国学与马克思主义"展开讨论。1995年1月,中国孔子基金会在北京孔庙举行座谈会,就"国学热"与马克思主义关系等问题展开讨论,其后,中共中央党校哲学教研部和中国社会科学院哲学研究所分别举行讨论会,对传统文化与马克思主义的关系进行专题讨论;12月,中共中央党校科研部等单位联合召开"马克思主义与儒学"学术研讨会,召集对"儒学与马克思主义关系"意见相对的学者进行面对面的争论。新世纪,儒学复兴思潮也引来了极大的批判,具体可参阅方克立《甲申之年的文化反思——评大陆新儒家"浮出水面"和保守主义"儒化"论》(《中山大学学报》2005年第6期)及《关于当前大陆新儒学问题的三封信》(《学术探索》2006年第2期),以及袁伟时《国学热中话顾准》(《新京报》2005年7月27日)、张远山《欺世盗名的"读经"运动——兼及"文化保守主义"》(《书屋》2005年第7期),等等。

某家某派学说。"①

从国学百余年的发展史来看,李宗桂的定义还是相对合理的。20世纪90年代国学复兴并形成一股热潮,背后有着国家力量的支持,而国家从一开始就将国学等同于传统文化,如被视为国学复兴标志的报道《国学,在燕园又悄然兴起——北京大学中国传统文化研究散记》及其"编者按",就明言:"把对中国传统文化的研究尊为'国学'并无不当。"中国传统文化就是"国学",而北京大学中国传统文化研究中心亦于2000年更名为国学研究院。在政府各部门制定并颁行的文件中,虽是以"中国优秀传统文化"为名来弘扬和传承中国传统文化,但国学研究者和国学教育者均视之为国学发展的重要契机,在践行中推动了国学的发展。诸此种种,将国学内容的范畴界定于传统文化,无疑是比较合理的。

(二) 国学论争的实质

从国学的发展来看,国学的兴起与复兴,都是在西方文化的冲击和对传统文化的批判的背景下进行的。国学是否合理,是否定还是提倡,不同的态度倾向,究其实质,就是在现代化的进程中,在中西文化的交流和碰撞中,如何正确对待中国传统文化。②自20世纪90年代以来,国家开始提倡国学,也是认识到国学的价值,在西方文化的冲击下,建设中国本位的文化,继承和弘扬中国优秀传统文化,以保持文化的民族性和主体意识,而对民族文化的认同以及对民族文化的自信心,又使国人加强民族凝聚力。至于国学内容范畴的界定,其实就是建设一个怎样的当代民族文化,从时限、疆域界限等内涵和外延逐渐扩大,而将国学等同于儒学,并将儒学政治意识形态化,由此引发的争论,其实就是一种修正。

倡导国学,但不能盲目推崇国学、迷信国学,而建设中国本位文化并不是一种狭隘的民族主义,提倡国学并不意味着要拒斥西方文化,也不意味着中西文化的二元对立。"所谓的本位文化建设,在今天看来,不外是现代化建设进程中如何既吸纳西方先进文化又适合中国国情;既参与世界文明进程又融入人类文明发展的康庄大道,又保持民族文化的主体性,弘扬文化建设的民族意识,特别是如何正确处理国学与现代化关系的问题。"③

那么在现代化的进程中,如何对待国学与现代化呢?金耀基曾言:"中国的现代化所意含的不是消极地对传统的巨大摧毁,而是积极地去发掘如何使传统成

---

① 李宗桂:《国学与时代精神》,《学术研究》2008年第3期,第25页。
② 关于国学论争的实质,可参详楼宇烈《国学百年争论的实质》(发表于《光明日报》2007年1月11日)和李宗桂《国学与时代精神》(发表于《学术研究》2008年第3期)。
③ 李宗桂:《国学与时代精神》,《学术研究》2008年第3期,第30页。

为获致当代中国目标的发酵剂,也即如何使传统发生正面的功能。"①罗荣渠也曾说过:"民族传统事实上是既离不开,也摆不脱的。……背弃了传统的现代化是殖民地或半殖民地化,而背向现代化的传统则是自取灭亡的传统。适应现代世界发展趋势而不断革新,是现代化的本质,但成功的现代化运动不但在善于克服传统因素对革新的阻力,而尤其在善于利用传统因素作为革新的助力。"②现代化不是摧毁传统,而传统即可发掘其正面的功能以助于现代化,我们不妨视之为对待国学与现代化的"方法论原则"。

总的来说,国学的兴起与复兴自有其历史的缘由,也自有其价值和意义。国学发展至今,社会负面新闻越来越多,已影响到国学的声誉以及世人对国学的评价,但从另一方面来说,也是国学自我修正发展方向的契机。

第二节　国学教育

国学的传承与普及,教育是主要的渠道。因此,国学的兴起与大热又促进了国学教育的发展。国学教育,即是"以国学为核心内容的,旨在传承中华民族思想、文化和学术传统,培养民族意识和民族精神的教育"③。

一、教育的现代化与国学教育

如前所述,"国学"一词,早已有之,但作为与西方学术相对的中国学术,是在20世纪初才提出来的。先有国学,再有国学教育,而国学教育又是随着中国教育进入现代化才形成的教育理念。

(一)教育的现代化

中国传统教育,是一个具有官学与私学相互补充的教育体制。最早学在官府,国家设有"国学",地方又设有府州县学。"国学"的称谓,历代有所变化:汉代改称太学,晋代及元代称国子学,北齐称国子寺,隋、唐、宋、明、清均称国子监。春秋时期,学问下移,私学兴起,自此形成官学和私学两种类型。私学发展到南宋,主要有两类:一类是教授基本知识和品德修养的蒙学,主要有乡学、村学、家塾、义学等;另一类是为年龄较长、具有一定基础的学子设立的研

---

① 金耀基:《中国现代化与知识分子》,时报出版公司,1984,第8页。
② 罗荣渠:《从"西化"到现代化——五四以来有关中国的文化趋向和发展道路论争文选》,北京大学出版社,1990,第33页。
③ 毕天璋:《国学教育热——对中国思想文化传统的新的认同》,《河南教育学院学报》,2006年第4期,第47页。

究学问或准备科举的书院和学馆。

传统教育的教育内容,先秦主要学习六艺,即礼、乐、射、御、书、数。私学即因学术流派而异。汉代,汉武帝"罢黜百家,独尊儒术",儒家取得独尊地位。而且,自隋代起设置的科举制度,除了特设科目外,"明经""进士"科主要考查的也是儒家经典。因此,汉代以后,无论官学私学,儒家经典成为中国传统教育的主要内容。

1840年鸦片战争后,国人开始向西方学习。西方教育对中国传统教育产生了深远的影响,变革学制也就成为中国教育历史发展的要求。1889年,清政府下令改书院为学堂,然而直到1905年才废止国子监和科举制度,并设立学部:"学堂之设,(光绪)二十四年业已议有章程:县设小学,府设中学,省设大学,循序递进,给照为凭"①。至此,中国传统教育终于走完了全部的历史路程,艰难地进入了现代化进程。

(二)国学教育的发展

国学教育是教育现代化后才提出来的,虽然其教育理念与教育内容与现代教育并不完全一致,但终究是在现代教育的基础上或框架之下出现的。从这点来看,"国学教育来自传统教育,属于当代教育"②。国学教育的发展,可以分为兴起、停滞、复兴三个时期。

1. 兴起期(1840至1948年)

自鸦片战争后,中国教育开始现代化进程,采纳了西方分科化、课程化的教育体系。1904年,清政府颁布《奏定学堂章程》(以下简称《章程》),设置分学科教学的"三段制",即初等教育、中等教育、高等教育三段。在此系列之外的各类学堂,主要有实业和师范两类。《章程》因颁布于癸卯年,故又称"癸卯学制"。初等教育和中等教育均设有"读经讲经"科,高等教育的大学堂设有"经学"科,另设有通儒院,"为研究各科学精深义蕴,以备著书制器之所",属于研究院性质。此外,初等教育和中等教育还设有"修身"和"中国文字"科。由此可知,癸卯学制中,还保存不少国学内容。

1912年,溥仪下诏退位,清朝统治宣布结束,中华民国政府正式成立。1月29日南京国民政府教育部颁布了两个重要文件:《普通教育暂行办法》和《普通

---

① (清)佚名:《黄仲苏大令上江督刘制军书》,载《中华野史》卷十一《清朝卷》,三秦出版社,2000,第9904页。文中称"开民智之方,其具有四:一、设学堂,二、变科举,三、译西书,联合会、开报馆。"可见设学堂乃其中之一的措施。
② 王立刚:《国学教育的历史发展与时代使命》,《中国教育科学》2015年第4辑,第195页。

教育暂行课程标准》。《普通教育暂行办法》明确规定教科书必须符合中华民国教育宗旨，"禁止使用清末学部颁行的教科书，小学家读经科一律废止"。《普通教育暂行课程标准》即重新规定了初小、高小、中学和师范学校的课程设置，"国文"代替了"读经讲经"科，大学虽亦取消"经学"科，但还是分散到哲学、史学诸科之中，只是不再单独存在。国学就变成这数类学科的一部分，再无独立的地位。至于私塾，教育部即强制其进行现代化改造，塾师必须到教师教育机构接受培训，禁止向学生讲授"诗云子曰"之类的旧学，教科书也必须得教育部认可，授课科目与相应学校一致，否则使之关门停学。因1912年旧历称壬子年，故此改制又称"壬子学制"。

此后，读经教育也曾多次被提起。1914年，北洋政府教育部《整理教育方案》规定"以孔子之言为指归"，要求各校"尊孔读经"，但这并没有落实到课程标准中。同年4月，王学曾等人向政治会议提出设立经学馆议案，学习五经，译播欧美。1917年，四川省教育会骆成骧等人联名上书请"规复读经"[①]。但是，中国教育的现代化进程不可阻挡地继续前进。清末在"中体西用"的思想指导下，向日本、西洋派遣了大量留学生。这批学成归来的青年知识分子，在科学民主思潮中不遗余力地批判传统文化和专制制度。1920-1921年，欧美著名哲学家、教育家、科学家，如杜威、孟禄等人相继访华，西方思想文化和科学教育在中国迅速掀起一股热潮。与之相对的是，国学和国学教育日趋冷落。

从传统教育到癸卯学制再到壬子学制，我们可以看，随着中国教育现代化的深入，国学越来越淡出历史舞台。教育现代化每推进一步，国学的地盘就失落一部分。1921年，哲学家罗素在访华告别演讲中，曾提出两点意见："第一，中国不应该统括的采用欧洲文化；第二，中国传统的文化，已不能适应新需求，不得不对崭新的让步。"[②]这段话说得非常客观正确，在西学潮中给时人予警醒。而且，在西方文化的冲击之下，中国传统的价值体系亦在瓦解，社会矛盾加剧。这时，有识之士逐渐采取行动以挽救国学，由此在20世纪20、30年代掀起了一场国学教育运动。[③]

首先是创办国学教育和研究机构。1920年冬，无锡国学专修学校创办，培养了一大批国学人才。1922年，在蔡元培的支持下，北京大学研究所成立国学门，

---

① 韩华：《民初废除尊孔读经及其社会反响》，《社会科学战线》2006年第4期，第149-152页。
② 袁刚、孙家祥、任丙强：《杜威在华讲演集》，北京大学出版社，2004，第300页。
③ 熊贤君：《现代中国国学教育运动形成原因破译》，《华东师范大学学报》2006年第1期；熊贤君《民国时期的国学教育及价值解读》，《民国档案》2006年第1期。

展开国学研究,并取得丰厚的国学研究成果。1925年,清华学校创建国学院,王国维、陈寅恪、梁启超等担任导师。其后,众多高校,其中不乏教会学校,都纷纷成立国学研究机构,如燕京大学、辅仁大学、金陵大学、岭南大学、齐鲁大学、华中大学、福建协和大学、华西协和大学等,相继设立了国学研究所或中国文化研究所。①当时,独立的国学教育机构,除了无锡国专外,1933年还创办了河南河洛国学专修馆。这表明知识阶层已意识到国学在教育现代化的进程中国学的失守,希望通过成立国学教育和研究机构来挽救国学。

这场国学教育运动也蔓延到中小学教育。1927年,南京国民政府成立,国文教育与现代国家的关系也得到进一步的认识:"(国文教育)是国家组织的需要,是国家存在的需要","国与民之连锁即全赖乎此","立国之精神,即由语文而继续传衍","保持国文之教育,正为国家生命与民族精神寄托之所在"。②1929年中学国文教育规定初中国文"养成平易的了解文言文书报的能力",高中国文"培养学生读解古书、欣赏中国文学名著的能力"的目标。1932年,课程标准又增加了"使学生从本国语言文字上,了解固有的文化"的要求,并把它列为首要目标。为了让广大师生注重国文的固有文化教育功能,初级中学毕业会考、高级中学入学考试国文试题中,都专门设有"国学常识"试题,即试卷主要由写作、国学常识两大部分组成。

1931年9月30日,南京国民政府邀请国际联盟教育考察团来访考察中国之教育。考察团沿着上海—南京—天津—北平—定县—杭州—无锡—苏州—镇江—广州这一路线,考察了当地的教育,直至12月中旬结束。次年12月,国际联盟教育考察团的报告书《中国教育之改进》由国立编译馆翻译出版。报告书主张中国教育应构筑在中国固有的文化基础之上,而且"中国为一文化久长之国家,如一个国家为教育而牺牲它历史上整个文化,未有不蒙重大的祸害"③。报告书切中时弊,在教育界产生了广泛的影响,由此带动了国学教育。

虽然没再单独设置读经科,但国学以各种方式灵活地渗透到普通中学的课程中去,让学生了解中国传统文化,进而影响其为人处世。所以,在二三十年代,国学内容经常出现在普通中学的课程中,像南京金陵中学、北京师范大学附属中学、上海大同中学、广东广雅中学等,就是如此。④

---

① 陶飞亚、吴梓明:《基督教大学与国学研究》,福建教育出版社,1998,第182-221页。
② 王森然:《中学国文教学概要》,商务印书馆,1929,第5-6页。
③ 国际联盟教育考察团撰,国立编译馆译《中国教育之改进》,国立编译馆,1932,第24、26页。
④ 熊贤君:《民国时期的国学教育及其价值解读》,《民国档案》2006年第1期,第102页。

再有就是湖南和广东发起的读经运动。1935年4月,湖南省主席何健要求全省中小学实行读经,并派曹典球编著读经教材。5月6日,广东明德社开办"学术研究班",轮训第一集团军政人员,以《孝经》、"四书"、"群经大义"、"宋明理学"为研究科目。6月8日,陈济棠还来研究班讲授《明德要义》,鼓吹尊孔读经。当月,明德社又开办学海书院,聘张东荪为院长,招收大学毕业生入书院读经。

湘粤两地的读经运动,引起了社会的广泛关注。早在1934年,《教育杂志》第25卷第5期出版"读经问题"专号,72位专家就中小学读经问题各抒己见,莫衷一是,沸扬一时。到了1935年,《教育杂志》主编何炳松与王新命、章益等十位教授联名在《文化建设月刊》上发表了《中国本位的文化建设宣言》,倡言建设中国本位的文化。而作为反对方,傅斯年的意见很有代表性:"中国历史上的伟大朝代创业都不靠经学,而后来提倡经学之后,国力往往衰弱,汉唐宋明都是实例;经学在过去的社会里,有装饰门面之用,并没有修齐治平的功效;各个时代所谓经学,其实都只是各个时代的哲学;现在中小学课程已太繁重了,绝不可能再加上难读的经书。"[①]

1937年,抗日战争全面爆发,学校教育受时局影响,国学教育也停滞不前。

2. 停滞期(1949至1989年)

1949年,中华人民共和国成立,国学教育在新的历史时期又有了新的变化和发展。1956年,毛泽东主席提出"百花齐放、百家争鸣"的方针,1964年提出"古为今用"思想,对我国传统文化的认识达到了新的高度。但因"文化大革命"等历史原因,我国大陆地区国学教育没有得到重视,甚至进入了一个停滞期。

3. 复兴期(1990年至今)

20世纪70年代末,中国进入了改革开放的新时期。经过长时间的文化被压抑,随着改革开放的展开,整个社会发起一股"文化热"。而经济发展增速,与外交流越来越密切,西方文化亦随而之入,给中国传统文化带来了极大的冲击,传统文化的传承与发展也因此面临着极大的挑战。在这样的背景下,有识之士再次提出"振兴国学"的口号,"文化热"转而被"国学热"取代。20世纪90年代后期,国学教育伴随着"国学热"也进入了新的发展时期。

首先是官方越来越重视国学教育。1990年11月,在"如何正确对待中国传统文化"学术座谈会上,与会者提出:"对传统文化缺乏了解的青年学生中造成

---

① 傅孟真:《论学校读经》,《中华教育》1935年第12期。

了思想混乱,对其危害绝不可低估。"①1995年,在第八届全国政协会议上,赵朴初、冰心、夏衍、启功、曹禺和巴金等九位政协委员提交了《建立幼年古典学校的紧急呼吁》的议案,提倡儿童读经教育。2001年教育部在《基础教育课程改革纲要》中提到"继承和发扬中华民族的优秀传统和革命传统"。2003年,教育部在《普通高中语文课程标准(实验)》再次提道:"弘扬和培育民族精神,使学生受到优秀文化的熏陶,塑造热爱祖国和中华文明、献身人类进步事业的精神品格"。虽然官方越来越重视国学教育,但还是将读经教育与国学教育(或者说传统文化教育)做了明确的区分:在2005年6月20日,教育部发布《关于"中小学设置儒学基础课程"流言的声明》,指出蒋庆《读经与中国化的复兴》"试图造成教育部也认同'少儿读经'的主张,支持他们设置儒学基础教程的印象。这些做法试图混淆视听,蓄意误导社会舆论,把基础教育应继承和发扬中华民族的优秀传统的要求与'少儿读经'混为一谈,必须予以澄清。"

其次,在全球化的背景下,如何在世界文明的进程中保持中国文化的特色,便成为国人思考的问题。作为一个有着数千年文化传承的文明古国,要建设中国特色之文化,必定会追根溯源,寻找本国之特色。官方也因此越来越重视传统文化教育。2004年11月,中国第一所海外孔子学院在韩国汉城挂牌,随后又在美国、瑞典、澳大利亚等国相继挂牌成立。2007年7月,首届国学教育高峰论坛在北京举行,各部委相关领导、地方教育行政主管部门领导、知名大学校长、教育专家、国学教育研究机构及相关社会团体负责人等纷纷出席,并发表主题演讲,这"标志着国学教育从一种民间行为逐渐演变为一种官方关注的教育形态,国学教育从边缘开始走向主流,也从一定程度上标志着国学教育在中国的复兴"②。2010年,全国学校开始"中华诵经典诵读活动"。2014年3月26日,教育部发布《完善中华优秀传统文化教育指导纲要》:"以推进大中小学中华优秀传统文化教育一体化为重点,整体规划、分层设计、有机衔接、系统推进,促进青少年学生全面发展""增加传统文化在升学考试中的比例"。

再次就是"海峡两岸国学教育的合流"③。20世纪90年代以来,台湾地区的国学教育,以各种方式走进大陆普通百姓的生活。1990年南怀瑾的《论语别裁》由复旦大学出版社在大陆出版发行,迅速风靡全国各地,引起社会上的一股阅读讨

---

① 雷颐:《从批判到倡导:"中共"与国学热》,《二十一世纪》2014年第2期。
② 范涌峰:《国学教育的理性探究》,《太原师范学院学报》2008年第6期,第142页。
③ 王立刚:《国学教育的历史发展与时代使命》,《中国教育科学》2015年第4期,第210页。

论的热潮。这使得国学教育逐渐走入普通百姓，激发了国人对国学的学习兴趣，最终促进了国学教育的发展。

二、国学教育的现状与问题

20世纪90年代以后，国学教育重新回归到大众的视野，并伴随着国学热，得到极大的发展。这时期的国学教育，主要包含正规学校的国学教育和民间教育机构的国学教育，可分为大学国学教育、中小学国学教育和民间教育机构的国学教育。国学教育发展至今，取得了一定的成就，但也存在不少问题。

（一）国学教育的现状

关于国学教育的现状，下面按大学国学教育、中小学国学教育、民间教育机构的国学教育来分别介绍。

1. 大学国学教育

我国现在的大学教育照搬苏联模式，分科化和系科单面化占统治地位，科系与课程设置单一片面，在现行的评价体系下，传统大学教育几乎沦为职业培训学校。由于教育体制本身的问题，使得大学生的人文素养十分薄弱，尤其是传统文化知识与人文精神修养十分欠缺，而且学科分化，也隔断了综合的人文社科人才的培养。所以，当下的大学国学教育主要呈二水分流的发展态势，即培养国学专门人才的专业教育和普及国学基本知识素质教育。前者旨在培养国学的专门人才，强调专业性和系统性；后者旨在提高大学生的人文素养，要求掌握一定的国学知识。[1]

分科式教育使大学生的素养更加贫弱化和单面化，在大学展开国学普及教育就十分必要。现在不少高校在通识课程增设了不少国学课，如清华大学开设了"中国文化名著""中国文学名著"等文化素质精品课程，华东理工大学将"孔孟之道"列为本校的公共必修课，西安文理学院开设跨系选修课"周易讲座"，广州城市职业学院面向全院学生开设"国学精粹"必修课，等等。又或结合学科课程渗透国学教育，如根据专业学科来开设相应的国学课程，如理工科开设科技史、数学发展史、物理发展史等，或者开设与本学科相关的经典名著导读课，如数学专业的《周髀算经》《九章算经》，理工科的《梦溪笔谈》《天工开物》，医学的《黄帝内经》《本草纲目》，农学的《齐民要术》《农政全书》，等等。

专业型的国学教育也逐渐发展起来，而且越来越快。1992年，北京大学成

---

[1] 何玲华《"国学"的含义与大学生的国学态度趋向》，《中国大学教学》2010年第11期，第28页。关于大学国学教育，亦可参详赵淑梅：《振兴大学国学教育的理论探索》，东北师范大学硕士学位论文，2007。

立中国传统文化研究中心，2000年更名为国学研究院，2002年起开始招收博士生，旨在培养跨学科新型人才。2001年，武汉大学创办国学试验班，在大一下学期在全校范围内选录学生，到2010年3月，武汉大学正式成立国学院，搭建起本科—硕士—博士的完整教学研究培养体系。2005年，中国人民大学组建国学院，并于10月开始从文、史、哲等院系招生入读，采取六年制本硕连读。2006年，厦门大学复办国学研究院，并将学术研究重点放在区域性上。2008年12月，华中科技大学整合中国古代史、汉语史、中国哲学、文献学等学科专业，组建了国学研究院，并培养相关方向的硕士生和博士生。2009年11月，停办了80年的清华国学院重新挂牌，侧重于国学学术研究。2012年3月，华中师范大学由历史文化学院与文学院联合组建了国学院，招收国学研究硕士生和博士生，授予历史学学位。此后，越来越多的高校开始成立国学教育和研究机构，或教学科研兼重，或自重在国学研究，如南京大学、山东大学、北京师范大学、首都师范大学、山西大学、南昌大学、曲阜师范大学等。据《光明日报》2014年11月4日的报道："我国内地已有近三十所高校成立了国学院、国学研究院以及相关的研究机构。"①

开展专业型的大学国学教育，走在最前亦最有模范意义的是武汉大学国学院和中国人民大学国学院。武汉大学国学院是国内最早建立"国学"本科—硕士—博士完整培养体系的教学研究单位，而中国人民大学国学院则是中国第一家以国学为教育研究为目的且本硕连读的教育科研单位。两校国学院的办学模式为后来者提供了学习和借鉴。因为国学内涵庞大，主要涉及文、史、哲等领域，所以在师资方面，两校都从历史、文学、哲学等专业召集教师，并聘请校外著名学者；而在课程设置方面，除了国学通论课程外，主要按经学、史学、子学、文学和小学设置课程，重在原典原著的阅读与讨论。由于国学学科的特性，在人才培养上采取了本硕连读的方式，但由于"国学"申请一级学科失败，毕业生最后授予的学位，将由学生选择授予文学或哲学或历史学学位。

大学国学教育的发展有其特殊性。社会大众的国学热，缘于对当代社会各种浮躁、肤浅之"快餐文化"的厌倦，以及亲近与了解本土人文传统的渴求，而高校的国学教育，则出于对当代中国高校人文教育模式的深刻反思。因为当代中国高等教育以及文史哲的学科分类，是照搬苏联的教育模式，这种学科划分的模式，解构了人文学术体系，导致学科之间的隔膜。针对这种割裂的人文学科的培养模

---

① 梁涛、孙劲松：《国魂之学与学科之学——关于我国大学国学教育的调查与思考》，《光明日报》2014年11月4日第11版。

式，以前部分高校开办了旨在打通文史哲的"人文科学实验班"，将文史哲三个学科的课程叠加起来，形成一种"拼盘式"的课程体系，不但未能解决问题，反而加重了学生的记诵负担。而国学教育就是为了从根本上消除文史哲的学科壁垒。[①]

2. 中小学国学教育

国学教育在中小学发展得更为迅猛。1995年，九位政协委员提交议案《建立幼年古典学校的紧急呼吁》，倡导少儿读经教育。1998年，团中央、少工委和中国青少年发展基金会联合启动了"中华古诗文诵读工程"，数年内就在全国各地展开。2001年，教育部制订的《基础教育课程改革纲要》提出"继承和发扬中华民族的优秀传统和革命传统"，古诗文在中小学教科书的比例有所增加，教学要求也相应提高。2010年，教育部和国家语言文字工作委员会发布《关于在学校开展"中华诵·经典诵读活动"试点工作的通知》，指出"开展中华古代经典及现当代优秀诗文的诵读、书写、讲解，是对广大群众尤其是青少年进行思想和文化教育的重要途径，各级各类学校应采取有效措施积极推动'中华诵·经典诵读活动'"。2014年，教育部发布《完善中华优秀传统文化教育指导纲要》："以推进大中小学中华优秀传统文化教育一体化为重点"，并"增加传统文化在升学考试中的比例"。国学教育越来越受到官方的重视。凡此种种，都表明国家对国学教育的价值的充分认定，这也有力地推动了国学教育在中小学的发展。

国学和国学教育自有其重要价值意义，但是将国学引入课堂，那势必涉及办学形式、教学形式、师资队伍、评价制度等多方面的问题。这些问题都关系到国学教育体系和制度建设，在尚未解决之前，国学都不宜大面积进入课堂。这样的话，当下的教育制度和体系亦不宜变动太大。所以，教育部对中小学国学教育是非常支持的，但态度谨慎，逐年颁布文件指导、推进中小学国学教育，并鼓励学校去尝试、探索各种国学教育方式。所以，当下中小学的国学教育，在没有统一的国学教材和国学课程标准的情况下，各学校大都各自为政，在不影响正规课程、不增加学生课业负担的前提下，开设国学特色的校本课程，又或采用学科渗透的方式，寻找与本课程相关联国学内容，又或建设国学特色的校园文化和德育课，以此进行国学教育。

这就导致当前的中小学国学教育存在不少问题。[②]一是教学目标设定不一，

[①] 程水金：《国学学科问题再思考——"国学研究与国学教育研讨会"综述》，《光明日报》2013年9月2日第15版。

[②] 吴安春、孟佳：《按教育规律解决国学教育难题——北京市中小学国学教育现状的调查与思考》，《中国教育报》2016年11月24日第6版。这篇报道有助于我们通过北京市这一例子来真实了解当下中小学国学教育的现状。

虽然《完善中华优秀传统文化教育指导纲要》已提出传承优秀的传统文化，但各个学校的设定目标或太高抑或太低，这说明对国学教育还缺少统一的认识。二是师资力量单薄，因为国学复兴不久，国学专业师资培养远跟不上形势的发展，所以专业的国学教师很少，大多数由语文、历史老师兼任。三是教学内容大多集中在经学和蒙学，其他内容较少涉及。四是教学方法较为单一，大多以诵读为主，再兼以拓展游戏，较少品读，这就直接影响到了教学效果。总的来说，中小学国学教育还有待继续去实践和探索。现在关于国学教育的研究也逐渐增多，对国学教育的发展起到了拨乱反正的作用。

3. 民间教育机构的国学教育

一方面，随着改革开放的推进，社会已经基本解决温饱问题，人们越来越追求精神文化，而具有中国文化特色的国学，恰好能满足这种迫切的需求。另一方面，九年义务教育的普及，使绝大多数学龄儿童得到了最基本的教育，在此基础上，多样化的教育也就成为一种需求，而国学教育就是一种能够满足多样化教育需求的教育形式。因此，这种需求就催生了国学教育市场。课外国学补习班、夏令营、游学等不同的国学教育培训方式也受到了人们的关注。民间教育机构的国学教育也就成为正规学校国学教育之外的一种形式。

许世明曾指出："国学教育是一项系统的、长期的、文化浸润式的教育，是一项系统工程。只靠学校不行，必须全社会支持，才能达到预想效果"①。各种民办国学教育机构涌现，也推动了国学教育的发展。当下民间国学教育机构繁多，其中较为知名的，诸如北京的"安定门国学馆"、天津的"明德国学馆"、上海的"孟母堂"和"秦汉胡同"、南京的"金陵国学馆"、苏州的"菊斋私塾"、武汉的"秋水书院"、广州的"九龙树一国学馆"、深圳的"童学馆"等。从中也不难看到国学教育的商业化。

民间国学教育机构，大概可分为公益性和营利性两种。公益性的民间国学教育机构，需要创办者用资金去租场地、聘请国学教师，但创办者从中毫无创收，有出无进，资金便成了最大的掣肘，如江西首家私人免费国学教育机构"晓波国学启蒙馆"，创办人黄晓波以个人工资来开办，后因杂事牵扯太多精力，收入减少，最终学馆难以为继，不得不停办。这不是个例，江西另一家传统文化学堂，由退休教师范式增自费开办，最后不但花光了近20万积蓄，还欠债4万。能坚持下去的，最基本的要求就是做到收支平衡。②

---

① 许世明：《国学经典的教育策略探索》，《中国城市经济》2011年第1期，第167页。
② 刘晨、沈洋：《国学教育路在何方——民间公益国学启蒙教育现状调查》，《经济参考报》2008年6月16日第14版。

公益性的国学教育机构难以为继，而营利性的国学教育机构则乱象丛生。商人逐利是本性，国学教育市场的需求，让商人看到了商机，纷纷创办国学教育机构。国学教育作为文化产业，亦未尝不可，但需要足够的办学资质，尤其是师资。王克伟曾对六家民办国学教育机构进行调查，其中创办人的情况是：学历方面，本科5人，专科1人；专业方面，6人分别是企业管理、人力资源、企业管理、计算机、计算机、会计；原职方面，6人分别是个人企业、宣讲师、高校教师、中学教师、软件设计、教育培训。部分教师的情况是：学历方面，本科3人，专科3人；专业方面，6人分别是法律、会计、广告设计、计算机、工商管理、设计。①从调查来看，他们的专业背景比较混乱，与国学没有密切相关，缺乏一定的专业知识背景。

从调查结果来看，也就不难理解为何社会新闻频频爆出国学教育丑闻了。如到高校办女德讲座的丁璇，捏造历史和人物故事，宣传落后甚至荒谬的女德观，引来全体社会的声讨。再如女童赴京学"国学"，却惨遭老师虐打，折射出各种国学班、传统礼仪班的培训乱象。再如读经少年离开体制教育，进入读经堂求学九年，最终圣贤梦碎，还是返回到体制教育，以九年的时间领悟到教育必须适应新时代的发展需要，而不可能再重回过去。这些国学乱象的背后，是营利性民间国学教育机构没有教育资质、师资素质不高、存在旧式教育的种种弊端，有的其实就是打着"国学"的幌子骗钱，如媒体就深挖了丁璇女德教育和反体制教育的读经教育背后的产业链条。这种乱象对国学和国学教育的声誉和未来的发展，都是一种极大的损耗。

（二）国学教育存在的问题

随着国学教育的推进，逐渐出现一些问题。这些问题，不但影响了国学和国学教育的声誉，也严重损耗发展的动力，以至于不少人一听到"国学""国学教育"就出现一种自然反应般的反感和排斥。国学教育存在的问题，可以概括为散乱化、形式化和功利化三方面。②

1. 散乱化

国学教育虽然得到政府的官方支持，但从全国的范围来看，都缺乏统一的规划、组织和管理，更多是由学校自主去开发、探索、实践、总结，其他学校再去

---

① 王克伟：《当下中国社会"国学教育热"现象研究》，山东师范大学硕士学位论文，2017，第46-48页。
② 国学教育存在"散乱化""形式化""功利化"的问题，主要参考自余宜芳：《对当前国学教育热的冷思考》，湖南师范大学硕士学位论文，2015。

交流、学习成功的模式和经验。因为学校各自为政,所以国学教育出现了散乱化的问题。

(1) 教学师资的散乱。大学的专业型的国学教育,从中国人民大学和武汉大学的师资介绍来看,主要是从文、史、哲三个院系抽调组成,再外聘知名专家兼职。人大和武大都是实力雄厚的著名高校,但近来也有其他一些投身国学热潮而兴办国学的院校,师资力量就单薄得多了,其办学质量也就让人担心。因为大学国学教育专业才兴起不久,而且专业型的国学教育,其目的是培养"读书种子",投身中小学国学教育的专业人才就更少了。所以中小学非常缺少专业的国学教师,大多由科任老师或班主任兼任。至于民间国学教育机构,不少创办者都是打着传承国学的幌子以谋取私利,更是欠缺正规的国学师资。

(2) 教学内容的散乱。因为没有统一的国学教材,大多由学校自主选定,也表现出一种随机性。中小学和民间国学教育机构,教学内容主要是儒家经典,尤其是四书五经,再就是蒙学内容,如《三字经》《百家姓》《千字文》《千家诗》《幼学琼林》《弟子规》等。然后再兼以琴棋书画。总的来说,教学内容相对随机、混乱。大学的专业国学教育,课程设置则基本在小学、经学、史学、子学和文学的框架内,再根据本校师资力量,设置一些特色课程。

(3) 教学方法的散乱。教学方法的散乱,是指在教育活动过程中违背教育逻辑和教育规律的行为。大学以外的国学教育,其方法大多是记诵,以诵读和背熟儒家经典为主。四书五经的文字本来就是佶屈聱牙、晦涩难懂,机械地记诵而不理解其义,并不符合少儿阶段的认知特点,时间一长,很容易丧失学习国学的兴趣和动力。这就对国学教育发展带来严重的阻碍,长此以往势必影响到国学教育的持续、健康的发展。

2. 形式化

虽然国学教育得到官方的支持,但是国学始终没有正式进入当下的教育制度内。在现下的教育体制里,国学始终无法找到合适的自我定位和安置的地方,这也是目前国学教育发展的困境。

在大学的学科制度里,国学作为一个庞大的学术体系,与现有的文、史、哲三学科存在重合,所以国学至今未能成为一级学科,不能授予国学学位。这样的话,就会影响到学生毕业、就业。折中的解决方法就是毕业时由学生自主选择文学、历史学、哲学来授予学位。在中小学的分科教学制度里,国学也仅是作为校本课程和素质教育而存在,始终没有成为正式的课程。因此,在正式课程之外,为了国学教育的开展，许多学校不得不耗费学生的时间和精力，增加了学生负担。而在升学的重压之下，学校和学生又势必将重心放在与升学相关的课程上。在这种情况下，国学教育不免形式化，在现在的教育制度里被边缘化。

在正规的学校教育阵地是如此，那在民间就更严重了。在"国学热"的浪潮里，催生了各种不同形式的国学活动，出现了形形色色的"作秀"和刻意"仿古"的现象。这些国学活动，大多忽视国学深层的文化内涵而不辨好坏地把国学抬出来，就是形式主义的表现，如女德班，宣教男尊女卑的封建糟粕，就是如此。

3. 功利化

国学大热，追随者云者鹜从，促生了国学教育的需求，不少人从中看到商机，把国学当作赚钱的工具，建立起各种国学班、女德班、传统文化礼仪班等，收取昂贵的学费。如广州"孟母堂"，每月收取学费2500元，一学期即需1万元；再如绍兴"国学私塾"举办体验国学活动，更是直言小孩家长有私家车的就可以来报名。

在高校也涌现出各类国学班，其费用更为高昂。如武汉大学开办的"乾元国学讲堂"，每月仅在最后一个周末上课，一年只上24天课，讲授《周易》《道德经》《庄子》和"四书"等国学经典，一年费用收取2.8万元，平均一天的学费就高达1000多元，被称为"天价"国学班。北京大学也有一个"乾元国学教室"，有研究生班和董事长班，学杂费一年分别是2.6万元和3.2万元。

国学文化产业化，本亦无可厚非，一方面可以促进经济发展，另一方面也推动了国学教育的发展。但是，某些国学教育机构为了将利益最大化，往往会夸大国学教育的作用，甚至以传销的方式来推广国学[1]，误导世人相信"国学"是一剂万能的"良药"，而忽略了一项教育活动应遵循的基本原则和底线。

这也使得接受国学教育的人出现两种情况。一种是沉迷其中，不能自拔，如某集团董事长，平日喜作中式打扮，谈儒礼佛，同时要求员工必备两册书，一是《中国传统文化导读》（吉林美术出版社，2005），二是以南怀瑾精髓编写的《员工守则》。另一种情况即是大呼上当，与国学决裂，如2014年学"国学"女童遭虐打事件，其母原为国学爱好者，最后成了体制教育的回归者；2016年"读经十年，一朝圣贤梦碎"的少年，最终也回归了体制教育。

对此，中国人民大学国学院原副院长袁济喜说："民间国学书院的兴起，对现行教育机制是一种冲击与挑战，是市场化的选择，高校办国学班应有'义利兼

---

[1] 沈占明：《当传销穿上国学的马甲》，《检索日报》2014年12月10日第7版。

顾'的办学理念，应当有大致成熟的课程体系，对于那些骗取钱财等不良现象，应当设置投诉与受理渠道，由制度和法律来监督。"[①]社会上不断曝出关于国学乱象的丑闻，已严重影响了国学的声誉，确实需要制度和法律来监督，保证国学教育的健康发展。

总的来说，伴随着"国学热"的大潮，自20世纪90年代以来，国学教育取得了极大的发展，但发展到今天，我们也需要对国学教育进行总结和反思，使国学和国学教育得到健康和更为长远的发展。

[①] 张棋坷：《"国学班"乱象》，《齐鲁周刊》2016年第30期，第43页。

第二章　国学教育的内涵、体系和方法

时代呼唤国学教育，但中小学国学教育的发展却面临诸多问题。解决问题的关键在于建立大中小学一体化的国学教育系统，重点是师范院校必须与中小学在国学教育上开展深度的协同创新，而协同的前提是我们必须对中小学国学教育有真切的把握，并以此为基础在基础教育视域下对国学教育的内涵、体系、方法做全面的考察，如此各方国学教育的任务才可以明确，分工才可以达成，协同创新才能取得实效。故此，我们用将近一年的时间选择广州市花都区中小学作为样本，对国学教育现状进行了一个初步的调查，并在调查研究的基础上形成在基础教育视域下对国学教育的内涵、体系、方法的认识。

第一节　中小学国学教育的样本分析[①]

为了真切把握当前中小学国学教育的真实状况，更好弘扬中华优秀传统文化，促进中小学国学教育的稳健发展，我们选取广州市花都区中小学做了一次抽样调查。[②]花都区经济、文化和教育事业的发展层次丰富，可以当作广东地区经济、文化和教育事业发展现状的一个微缩版本，而广东省的中小学国学教育启动早，普及面也相对广阔，广东在实践中出现的问题具有全局性意义，因此，根据花都区的调查数据，我们可以管窥当前中小学国学教育的现状，构建一个真切的基础教育视域下的国学教育分析样本，由此分析当前存在的问题，探讨进一步发展的策略才能实事求是。在我们调查结束之后，花都区在全区开始"中华优秀传统文化教育进校园"的专项活动，并选拔了首批实验学校，而我们的调查数据是在这一专项活动开展之前获取的，所以数据属于自发状态的描述性数据，干扰因素不多，更具有全局性的样本意义。

[①] 本研究由郑国岱带领的广东第二师范学院国学教育协会志愿者杨晓婧等人共同进行，报告定稿由郑国岱完成。
[②] 当前见诸报刊的中小学国学教育现状调查有不少，但广东地区的专门调查还没有见诸报刊。

一、调查思路及方法

（一）调查背景

党的十八大以来，花都区教育系统主动推进中华优秀传统文化的传承与发展，开展了一系列富有成效的工作。我们利用该区教育局网站设计的站内文件搜索，搜索关键词"国学"，截至2017年9月（不含9月），共得到17条检索结果，其中2015年有6条，2016年有7条，2017年有4条。而以"中华优秀传统文化"为关键词进行搜索，同一时间段则有13条检索结果，其中2015年有3条，2016年有1条，2017年有9条。两类检索结果合并，2015年有9条，2016年有8条，2017年下半年的学期刚刚开始，相应的教育活动有待展开，但上半年已经有13条。应该说，两年多的时间里有30条相关活动信息，中华优秀传统文化教育的宣传力度与开展的热情还是不错的，也正因为有了这些工作做基础，我们的调查效度才有了一定的保障。此时，"传统文化教育进校园"专项活动尚未开始，因此以这一自发状态下的数据更有代表意义。

（二）调查设计思路

我们需要了解的是当前中小学国学教育的教学内容、开展形式、评价标准、教材和师资情况，以及人们对国学教育的态度和认识等。而我们所调查的"国学教育"是指以国学经典、中华才艺、民俗常识为核心的中华优秀传统文化教育，也包括中小学围绕这些核心内容所展开的教育教学活动和校园文化建设活动。

1. 调查对象及调查方法

本研究有目的、有层次地使用抽样调查法，对花都区经济社会发展水平较好的城区学校红棉小学、棠澍小学、清布中学、云山中学等四所学校进行入校调研，对城区的新华街道第五小学、金华中学则利用微信网络平台进行调研；对乡镇地区的学校炭步镇第二小学、狮岭中学等两所学校进行入校调研，对狮岭镇杨屋村第一小学、花都区第二中学则利用微信网络平台进行调研。调研对象涉及学校领导、教师、学生及家长。

在具体调查中，我们主要采用了文献法、访谈法、问卷调查法等三种方法。

2. 调查内容

此次调查从五个方面展开。第一，从学校方面，了解学校的办学理念、国学教育开展的基础设施及经济条件；第二，从教师方面，了解师资情况对开展国学教育的影响；第三，从学生方面，了解中小学生对国学的认知情况、学生所喜爱的国学教育开展的内容与形式及未来进一步学习国学的意愿等；第四，从教材方面,了解学校国学教育的课程内容和方向;第五,从家长方面,调查家长对国学教育的看法与支持程度。

3. 问卷派发情况

此次调查,问卷发放总数为3130份其中针对小学生的国学教育调查问卷共发放1500份,成功回收1400份,其中无效71份;针对中学生的国学教育调查问卷共发放1400份,成功回收1274份,其中无效52份;针对教师的国学教育调查问卷共发放180份,成功回收160份,其中无效0份;针对家长的国学教育调查问卷共发放50份,成功回收30份,其中无效5份。

二、花都区中小学国学教育现状

经过2016年9月至2017年6月的调查、采访,我们对广州市花都区中小学的国学教育现状有了大致的把握。下面从"学校""教师""学生""教材与评价系统""家长"等方面加以分析。

(一)学校

我们首先对学校开展国学教育的情况做初步的调查。调查结果表明,花都区一线的教育工作者、学生、学生家长普遍认为国学教育意义重大,也希望大力普及。在国学教育的形式上,各中小学主要以国学经典诵读为主,同时结合其他活动形式。例如,新华街道第五小学开展国学方面的课题研究、分学段开设书法课、中国年文化嘉年华、国学经典阅读(指定书目、课外阅读、图书漂流等);金华中学开设象棋课和软笔书法课等。

调查数据显示:第一,花都区绝大部分受访学校都开展了国学教育,而且城区竟然有61%的受访学校已经单独开设了国学课(包括国学经典课、中华才艺课、国学常识课等任何一种课型),这样的比例虽然距离全面开展还有继续努力的空间,但也表明花都区中小学国学教育已经取得了一定的成绩。只有2%的城区的受访学校表示未开展国学教育,原因是不少受访学校认为国学教育与该校的特色发展定位不相符合,这里其实涉及国学教育应该是中小学教育的"底色"还是"特色"的问题,涉及对国学教育的内涵与意义的认识问题。第二,城区有24%的学校、乡镇地区有80%的学校在学科教育中渗透国学教育,这是在无法独立设课的情况下一种折中的方法,它虽然使国学教育在中小学的推广获得相对便捷的途径,但是国学教育与其他学科教育一样都具有不可取代的独立学科品性,仅仅依靠学科渗透来解决国学教育问题终究不是长久的办法。第三,国学教育发展深度的地区差异明显。城区竟然有超过60%的受访学校已经单独开设国学教育课程，但乡镇地区的受访学校则没有一所学校单独开设国学教育课程的。这表明，除了学校单独设课的意愿之外，能否设课还受到社会发展水平、师资力量、硬件设施等因素的制约，又因为乡镇地区的学校数量更多，所以这样的问题必须引起我们充分的重视。

（二）教师

在国学师资情况调查中，语文教师、班主任、德育教师等兼任国学教师的情况较为普遍。城区有26%的受访学校有专职的国学教师，这跟这一地区比较高的国学教育独立设课有直接的关系；与此同时，城区还有11%的受访学校没有国学教师，而不开展国学教育活动的学校仅为2%。造成真空的部分原因是城区的学校可以借助课程的社会购买完成部分国学教育任务，所以不需要配属国学教师。而乡镇地区中小学则没有专职的国学教师，也不太可能向社会购买课程，所以学校一般都有兼职国学教师。这也表明开展国学教育、弘扬中华优秀传统文化已经成为学校教育的"硬要求"，大部分学校也都在师资配备上做了安排。但在现有的专职和兼职国学教师中，大多数教师没有经过专业的系统培训，自身国学底子薄弱，无法真正胜任国学教育任务。以上数据表明：中小学国学教育专职师资队伍的建设迫在眉睫，师资培训任务十分繁重。

（三）学生

1. 小学生国学教育认知现状

（1）小学生对学习国学教育的看法。调查结果显示，在回答国学教育的意义的时候，58.9%的小学生认为可以学习和了解更多的先贤优秀思想提高自己的道德素养；而40.8%小学生同意"学习国学还能提高自己知识水平，培养广泛兴趣"这一说法；此外，22.5%的小学生赞成学习国学能对生活起指导作用。但与此同时，也有11.3%的小学生表示学习国学没有什么用处，这样的比例不算少，必须引起我们的高度重视。

在回答是否支持学校开设国学课程的时候，几乎所有参与调查的小学生都选择支持，且有49%的学生表示如果学校没有开设国学课程，他们愿意在校外学习国学，但也有31%学生持不愿意到校外学习的态度。

（2）学习内容和方式。内容上，喜欢学习传统书画、音乐、武术等中华才艺课程的学生超过35%，另有21%的学生喜欢国学经典，只有14.8%的学生喜欢历史文化常识方面的内容，这表明学生倾向于接受技艺性的实践课程，对偏重理论性和知识性的课程兴趣比较淡薄；学习方式上，33%的学生喜欢在观看图片、实物或参观博物馆中学习国学知识，29%的学生喜欢通过亲身体验民俗来了解传统文化，另有14%的学生喜欢通过情景模拟表演的形式来加强个人对文本的理解。这三个方面加起来可以明显看出学生们喜欢的是一种体验式的、直观的学习方式，这和他们在学习内容的选择上表现出来的倾向是一致的，当然也与小学生的心理认知能力的发展阶段有密切关系。

（3）学生自主学习意愿。虽然有62.1%的小学生表示喜欢上国学课或者参加国学教育活动，但只有52.9%学生表示可能会在未来继续在国学方面强化学习，有24.4%的学生则觉得自己未来不会往国学方面开展学习，22.7%的学生持中立态度。主动学习的意愿仅仅过半，我们的国学教育仍然有很大的努力空间。

2. 中学生国学教育认知现状

在接受调查的中学生当中，满意目前所在学校创建的传统文化氛围、支持学校开展国学教育的占大多数，也有少部分学生认为目前所在学校所创建的传统文化氛围一般。具体情况如下：

（1）中学生对国学教育的认知情况。大部分中学生听说过或接触过国学，36.2%的学生认为国学包含典籍、技艺、礼仪、习俗等在内的传统文化教育，31.6%的学生认为国学由经学、子学、史学等经典典籍教育（《论语》《孟子》《史记》等）组成，但也有7%的学生没有听说过"国学"一词。

（2）中学生对国学教育功能的看法。从所调查的数据中可以看出，中学生对国学教育虽然看法各异，但多数学生仍然认可国学教育。其中，55.3%的学生认为学习国学可以继承与弘扬中华优秀传统文化，45.2%的学生认为学习国学还能提高自己知识水平、培养广泛兴趣，47%的学生认为借助国学可以学习和了解更多的先贤优秀思想提高自己的道德素养，33%的学生认为学习国学是实现中华民族的伟大复兴的重要环节。从这组统计数据来看，文化传承与认同的教育功能得到多数中学生的认可。45.2%的中学生和40.8%的小学生认为学习国学能提高自己知识水平、培养广泛兴趣，47%的中学生和58.9%的小学生认为借助国学可以学习和了解更多的先贤优秀思想提高自己的道德素养，两相比较，中学生更侧重知识的学习，小学生更侧重道德素养，这和中学更侧重应试教育，小学更侧重素质教育的现状是相吻合的。

（3）国学课程。绝大部分中学生表示如果学校开设国学课程，会积极主动报名参加。而在课程实施方式上，"兴趣小组"和"特色班级"得到最多的认可。其中，34.3%的学生觉得以课外兴趣小组方式组织为好，看来学生们担心国学课程学习会影响考试科目的学习；33.2%的学生偏向开设特色班级这一方式，特色班级可以对课程整体安排做些微调，这是一种现阶段学生、家长和学校都可以接受的方法。

(四)教材与评价系统

1. 教材

(1)国学校本教材内容。花都区各中小学没有统一的国学教材,部分学校是根据本校开展的特色国学课程选择相应的读物。例如广州市花都区新华街道第五小学(下称"五小")的国学读物是由人民教育出版社出版的《少儿国学》杂志、《古诗词七十首》等,只有该校专业教师开展的书法特色课程编写有独立的教材;红棉小学则有独立的自编教材《古诗词四十五首》。也有部分学校根据学生学习情况,有针对性地分年级选择学习读物。例如棠澍小学一年级主要读物是《弟子规》,二年级是成语故事书,三年级是历史故事书等。总之,大部分学校选用趣味性较强的图书来增加学生学习国学的兴趣,但是都没有一个完备的教材体系。

(2)国学校本教材使用情况。经过对教师群体的调查得知,城乡之间国学教育的校本教材差异不大。超过六成的教师表示所在学校没有国学教育方面的校本教材;不足两成的教师表示所在学校有使用正式出版的且使用较普遍的教材;仅有少数的教师表示所在学校有自编国学教育校本教材,但也没有贯通各个年级。

2. 评价系统

在评价系统方面,各学校的评价方式与标准各不相同,多与学校自身特色定位相结合,不具备完整的评价系统。例如,红棉小学用文化长廊展示学生学习成果,五小借助年度文化嘉年华展示学生学习成果,除了这些碎片化的成果展示,大部分学校都未建立国学课程评价体系。

(五)家长

由于我们对家长的调查利用的是放学后家长接小孩的时间,因此时间比较短,家长的配合度不高,而且接小孩的家长中大部分是上了年纪的老人不便接受调查,所以能够参与调查的家长数量较少。但是家长是中小学国学教育开展的"关键第三方",他们的意见与建议对中小学国学教育有重要的参考价值。

参与我们调查的家长全部学历在初中及初中以上且绝大部分并未接受过国学教育。他们对国学的认识不全面,有36%的家长不认为"国学是包含典籍、技艺、礼仪、习俗等在内的传统文化教育"。不过,所有参与调查的家长对孩子学习国学不存在反对的看法,除了32%的家长表示中立之外,其他都持赞成的态度。对当前中小学的传统文化教育氛围,参与调查的28%的家长表示满意,但也有56%的家长认为目前学校所创建的传统文化氛围一般。

(1)国学课程方面。绝大部分参与调查的家长(92%)认为国学教育需要专门的教材。60%的家长认为国学课程应该设为选修课程,32%的家长认为应该设为必修课程，剩下少部分持"都可以"的态度。

（2）国学教育组织方式方面。家长的意见不一，主要集中在融入其他相关课程（36%）、开设为独立课程（28%）、课外兴趣小组（24%）这三种方式。

（3）国学教育的考核评价标准。76%的家长比较支持建立国学课程考核评价的标准，绝大部分（84%）家长比较关注国学教育评价是否给孩子升学带来实用性功效，这也是家长评价国学教育是否有价值的重要标准。

三、基于调查数据的当前中小学国学教育问题综述

从前文的调查数据分析，我们大致可以对当前中小学国学教育存在的问题形成下面几点认识。

（一）当前教育界对中小学国学教育的内涵、意义及方法的认识有待提升

近年来国学虽热但国学教育的内涵、意义和方法并未明晰，这就造成了中小学国学教育实践中普遍存在认识模糊的情况。

1. 对国学教育的内涵认识不清

一般来说，中小学国学教育的内容应包含国学经典、传统技艺、国学常识三大部分。但在调查中我们发现，无论是学校领导、教师、学生还是家长对国学教育的内涵的认识都比较单薄，不少学校往往只抓住其中的某一方面就以为自己成就斐然了，这样的国学教育难免流于浅俗化，也容易给反对者抓住把柄，反而不利于国学教育的健康发展。

2. 对国学教育的意义认识不清

虽然中央已经多次下文要求大力弘扬中华优秀传统文化，但是仍然有学校认为国学教育只是中小学教育教学的特色要素而不是基础性要求，这就造成国学教育在中小学开展的随意性、碎片化和不平衡的现状。

3. 对国学教育的方法认识不足

由于国学教育还没有成为中小学的必修课程，国学教育的课程标准、教学方法等重要的实践问题仍在持续探索中，所以当前国学教育呈现的教法机械、活动形式单调等状况也就不足为奇了。

为此，建立专职的中小学国学教育管理和教学队伍，加强对中小学国学教育的组织领导工作，同时要确保相关经费配套落实。2014年教育部公布《完善中华优秀传统文化教育指导纲要》，2017年年初，中共中央办公厅、国务院办公厅又印发了《关于实施中华优秀传统文化传承发展工程的意见》，虽然这两份文件都要求各地区各部门结合实际认真贯彻落实中华优秀传统文化教育。但是，调查显

示当前中小学对国学教育的认知仍然有待提高,措施也还不得力,这首先是因为文件出台之后相应的组织管理工作并没有配套跟进,不仅学校没有专职教师,各级教育行政部分也没有专职管理人员,而没有了自上而下的有效管理体系,资源配置、资金落实往往就成为空文,国学教育的教学教研工作就难以持续,中小学国学教育就难以长期有效开展。所以我们必须"明确国学教育的领导机构,发挥国学教育组织、管理和领导作用,全面、深入、有序地推进国学经典教育。设立国学经典教育专项经费,为开展国学经典教育的学校提供经费支持"。

(二)国学教育师资队伍素质堪忧,国学教育专职教师的培养势在必行

当前中小学国学教育师资虽然有部分专职人员,但这些专职人员都没有接受过系统的国学教育素养和技能的培训,许多人是临时上阵。更有甚者,有些学校把一些无法胜任语数英等主干课程教学的教师淘汰分流到国学教育师资队伍中,这些教师虽然是专职教师,但教学素养、教学技能和更重要的教学态度都有问题。由这些教师专职担任国学课程教学不仅无法发挥国学教育塑造灵魂、提升境界的人文教育功能,甚至由于这些教师的教学状态而给学生留下国学教育机械、呆板、了无趣味的反面印象,而这也是11%的小学生认为国学教育没什么用处的重要原因。另外,多数没有专职国学教师的学校国学教育任务主要由其他学科教师兼任,兼任虽然在某种程度上有利于国学教育与其他学科教学的融通,但是兼任也往往造成国学教育独特课程品性的模糊和教学质量打折扣的普遍现象,加上应试教育的压力,有些学校虽然有专门的国学教育课时,但这些课时的挪用情况也非常严重。例如,很多中小学国学教育是由语文老师兼任的,而当前一线语文教育对工具性的侧重与国学教育对人文性的追求难免存在矛盾,因此语文教师在讲授国学经典的时候通常将教学重点限定在与语文考试相关的框架中,过于功利化的教学追求使得国学教育呈现机械化倾向,教育成效不佳。因此,中小学国学教育的健康发展需要优质师资来实现,而当前国学教育师资的状况令人担忧,所以系统培训迫在眉睫。

更进一步说,构建中小学国学教育师资培养、培训和职业成长体系,同时为国学教育师资的打开职业成长通道。有了专职的队伍之后,队伍的素质提升和职业发展就是接下来必须解决的问题。当前中小学国学教育的开展过程中,严重缺乏专业教师,也很难有现任教师愿意完全转岗从事国学教育,这里除了要继续加强教师培训工作之外,更重要的是要构建国学教育师资职前培养、职中培训的职业成长支持体系,同时要为国学教育师资在工作评优、职称评定等方面打开成长通道,只有这样才能根本消除教师从事国学教育的后顾之忧,中小学国学教育才

有可能获得坚定的人力支持。目前有个别高校已经开始国学教育（不是国学研究）人才的培养，但这些师范生的成长仍然需要一段比较长的时间。而在当前，作为过渡形式，应该动员优秀的语文骨干教师或德育教师转岗从事国学教育工作，同时要在评优、评职称等方面给予一定的鼓励。对这些转岗教师要迅速开展切实有效的系统培训，教育行政部门必须动员高校要与中小学协作开发国学教育师资培训课程体系。这种课程体系要特别突出应用性课程以便为中小学国学教育的迅速推广提供有效支撑。这方面广东省教育厅已经在2017年开始动员广东第二师范学院、肇庆学院、韩山师范学院等高校承办"中华经典文化诵写讲骨干教师培训班"。其中广东第二师范学院国学教育团队创造性的以国学夏令营的形式作为师资培训平台，保证师资培训全程"真刀真枪"，骨干教师的国学教育能力确确实实得到了提升，这是一个值得推广的成功经验。

（三）中小学生对国学教育参与热情较高，但他们更关注的是一些技艺性和趣味性的课程

这次调查我们最欣慰的就是中小学生对国学教育的参与热情比较高，虽然国学不属于正式的学科，但不少学生能够认识到国学教育的文化传承意义，对国学教育的内涵也已经有了一定的正确认知。这当然跟中小学生求知欲强、富有好奇心，对国学教育还有新奇感有关，但这也是这些年来各级政府、各学校和老师们努力的结果。诚然，我们也要理性地看到此种热情要想长期保持需要我们下很大的功夫，因为从调查数据来看，中小学生更关注技艺性和趣味性的课程。学生对中华才艺课程的兴趣一方面表现了中华才艺的独特魅力，另一方面也在反向提醒我们国学经典课程教学水平亟待提升。而在教学组织上，兴趣小组和特色班不失为国学教育在现阶段的重要实践平台，因为这两种组织方式的实验效率高，试错成本低，推广普及的规模有良好的可控性。

另外，组织大中小学国学教育协作体系，以学术专家与一线教师协同创新的模式开展国学教材的编写，同时探索形成优质的国学课堂教学模式以便普及推广。教师队伍素质提升的同时，我们还必须让他们有教材可用，有教法可依。当前，不仅我们的调查显示中小学国学教育教学散乱，而且别的研究者也看到了"由于当前国学教育整体上处于摸索阶段，大部分中小学和培训机构都采用各校自编教材或无专门教材，教学内容由开课教师自行决定，这就使得国学教育缺乏应有的系统性、规范性，教育内容零碎化、片段化特征明显，教学效果难以得到切实有效保证"[1]。问题的解决不能仅仅依靠中小学一线教师，因为他们现有的知

---

[1] 王元珍、王文静：《当前青少年国学教育的现状与对策——福建省青少年国学教育现状调查报告》，《宁德师范学院学报（哲学社会科学版）》2016年第4期，第98—101页。

识结构与学术水平无法胜任一套体系完备的国学教材的构建任务，因此需要大中小学联合完成。这方面，广东第二师范学院中文系国学教育团队已经做了一个比较成功的尝试。该团队自2009年开始就主动与中小学构建国学教育协作联盟，深入开展国学教育课程建设，经过多年实践创编了一套基础段国学教育实验教材[①]，而且构建了有效的国学经典课堂教学模式，目前这套教材和教学模式已经在广东省内多所中小学顺利推广。该团队的努力正是对教育部提出的构建大中小学"一体化"中华优秀传统文化教育体系的积极响应。

（四）在教材和评价方面，各学校自主开发国学教育校本课程的能力不高，现有教材的使用上缺乏系统性考量，对学生学习效果的评价也没有完备的体系

教材大多为各学校统一订购的国学类书刊，而内容选择上多以蒙学经典为主，比较单调。主要原因是蒙学经典相对于四书五经教学难度、强度较低，相对于书法、国画等课程，蒙学经典教学在专业技能上又没有太大阻碍。同时，对国学教育的内涵的认识不足也是造成内容选择单一的原因。而在学习成效评价上，中小学大部分以作品展、汇演来展示国学教育的成果，还没有形成完备的评价标准。国学教育以人文精神的涵养为第一目标，传统以知识和技能为考核重点的考试模式并不是衡量国学教育成效最好的考核方式。各所学校国学教育效果的呈现方式虽然各异，但都具有局限性，很大程度上其考核目标培养的是少部分的"国学精英"，大部分的学生可能会因不能普遍地参与活动而降低了学习国学的兴趣，再者，受功利教育的影响，这些活动也常常流于形式，而忽略了国学教育人文涵养的初心。

所以，构建国学教育评价体系，引导学校、教师、学生和家长循序渐进参与国学教育尤为必要。

教育教学的最终环节一定要有学习评价，否则国学教育的效度就很难把握，学校、教师、学生、家长的多方协作就难以开展。当前中小学国学教育缺乏科学的评价体系，一方面是因为国学教育主要关注的是学生人文精神的涵养，因此往往难以进行量化考核；另一方面也因为人文涵养是一个长期的培育过程，也很难进行效果评价。但是，只要我们在构建国学教育评价的时候注重过程评价、侧重行为评价、突出综合评价，国学教育评价体系还是可以构建出来的。有了科学的评价体系，我们就可以告别当前国学教育散乱无序的状态，告别国学教育的功利倾向，引导学生和家长循序渐进参与到国学教育活动中来，国学教育才能取得真正的成效。

[①] 广东第二师范学院中文系国学教育团队与中小学协作学校联合编写并出版了实验教材《国学》系列共12册，由世界图书出版广东有限公司于2016年正式出版。

（五）家长对国学教育的心态比较矛盾，而且要求也比较高

虽然接受调查的家长对国学的内涵理解还不充分，但是，除了一部分人持中立态度外，大部分人对国学教育是支持的。当然，他们对国学教育的要求也比较高。一是他们对当前中小学校传统文化教育氛围不满意。国学教育是一个系统工程，校园文化氛围是直接呈现在社会公众面前的东西，也是学生朝夕濡染的无声课程，它的营造需要一个比较长时间的积淀，也需要学校管理者和教师积极主动去塑造，而我们都忙于应试，对这些需要用心的、难以立竿见影的东西一直关注不够，如今家长们的意见为我们提了个醒。二是国学教育要有专门的教材。这样的要求恰恰抓住了当前中小学国学教育的软肋，是我们急需解决的。教材的缺失让国学课程给公众的印象很不专业，这也就影响了他们在把国学课程开设为必修课还是选修课问题上的信心，甚至只有28%的家长认可把国学单独开设为课程。三是大部分家长担心国学课程会增加学生的负担，因此国学课成为独立课程或者成为必修课的支持率都不高。四是家长们对国学教育的效果评价功利取向很明显。大多数家长希望建立评价标准，同时更希望这样的标准能够和小孩的升学联系起来。可以看出，家长们对当前国学教育的心态是很矛盾的，他们一方面支持并期待中小学开展国学教育，另一方面又对现在国学教育的现状不满意而且还有担心。看来提升国学教育的质量需要系统性的考量。

总之，从花都区中小学国学教育的现状来看，我们发现学校、教师、学生和家长对国学教育的普遍期待，也发现了当前国学教育存在的一些突出问题。但这些问题并非无解之谜，只要我们严格遵照教育教学活动的科学规律，抓住队伍建设这个根本，从课程开发入手构建科学的课程和评价体系，中小学国学教育就一定能够得到更为健康顺利的发展。有了对中小学国学教育的真切认知，我们审视国学教育的内涵、体系和方法就更为切实。

第二节 国学教育的内涵、体系和方法

国之立，必有学，是谓国学。国学传承的主场在学校，所以为贯彻落实党中央关于完善中华优秀传统文化教育的精神，教育部于2014年3月26日向全国教育部门下发了《完善中华优秀传统文化教育指导纲要》（下称《纲要》）。《纲要》的指导思想是："以推进大中小学中华优秀传统文化教育一体化为重点，整体规划、分层设计、有机衔接、系统推进，促进青少年学生全面发展。"无疑，"大中小学

一体化"抓住了当前弘扬中华优秀传统文化在实践路径上的重点和难点。可惜，几年的时间过去了，应该说，全国大中小学学习、弘扬中华优秀传统文化的热情日益高涨，但是由于认识差异、各自为政等种种原因，"大中小学一体化""整体规划""分层设计""有机衔接""系统推进""全面发展"等关键指标并没有得到有效落实。为什么会这样呢？我们认为，这些指标的落实除了需要时间之外，更需要一个整合的中枢。目前来看，可以比较好胜任这个关键任务的角色是师范院校。师范院校是教育工作的母机，在民族文化的传承与弘扬中有不可替代的重要作用。因此，在基础教育视域下，结合当前的实际情况，考察国学教育的内涵、体系与方法，构建师范院校与中小学校的国学教育协同创新联盟，共同厘定基础教育阶段国学教育内容、培养国学教育师资、创建国学教育课程、凝练国学教育方法等，就是一项极具重大战略意义的系统工程。

一、基础教育视域下国学教育的内涵

要克服当前基础教育领域国学教育的诸多问题，我们认为首先必须对国学教育的内涵有明确的认识。国学教育的内涵自来众说纷纭，作为纯粹的学术研究相关的探讨还可以不断持续下去，但在基础教育的视域下，国学教育展开的时间、空间是十分有限的，因此我们必须赋予"国学教育"一个符合现阶段基础教育实践的、相对客观的内涵。在我们看来，国学教育的内涵必须包括三个方面：核心内容、根本任务、主要构成。

（一）基础教育视域下国学教育的核心内容

宏观上说，国学就是国之所以为国之学，一句话，"国之立必有学"。它是一个民族，一个国家赖以安身立命、永续发展的根本理念与行为方式。从这个意义上说，"国学"概念的内涵和外延大致等同于"中华优秀传统文化"，它为民族和国家的发展提供的是正能量的支撑。如此一来，"国学"的内涵和外延就相当丰富和深广，这为我们开展国学教育赋予了广阔的空间，同时也容易令人在它的浩瀚与深博面前无从下手。因此，"国学"还需要一个微观的定义。我们认为，从中华民族几千年的文明进程来看，中华优秀传统文化的主脉在儒学，儒学的重心在经学，经学的重心明清以来在四书学。因此，作为撬动一个庞大系统的支点，基础教育阶段国学教育必须以蒙学为起点，四书学为重心，以六艺之学作为四书教育的配属内容。[①]明确了这一点，现阶段基础教育视域下，"国学教育"的核心

---

① 相关论述可参见郑国岱：《马一浮四书学的该摄系统探析》，《重庆文理学院学报（社会科学版）》2015年第3期。

内容就清楚了：以四书学为重心的儒学。有了这个核心，其他学科的内容的引入便有了一个标准和宗旨，国学教育才可以做到博而不乱。①

（二）基础教育视域下国学教育的根本任务

这是国学在基础教育领域的实践问题。梁启超说："凡一国之立于天地，必有其所以立之特质。欲自善其国者，不可不于此特质焉，淬厉之而增长之。"② 此间，"所以立之特质"就是"国学"，"淬厉而增长之"就是"国学教育"。那么，国学教育的内涵就必须包含两个部分：一是"淬厉之"，在基础教育视域下，就是要实现中华优秀传统文化的创造性转化；另一个则是"增长之"，在基础教育视域下，就是要实现中华优秀传统文化的创新性发展。简而言之，对中华优秀传统文化的创造性转化和创新性发展便是现阶段基础教育领域国学教育的根本性任务。进而，对以四书学为重心的儒学进行创造性转化和创新性发展就是当前国学教育根本任务中的重中之重。

（三）基础教育视域下国学教育的主要构成

明确了国学教育的核心内容和根本任务之后，国学教育的主要构成自然就清楚了：首先，国学教育的主要构成就必须以四书的教育为主线，也就是说，四书教育必须成为中小学国学教育一以贯之的主要内容。从"大中小学一体化"的角度来看，选择一个核心内容，使之成为连结大中小学国学教育的主线，这也是国学教育实现"大中小学一体化"的必然要求。经过多年的实践，我们建设中的"大中小学一体化"的四书教育课程包括小学段的《论语选读》《孟子选读》《大学中庸译解》，初中学段的《论语精读》，高中学段的《孟子精读》，大学学段的《四书精读》。这样的课程建设构筑了一个由浅到深，从文字到义理逐步深入的四书教育系统，四书学习成为贯穿大中小学国学教育的一根主梁。当然，仅仅四书教育是不够的，四书之外，还有五经，还有诸子，还有百家，只不过必须在确立了一个核心构成之后，其他插件才有了一个可以共存融通、有机整合的"主板"、"主机"。其次，儒学的创造性转化和创新性发展需要一个开放的融通的知识格局，所以除了四书学这一个核心板块之外，根据中华传统文化的特点，在儒学内部四书学需要五经学辅助，在儒学外延儒学需要诸子学配套。因此，以四书学为重心，五经学、诸子学为辅翼的格局就是现阶段国学教育的主要构成。另外，除

---

① 当前，有关"国学"内涵的讨论莫衷一是，有研究者就指出："任何一个学者都可能立足于其所认可的层面，视自身的学术为'国学'，同时指责除自身所立足的层面以外的所有研究为'非国学'。"（参见贺昌盛：《国学的知识论取向——兼与杨春时先生商榷》，《东南学术》2010年第2期，第108-109页。）
② 梁启超：《论中国学术思想变迁之大势》，上海古籍出版社，2001，第6页。

了这些稳定的板块之外，国学教育的主要构成还必须包括一个流动板块。当代中国的文化建设成就、其他民族的文明成果都必须适当的被引进儒学的革新中来，这样的引入置入流动板块，随时可以根据实际情况进行调整。

把国学教育问题具体到基础教育领域，在一个时间和空间都有限的场域里，众说纷纭的观点就有了调整的必要与可能，而我们也就容易对国学教育的内涵包括核心内容、根本任务、主要构成达成比较统一的认识。没有这样的共识，大中小学国学教育的一体化建设就会继续碎片化。有了这样的共识，师范院校与中小学在国学教育上的协同创新任务就明确了，分工也自然可以具体下来。

二、基础教育视域下国学教育的体系

在我们看来，现阶段基础教育领域的完整的国学教育体系建设必须把师范院校纳入其中，并且必须让师范院校在体系中发挥引领和带头作用。首先，师范院校在高校序列中与中小学关系最为密切，是实现大学国学教育与中小学国学教育的衔接甚至一体化的关键。其次，当前中小学师资力量由于受传统教育理念的框约，以及现有师资力量的局限，暂时还不具备对国学教育进行整体规划、分层设计、系统推进的能力，而师范院校既熟悉中小学教育教学现状，又拥有一批以传统文化专业为背景的国学研究学者，师资学术层次较高，有能力实现这些目标。为此，这个体系纵向看必须最少包括三个子系统，即师范院校国学教育体系、高中及职中国学教育体系、义务教育阶段国学教育体系；横向看，基础教育国学教育体系必须包括国学教育人才培养模式、国学教育师范课程体系、国学教育师资培训体系、中小学国学教材体系等。这些体系之间相互衔接，互相支持又各具特色。其中，师范院校的国学教育体系必须体现出对其他两个学段体系的引领作用。从建设面向基础教育的国学教育体系来看，必须从以下这些方面展开探索。

（一）必须探索建设一个面向中小学的国学教育人才培养系统

未来国学教育的长期深入发展需要相应的师资力量的支持，当前虽然有不少高校开设了国学专业方向，但这些专业的培养目标绝大多数定位较高，课程设置、培养模式上也是尽量高大上。师范院校的国学教育专门人才的培养要避免这种倾向，要始终服务于中小学国学教育的需要，培养目标要面向基础教育，课程设置要接地气，培养方式要走与中小学联合培养的路子。例如，我们利用大学生暑期三下乡社会实践活动，举办了两期国学夏令营，效果很不错。首先，我们把大学生的国学教育与乡镇中小学的国学教育结合起来，使得师范生的国学教育一开始就具备清晰的职业目标和坚实的实践路径。其次，我们的国学夏令营不仅有大学生参加，还有所在学校的国学预备教师参加，同时还有全省十几所协作学校的国学预备教师参加。如此一来，我们把中小学国学师资的培训和师范院校的社会实践活动结合起来，使得师资培训与真实教学情境无缝对接。最后，我们的国学夏令营还把课堂教学探索与国学教材建设结合起来。国学夏令营的课程安排和课堂模式参照正常教学要求进行，这就让配套的国学教材接受实践的检验，不断总结提高，从而避免了国学教育的肤浅化。当前，如何在成功举办国学夏令营的基础上，把相关的经验转化、固化为师范生国学教育人才培养模式的有效机制，进而建设一个面向中小学的国学教育专门人才培养体系就成了我们的当务之急。

（二）必须建设一个面向基础教育的国学教育师范课程体系

国学是一个庞大复杂、丰富精深的知识系统，基础教育阶段的国学教育必须针对中小学生的身心特点、知识背景在内容上有所取舍，并在此基础上创建相应的课程。我们设想，第一阶段重点建设《四书精读》《诸子选读》两门国学通识课程以及《四书精读及教学》《诸子选读及教学》两门专业选修课程。传统国学包括经史子集几个主要构成，其中经学与子学是最具有思想战略价值的部分，国学复兴的内生机制一定要在这两个部分中生发出来。所以，师范院校国学基础教育课程应该从读经和读子开始。而经学主要是五经学和四书学，五经学的当代传承因为文本的阅读的困难要远高于四书学，所以经学课程现阶段必须以四书学为切入口。诸子选读则有助于学生开拓学术视野，了解国学广博深邃的独特魅力。而教学法课程则重点在总结几千年四书教学、诸子教学的经验及其当代价值的探讨。当代教学法的课程资源本来应该包含三大块：传统汉语言文学的教学经验（有几千年积累），现代以来的白话文教学经验（约百年的积累），西方母语教学经验，其中的第一大块本来是当代母语教学的最宝贵资源，但现在恰恰是最薄弱的环节。

（三）必须建设一个面向中小学国学教育师资培训的继续教育课程体系

师资问题是制约当前基础教育领域的国学教育向纵深发展的瓶颈所在，新世纪以来，国学教育逐渐在中小学中推广开来，但质疑的声音一直没有停止。2011年党的十七届六中全会决议提出弘扬优秀传统文化的号召之后，中小学国学教育实践已经由要不要搞转变成怎样搞的问题。但是，现有教育体制的缺陷，导致当前中小学教师严重欠缺国学教育素养，结果国学教育在中小学的推广首先遇到的难题就是师资问题。从已经开展国学教育的学校的情况看来，多数学校均遭遇了持续发展的瓶颈，而根源也在于现有教师的自身知识结构已经难以胜任国学教育深入发展的需要。因此在师范院校的国学教育人才培养模式和课程体系建设基础上必须尽快建设一个面向中小学的国学师资培训体系。这个体系的建设可以由师范院校牵头，组织中小学一起开发与建设。当前要优先建设《蒙学基础及教学》《四书精读及教学》《诸子选读及教学》，课程的建设应特别重视一线教学实践经验的导入，尤其是国学教育特定原理、方法和教学技能的总结与提炼，尽快探索出一套富有特色的方法论体系。

（四）必须建设一个中小学国学教材体系

国学教育最终一定要落实到中小学教育中去才能够根繁叶茂，所以开发建设中小学国学教育教材是师范院校与中小学国学课程协同创新的重要内容。当前，中小学国学教育教材没有全国统一的课程标准，每个学校根据自己的情况自主采购或者编写，结果现行教材要么脱离一线教学的实际需要，要么缺乏整体的编写思路，体系混乱。要改变这种状况一定要从小学到中学到大学通盘考虑，注重教材的衔接过渡；同时要注意国学教材与其他学科教材的互补性，特别需要注意与语文学科的融通，否则就容易出现把初中、高中的语文教材内容大量挪到小学阶段让学生诵读等乱象，打乱了语文学科的知识序列。另外，教材的建设在考虑与现有课程的关系的时候，尤其要避免成为"第二语文课"或"第二思想品德课"，重点突出原典诵读，突出文化传承，突出人文涵养，强调踏踏实实地积累，强调精神内涵的领悟。就教材的编写问题，教育部的《纲要》指出："教育部统筹规划和推进中华优秀传统文化教育课程、教材、师资等建设，明确具体任务和政策措施。"从目前中小学语文、数学等课程的建设情况来看，组编全国统一的中小学国学教材并不现实，教育部更多的将从课程标准制定与政策规范等层面用功，具体的教材编写必须动员社会力量参与，其中，师范院校可以发挥重要的作用。

以上四个体系贯穿大中小学国学教育系统，而以国学教育人才培养模式的建设为突破，以高师院校的国学教育课程开发为龙头，渐次拓展到师资培训，再落实到大中小学国学课程体系建设，要力争做到体系完备、气脉连贯，理论建设、课程创建、方法论探索与实践操作形成一体，最终凝练成富有人文内涵又有时代特色的国学教育体系。

三、基础教育视域下国学教育的方法

方法研究其实要解决的核心问题就是"怎样教"的问题，扩大一点就是国学教育的实施问题。当前基础教育领域的国学教育在实施方法上的困境主要源于师资力量的局限，而仅仅依赖现有中小学师资难以迅速解决国学教育在实施上所遭遇的困境。经学课程取消已经超过一百年了，现有中小学教师的知识结构基本上是由其所接受的师范教育决定的。而从目前的师范专业教学体系来看，绝大多数学校并没有专门的经学教育模块，这就造成了师范生走上工作岗位之后深入开展国学教育的困境。对此，师范院校可以借助继续教育对现职中小学教师的知识结构加以某种程度的补全，而这种补全可以理解为师范院校对前期产品缺陷的召回处理，对师范院校而言这是责无旁贷的。但是，当前主要是高校，特别是师范院校尚没有深度参与到基础教育的国学教育实践中来。部分高校虽有参与，但是决心不大，力度不足，导致这些实践在进展若干年之后不同程度陷入停滞状态而未能很好推进。其实，师范院校与中小学的协同创新，一方面有利于中小学国学教育的顺利推进和全面深入开展，同时反过来对师范院校相关课程体系的建设有直接的促进作用，对师范院校人才培养模式的改革也有强力的引领意义，这既是双向需求，同时也会是双赢结果。我们认为，目前师范院校对基础教育国学教学实践参与动力不足的根本原因在管理体制上。当前师范院校整体管理体系参照普通高校而建立，缺乏辐射中小学的硬性制度设置，这使得高校教师对中小学国学教育实践的参与难以得到应有的评价，积极性也就难以调动起来，这已经严重影响了师范院校与中小学在国学教育领域的协同创新。因此，探索中小学国学教育的方法首先必须打破师范院校与中小学之间的制度藩篱。

其次，打破制度藩篱之后，师范院校与中小学之间才可以实现各种资源的共享。在这个基础上，根据这些年的国学教育实践，我们认为，基础教育的国学教育实践在方法论上必须坚持"五个结合"和"一项基本原则"。

一是学术研究与社会实践的结合。社会实践可以为学术研究提供事实依据，没有社会实践，学术研究就只能是空中楼阁，难以发挥社会作用；没有学术研究，社会实践就会缺乏方向，停步难前。相比于中小学而言，师范院校的强项在于它比较强大的学术研究能力，但此种能力必须自觉与当前基础教育的国学教育实践结合起来，学术研究才可以为社会实践提供有效理论指引。

二是国学经典的读解必须与六艺修炼相结合。孔子说"兴于诗，立于礼，成于乐"(《论语·泰伯第八》)，他还说"志于道，依于仁，据於德，游于艺"(《论语·述而》)，没有"礼"和"乐"的学习，没有"艺"的调节，国学经典的文本学习就容易流于空洞，甚至面目可憎。反过来，六艺的修炼如果没有"经"的学习，就容易流连小道，自鸣得意。所以子夏提醒我们："虽小道，必有可观者焉，致远恐泥。"(《论语·子张》)

三是课堂教学与社会养成的结合。孔子说"学而时习之，不亦说乎"(《论语·学而》)，国学经典的学习还必须与社会养成、家庭养成结合起来，为中小学生从国学经典学习中收获的心性体悟与自身行为习惯的养成结合起来，构筑一个国学经典学习的养成场。

四是教师教学与教研的结合。当前从事国学教育的师资队伍，其固有的知识结构中，国学素养是比较缺乏的，所以国学教学与国学教研必须密切结合起来，让广大国学教师在教中学，边学边教，教学相长。

五是学校教育力量与社会教育力量的结合。当前的国学热其实首先兴起于民间，中华优秀传统文化的原生态留存也在民间，民间社会机构有意愿，也有能力参与到当前的国学教育浪潮中来。如何把政府主导的学校教育力量与民间主导的社会教育力量结合起来，共同促进基础教育国学教育的发展是当前教育界必须面对的时代课题。

我们认为，以上五项结合做得好，基础教育的国学教育从方法论上来说就不会偏差了。当然，基于当前基础教育的国学教育实际，国学教育的实施必须坚持一个基本原则：循序渐进。毕竟国学教育的系统实施对中国大陆地区而言已经整整断绝了一百多年，所以我们一定要有足够的战略耐心把断绝了的文脉重新接续起来。

一是教学内容上的循序渐进。国学有其自身内在的学理逻辑，违背或者忽视这个学理逻辑，在教学上求多求快，最后只能适得其反。例如，四书教育历史上有两条教学实操路线，一条是针对成年人的，或者学问已经有一定基础的学习者，学习顺序从《大学》到《论语》，再到《孟子》，最后是《中庸》；另一条是针对未成年人的，或者学问尚未有根基的学习者，学习顺序则从《论语》到《孟子》，再到《大学》《中庸》。两条学习路径如果不根据学习者的情况仔细加以选择的话就容易事倍功半。

二是教学方法上的循序渐进。据我们观察，当前基础教育界的国学教育在教学方法上存在标新立异和简单枯燥两个极端。标新立异者把国学教育当成特色教育，为了吸引眼球，博取"成绩"而不惜剑走偏锋。例如，在形式上让学生在日常生活中穿着所谓的"汉服"，在内容上大讲宗教信仰。而简单枯燥者则认为国学经典的学习就是学习者自学自悟的过程，所以不必讲解，只要诵读。前者已经偏离了我们弘扬中华优秀传统文化的价值立场以及时代意义；后者则无视学生学习的自然规律，容易造成不少学生对国学经典学习的负面心理。前者是"过"，后者是"不及"，都不是我们实施国学教育应该有的正确方法。

三是教学普及上的循序渐进。随着国家经济实力的不断增长，地方财政实力也越来越强，中央一号召，地方政府对国学教育的投入也在加大。由此，不少地方在教育行政的主导下迅速全面铺开国学教育。此种做法热情有余，定力不足，缺乏深耕细作的战略耐心。我们认为，基础教育的国学教育必须先从骨干教师的培训做起，以特色班、特色学校为抓手，逐步全面普及。如此，学生和教师都有对国学学习的缓冲区，可以让大家在从容审视中扎实推进，如此获得的国学教育成果才具有普及推广和深入人心，移风易俗的能量。

综上所述，师范院校与中小学国学教育体系的无缝对接已经是解决当前基础教育领域的国学教育困境的关键性抓手。为了实现上述目标，我们自己在实践中，首先建立一个"岭南国学教育联盟"，整合师范院校与中小学的资源；然后通过"国学夏令营""师资短训班"的方式开展集中训练和实验；再通过在联盟学校中建立国学教育示范班的方法逐步推广，并在此基础上选择合适的学校建设国学教育示范基地。最终我们要把参与联盟的学校都办成特色鲜明，在当地有引领能力的基础教育领域的国学教育示范学校。与此同时，师范院校在全程参与的过程中也将逐步对自己的人才培养模式进行优化，最终形成一个能够满足基础教育需求的国学教育人才培养系统。

第三章 国学教育与基础教育改革

传统的国学教育体系与现代学校制度存在着矛盾和纠葛。晚清时期，伴随西学东渐之风，现代学校制度开始在中国逐步建立，以儒家经典为主要教习内容的、以传统私塾为组织形态的综合教育模式日渐式微，按照现代知识体系进行分类的科目和课程体系开始在各级学校设置，逐渐打破了古代中国长久以来的综合教育模式。因此，国学教育与所谓包括基础教育在内的现代学校教育从一开始就存在着一些矛盾和冲突。可以说，自晚清以来，国学教育与现代学校教育之间就存在分分合合、此消彼长的纠葛，持续百年。这种矛盾和冲突，不仅在于学科分类、教学内容，更在于教育目标和教育理念。不认识到这一点，就无法充分理解国学教育与基础教育改革之间的问题、矛盾的历史起点。中华人民共和国成立以后，由于各种复杂原因，传统的国学教育备受冷落，相当长一段时间国学教育从基础教育中淡出，国学教育的传统出现了断裂。改革开放以来，尤其是近十年来，国学教育才逐渐重新得到重视，并逐步得以恢复。尽管如此，究竟应该如何纾解所谓"国学断裂"的焦虑，如何处理国学教育与学校教育尤其是与基础教育之间的关系，依然是一个不容回避的历史命题，也是一个时代命题。

 基础教育阶段国学教育面临的历史机遇

一、复兴中华优秀传统文化成为国家战略

应该说，国学教育在遭受相当长时间的冷落之后，在我们所处的现今时代终于迎来了难得的发展机遇。这一机遇的赢得是我国经济社会发展的必然，改革开放四十多年以来，随着物质财富的迅速积累，人们的物质生活水平不断提升，中国的GDP总量已经跃居世界第二。然而，物质文明与精神文明的提升并非完全同步。前进的步伐跑得太快，忘记了当初为什么出发，灵魂跟不上脚步，这些问题成了当代中国人的普遍焦虑。诚如《管子·牧民》所言："仓廪实而知礼节，衣食足而知荣辱"，物质繁荣为精神境界的提升奠定了基础。国学教育有助于滋

养人们的德性和智性，有助于增进中华民族的归属感、道德感。时下，越来越多的中国人开始反思社会的道德境地和自己的精神生活，国学作为人们精神滋养的源泉开始受到全社会的重视。中华文化独一无二的理念、智慧、气度、神韵，增添了中国人民和中华民族内心深处的自信和自豪。

当今时代是一个全球化的时代，但是越是全球化越不能忽视民族文化个性的传承。互联网信息技术让世界成为了"地球村"，各个国家经济发展的相互依存度越来越强，文化的交互影响也越来越大。然而，全球化并非要抹掉民族文化的个性。如果借全球化之名将世界各地、各民族的多元文化都同质化了，那才是最可悲的事情。在中国经济总量已经跃居世界第二位的今天，我们更要珍视民族文化，更要重视传承优秀传统文化，更要增强文化自信。可以说，如何让民族文化在全球化时代焕发新的活力，是我们面临的重大时代课题。2014年5月4日习近平总书记在视察北京大学时，专门看望正在从事《儒藏》编纂工作的汤一介教授，表现了对于传统经典传承工作的高度重视。2017年，中共中央办公厅、国务院办公厅印发了《关于实施中华优秀传统文化传承发展工程的意见》（下称《意见》），并发出通知，要求各地区各部门结合实际认真贯彻落实。《意见》指出"文化是民族的血脉，是人民的精神家园。文化自信是更基本、更深层、更持久的力量。"《意见》的出台，标志着国学和传统文化的恢复和传承已经正式上升为一种国家战略。中央的《意见》出台之后，各省市自治区纷纷予以落实，截至目前，山东、浙江、河北、广东等省还出台了相应的实施方案。站在新时代的历史方位，党的十九大发出了"铸就中华文化新辉煌"的召唤。2019年中共中央、国务院印发《中国教育现代化2035》，其中重点部署的面向教育现代化的十大战略任务之一是"发展中国特色世界先进水平的优质教育"，强调要"全面落实立德树人根本任务，广泛开展理想信念教育，厚植爱国主义情怀，加强品德修养，增长知识见识，培养奋斗精神，不断提高学生思想水平、政治觉悟、道德品质、文化素养。"我们知道，厚植爱国主义情怀和加强品德修养，都可以从国学教育中汲取天然的养分。十九大报告指出，文化是一个国家、一个民族的灵魂，没有高度的文化自信，没有文化的繁荣，就没有中华民族的伟大复兴。党和国家对传统文化的高度重视，为国学教育的发展提供了难得的历史机遇。

二、重视传统文化的社会氛围已初步形成

如果说中央和国家的对复兴优秀传统文化的重视是一种上层的引领，那么，良好的社会氛围则是源自基层的呼应力量。近年来，中华传统文化越来越受到普罗大众的喜爱，中央电视台《汉字听写大赛》《中国成语大会》《中国诗词大会》

等节目受到亿万观众的热捧，收视率屡创新高。传统文化和传统的艺术形式通过现代传媒手段得以在当代中国人心中复活，无数人心中沉睡已久的诗心被重新唤醒。受此影响，许多中小学校也在开展经典阅读、成语大赛、诗词大赛等活动。许多中小学通过多种方式开展国学教育，有的还将国学课程列入教学计划，有的正着手创建国学特色学校、楹联特色学校、诗词特色学校、书法特色学校。除了学校教育中的国学教育氛围较好之外，各类国学教育的社会机构也如雨后春笋般涌现，家长们纷纷把孩子送往这些机构接受国学教育的启蒙和研习。

在国内国学教育氛围日渐浓厚的同时，中华优秀传统文化国际影响力也在持续攀升。随着"一带一路"倡议的提出和实施，中华文化也沿着陆地丝路和海上丝路不断向沿途各国传播和辐射。近年来，法国、英国、俄罗斯等西方大国纷纷举办中国年活动。可以说，包括国学在内的中华传统文化正在以前所未有的力量影响和改变着世界文化。

三、中小学语文教材改革凸显国学教育的地位

毋庸讳言，中小学语文教材中的传统文化和国学经典的地位曾经日渐式微。相当长一段时间以来，人教版和各地自编的语文教材的课文中中华传统文化的元素比较少，中国古代诗文所占篇目的比重较低。语文课文中的人物叫"约翰""杰克"的多了，而中国故事的分量却少了。近年来，国家已经认识到这一问题的严重性，2017年国家专门成立了教材委员会，用以指导大中小学校的教材建设，中小学语文教材的改革首当其冲。自2017年秋季学期开始，由教育部统一编写的中小学语文教材开始在全国统一推行，标志着语文教材"一纲多本"的时代终结。新编的语文教材一个突出的变化就是大幅增加中国古代诗文的篇目数量，同时减少"时文"的数量。"部编本"是由教育部直接组织编写的教材，强调经典性、文质兼美，选篇原则回到"守正"立场，大幅减少尚未沉淀的"时文"，文言篇目大幅增加。整个小学6年12册共选优秀古诗文124篇，占所有选篇的30%，比原有人教版增加55篇，增幅达80%，平均每年20篇左右。初中古诗文选篇也是124篇，占所有选篇的51.7%，体裁从《诗经》到清诗，从古风、民歌、律诗、绝句到词曲，从诸子散文到历史散文，从两汉论文到唐宋古文、明清小品，均有收录。从中小学教材改革的情况，可以看出国家对于传统经典的重视程度。

第二节　基础教育阶段国学教育面临的挑战

前面，我们对当前中小学国学教育面临的机遇和有利因素进行了较为充分的

讨论，下面我们再来看中小学国学教育面临的挑战和不利因素。这些年大陆出现了所谓国学热，但是这并不意味着国学教育步入了正轨。相反，当前的国学热整体上还处于较为肤浅的概念、口号和形式层面。诚如台湾政治大学名誉教授、《中华文化基础教材》原教材总审定董金裕的评价："这几年国学热，坦白说是虚热，必须要靠教育，慢慢累积出效果。我常讲文化的教育，需要随着年龄的增长、阅历的增加慢慢去体会，需要累积多年才能逐渐看到成效，需要每个老师共同努力。"[1] 郑国岱博士也在《基础教育视域下国学教育的内涵、体系、方法研究》[2]一文中，从教育目标、路径、内容、实施方法等角度剖析当前中小学国学教育所存在的主要问题，值得读者参阅。我们认为，当前国学教育亟待规范与深化，需要直面的问题和应对的挑战主要有以下诸端：

一、国学教育领域普遍存在急功近利的心态

国学教育的开展需要一个循序渐进的过程，一方面是因为国学教育的内容非常丰富，而学生在接受国学教育的过程其实是一个涵泳过程，精神世界的潜移默化需要时间和耐心，另一方面是因为相当长一段时间我们在中小学国学教育上的断层也不可能一朝一夕就能够全面地得到弥补，教育模式的调整也需要时间。在当前的国学教育过程中，学校、家长以及相关的社会教育机构不同程度地存在急功近利的心态。有些学校企图通过某一方面的国学教育迅速形成一种办学特色，借以申报特色学校。有些机构只会做一些诸如"穿汉服、行古礼"等形式上的表面文章，国学教育沦为一种谋利的噱头，而实际上它们并没有师资和能力承担国学教育的任务，更有甚者其实际推行的依然是应试教育的一套做法；有些机构或以强调学生的记诵能力为理由，片面地推行对传统经典的死记硬背，而不求对经典的理解，从而将国学经典的学习引向一种折磨童心和性灵的痛苦境地。去年媒体曝光，来自台湾的某国学教育机构在大陆推行国学教育，将学生放在深山老林中，与现代学校教育隔绝，同时也与现代文明隔绝，一味强制学员背诵几百万字的国学经典，而又不予以解读。这种死记硬背的教育方式将国学教育与现代文明对立，违背正常人性，是一种极端化的国学教育，如果不加以制止将会将国学教育引入歧途。

二、国学教育教材和师资较为匮乏

由于长时间的国学教育断层，再加上国学教育如何与中小学现有课程体系融

---

[1] 孙权：《台湾国学老师大陆中学课堂》，《人民政协报》2013年12月28日第C02版。
[2] 郑国岱：《基础教育视域下国学教育的内涵、体系、方法研究》，《广东第二师范学院学报》2016年第4期，第31—37页。

合也是个不容回避的问题,因此高水平的中小学国学教材匮乏也成了国学教育中的短板,也是亟待解决的瓶颈问题。要解决好国学教材的问题,首先要弄清楚国学本身包括那些具体内容。这个问题牵涉到对国学概念和内涵的界定,其中的理论纷争较多,这里不必去纠缠。应该说,国学基本内容应该是较为清晰的。已故国学教育专家黄济在《在中小学如何开展国学教育》一文中曾经对中小学国学教育内容给出如下建议:

> 中小学学习国学,应从蒙养教材学起,同时学习诗文;在诗文学习中,包括了经、史、子、集等多方面的内容,以选学为主逐步加深和提高。为此,在当前中小学语文课本中诗文学习的基础上,再编选一套为中小学生进行国学教育的参考教材或补充读物,应是进行国学教育的一项重要任务。如何使学生将国学学好,关键还在于教师。①

在文中黄济先生对国学所涉及的一些主要经典还进行简述和评说,对于国学教材的编撰者和从事国学教育的教师具有较大的参考价值。

最近几年有些高校、出版社和社会机构组织了一些力量编纂了形态各异的国学教材,有的偏重于国学理论,有的偏重于国学经典篇目,各有千秋,但是,均未能达到理想的效果。前几年,国内有的出版社引入了台湾版的国学教材在大陆试用,然而在使用过程中也遇到了一些水土不服的问题,推广的效果似乎也不尽如人意。例如,从2013年开始,经过修订的台湾版《中华文化基础教材》引入大陆,原来计划在30所学校率先推广使用,结果在推广范围和效果两方面均不尽如人意。中小学国学教材的体系究竟应该如何确定?国学教材与现有课程体系如何融合?国学教材与语文教材的关系如何处理?国学教材是用于第二课堂还是第一课堂?这些问题都还值得深入探讨。

除了教材问题的制约,国学教育师资的匮乏也是个不容忽视的问题。应该说,近些年社会对国学教育的需求增长远远大于相关师资的供应。我们认为,从当前师资的整体现状来看,国学教育师资的匮乏不仅是数量层面的,更是质量层面的。国学教育的师资数量无法满足国学教育市场的需要,这是不争的事实,也无须多论。台湾版《中华文化基础教材》引入大陆之后之所以推行效果不佳,一个至关重要的因素就是师资问题。2013年《人民政协报》曾以《台湾国学教材进入大陆遇尴尬》②为题对此专门深度报道,试点学校北京四中、郑州五中等一线

---

① 黄济:《在中小学如何开展国学教育》,《课程教材教法》2015年第2期,第4页。
② 孙权:《台湾国学教材进入大陆遇尴尬》,《人民政协报》2013年10月12日第C02版。

语文教师都坦陈对于四书五经这些国学经典自己以前所受的教育都只停留在文学常识方面，而对于其内容和意义缺乏系统深入的理解，因此教学难度很大。

国学教育师资质量的亟待提升这已经成为国学教育成功与否的关键命脉。中小学校无法提供足够的合格师资，问题原因可以溯源到现行的中小学师资培养模式。当前在中小学校从事国学教育的师资，一般都来自各个师范院校的中文和艺术专业。然而，冷静分析，便不难发现，当前各大院校的文学院、中文系的从事古代文学和传统文化专业的教师包括相当部分的教授和博导自身都普遍缺乏国学修养，绝大部分教师只会撰写论文、搞科研项目，而不具备琴棋书画、诗词歌赋的实操能力，也不能开出合适的实用的国学课程，那么又如何能指望培养出合格的从事国学教育的人才呢？当然，单纯的归咎于高校的师资能力也许不太公平，关键的原因可能还在于这些年来我们对高校教师的评价体系和培养模式。在职称晋升、教师评价过程中只看论文、课题，而不看教师的实际写作能力，长此以往，将无法激励从事中文教育的教师去学习写作和钻研国学经典。正是由于师资的匮乏，才导致一些不懂国学的人正在四处活动，从事着所谓国学教育。也正因为如此，在诗词大会上才会出现某些中文专业博导吟诵自己不合格律的打油诗的尴尬局面。

三、国学教育缺乏体系标准

与上述两个问题相关，当前中小学的国学教育普遍缺乏权威的可资信赖的内容体系，也缺乏质量和水平的评价标准。因此，各个学校和社会机构大都在自说自话，各唱各调，各行其是，没有相对统一的体系，也没有公认的评价标准。徐建顺在论及当前国学教育的现状时，曾经分列了五种情形，分别是：第一类是经典诵读，主要是体制内的学校利用早读、晚读学习国学经典；第二类是学院派，主要是一些大学、研究机构和社会团体所做的国学研究工作；第三类是礼教，其中最大的是弟子规派；第四类是儿童读经派，遵循王财贵"老实大量读经"理念；第五类是性情教育，包括情商、乐教、诗教，还有各种专业教育如书法、武术、中医、汉服、茶道、珠算等。①徐建顺的文章大致反映了当前国学教育的现状，可谓各有千秋，也存有不同程度的偏失和不足。

除了教育形式和教学方法的差异之外，还有一个亟待解决的问题就是教学内容的问题，尤其是如何让教学内容的循序度适应不同年龄孩子的心智成长，这是个实践难题。人们常说的K12教育，涵盖的中小学年龄跨度有十二年，对于人的一生而言这是一个相当长的时间概念，十二年中小学阶段经历了一个人的童年、

---

① 徐建顺：《当代中小学校如何开展国学教育》，《新课程评论》2017年第1期，第13-19页。

少年到青年的几个人生阶段，在不同阶段其认识水平、心理状况、行为能力均有很大不同，因此国学教育在小学、初中和高中各个阶段、各个年级如何进行教学内容上的细分，这也需要具体的分级标准。

第三节 基础教育阶段国学教育的改进措施

一、国学教育需与基础教育改革联动

国学教育与基础教育阶段的素质教育具有密不可分的关系，素质教育可以从优秀传统文化中汲取丰富的养分。尤其是在德育和美育教育方面，优秀传统文化能够给中小学生提供润物无声的熏陶。2019年中共中央和国务院下发的《关于深化教育教学改革全面提高义务教育质量的意见》（下称《意见》）强调要发挥传统文化在提升学生素质方面的重要作用。《意见》的第二部分"坚持'五育'并举，全面发展素质教育"，在谈到"突出德育实效"时强调要"打造中小学生社会实践大课堂，充分发挥爱国主义、优秀传统文化等教育基地和各类公共文化设施与自然资源的重要育人作用"，在谈到"增强美育熏陶"时强调要"鼓励学校组建特色艺术团队，办好中小学生艺术展演，推进中华优秀传统文化艺术传承学校建设"。由此可见，发挥优秀传统文化对推进素质教育的重要性和可行性。然而，虽然推行素质教育口号提出了很多年，但是，毋庸讳言，这条基础教育改革道路依然十分漫长。

基础教育改革牵涉的具体内容非常繁多，但有一个共性话题，那就是如何真正改革应试教育的弊端，全面推行素质教育。应试教育的弊端有目共睹，素质教育的口号也提了多年，并且实事求是地讲，素质教育也取得了一定的成绩。然而，不可否认的是，在考试分数决定学生升学去向、升学情况决定教师工作评价的现实环境下，素质教育的发展始终面临着尴尬的局面。现实情况是，很多学校墙上、嘴上是素质教育，但是在心上和课堂上却是应试教育，抑或是第二课堂是素质教育，第一课堂是应试教育，毕业班全是应试教育。考试不考的书籍不读，考试不考的内容不学，这些现象事实上在许多学校还存在着。鉴于应试教育在事实上的主导地位，尤其是高考指挥棒作用，为了凸显国学教育的意义，有些专家主张在高考语文试卷中增加国学的相关内容。譬如，为了让学生了解和掌握一些基本的格律常识，中山大学张海鸥教师就建议在高考语文试卷中增加一道诗词格律方面的题目。[①] 从本质上来说，这种建议同样是以应试的方式来促进国学教育，短时间内或许能够起到立竿见影的作用，但是终非长久之计。国学教育重在对人

---

① 张海鸥：《希望高考增加一道格律诗词常识题》，《羊城晚报》2017年2月19日A7版。

的心灵品质的熏陶和精神世界的滋养，在很大程度上属于素质教育的范畴，因此，要让学校真心实意地推行国学教育也面临现实的困境。要从源头上、根本上解决这一困境，就必须真正解决基础教育的质量评价体系。《中共中央、国务院关于深化教育教学改革全面提高义务教育质量的意见》在论述"健全质量评价监测体系"时强调"建立以发展素质教育为导向的科学评价体系，国家制定县域义务教育质量、学校办学质量和学生发展质量评价标准。"我们期待基础教育的评价真正回到以素质教育为中心的轨道上来，但是这条路注定还会相当漫长。只有基础教育的教学评价制度、考试升学制度得到彻底的改变，真正回到素质教育的轨道上来，国学教育在基础教育中才有可能真正占据应有的地位。

二、国学教育需融入课程体系和考试制度

上面是从宏观层面来谈国学教育与基础教育改革的联动关系，接下来再从微观角度来看，那就是国学教育必须要纳入中小学的课程体系当中，也就说要将国学课列入国家课程，才能对推行国学教育起到实质性的作用。为了实现这一目标，可以有两种解决途径：一是建立独立的国学课程、使用专门的教材，让国学课与语文、数学等课程并列；二是将国学教育的有关内容融入语文课程（少部分内容可以融入音乐、体育、美术等课程），实现大语文的课程格局。前一种方式的好处在于可以清晰地凸显国学教育的重要地位，但是，可能出现的弊端是不利于中小学生的减负。因为这样就在原有的课程体系之外又"节外生枝"，增加了新的课程，也会增加学生现有的学习负担。众所周知，当前中小学生课业任务繁重，为学生减负已经成为社会普遍的呼声。如果再增加新的课程，将不利于减负，这样实施起来的难度可想而知。鉴于此种现实情况，后一种方式可能是相对的优选方案，在不增加课程数量的情况下，将国学教育的有关核心内容和关键要素有机融合到以语文为主体的相关课程中去，这样比较容易实施。我们注意到，从2017年开始推行的教育部统编中小学语文教材已经大幅度增加了古代诗文的篇目，事实上，也这在一定程度上也起到了一些促进国学教育的作用。然而，古代诗文并不能完全代表国学教育的内容，因此，优化和改造语文教材以及语文教学方式的空间还很大。当然，除了直接将国学教育的内容纳入课程体系、融入教材之外，在第二课堂和课外活动中开展国学教育也至关重要。只有课内课外联动呼应，才能达到国学教育的最佳效果。鉴于上述分析，对于中小学国学教育教材的问题，可以两措并举：

一是通过教材改革，将国学教育内容充实、融入到语文、历史、音乐、美术等课程中去，重点发挥语文课程的主渠道作用。除了以上文科性质的相关课程可以

融入国学教育的内容之外，其实，理科性质的数理化课程也能够适当切入国学与传统文化的教育。令人欣慰的是，最近几年高考数学的试卷中出现了一些将数学与中国传统文化相融合的题目，而且结合得非常自然。例如，2017年的一道数学题：

> 我国古代数学名著《算法统宗》中有如下问题："远望巍巍塔七层，红光点点倍加增。共灯三百八十一，请问尖头几盏灯。"
> A. 1盏　　　　B. 3盏　　　　C. 5盏　　　　D. 9盏

这道题的考点是等比例数列的相关知识，但是题目有机融合了中国古代的数学文化，还有格律诗词的文化。如果学生没有一定文言阅读能力和诗词理解能力，显然将会在理解题意上遇到障碍。类似这样的教学和考试方式，就将理科课程的学习与传统文化结合得非常巧妙，值得大家思考和借鉴。

二是编撰专门的国学教育教材，用于中小学的选修课或者第二课堂，以此作为重要补充以解决国学教育系统性不够的问题。在教材编撰的具体过程中，要根据基础教育学生的年龄特点，充分考虑其心智成长状况与接受能力，要做到知行合一，体现国学教育对于德性、智性养成的实践意义，促进国学教育的生活化。小学和初中尤其是小学低年级学生的国学教材，应该坚持儿童本位，突出教材的故事化、形象化的特点。

当然，在将国学教育的内容融入基础教育课程体系的同时，相关考试制度和考试内容也要相应的调整。不论是单独设置国学课程，还是构建包含国学教育的大语文格局，在各级升学考试中均应适当加入国学的相关内容。我们反对单纯以应试成绩来评价人才，但是，在各级升学考试尤其是高考对中小学教学依然还起着指挥棒作用的现实环境下，又不得不通过将国学列为考试内容来推动国学教育。譬如，诗教传统是国人都认可的，传统诗词楹联也深受国人喜爱，但是中小学语文老师和学生很少有人懂得基本的格律常识，在鉴赏诗词、楹联时大多只能泛泛而谈，进行抽象的审美，而不能深入肌理和骨髓，无法切中肯綮，这不得不说是一件很遗憾的事情。如果在高考语文试卷中增加一两道有关诗词格律的试题，这一窘况确实将会得到较大改观。

三、国学教育需与时代精神结合

国学教育必须与时俱进，与时代精神和现实需要有机结合，而不能一味地片面复古。以儒家纲常伦理观念为例，注重上下尊卑、长幼有序、敦亲睦邻对于维系和谐有序的社会关系是大有好处的。尤其是在宗法社会里，这些伦理制度具有独特的作用和价值，对维护社会稳定、推动社会发展都有积极意义。但由于儒家的伦理纲常观念是特定时空的产物，而且非常庞杂，需要我们去分析、辨明，采取适当扬弃的态度和方法。譬如，"夫为妻纲"片面地强调丈夫对妻子的绝对权力，将女性视为男人的依附，这种观念显然不利于构建平等和谐的夫妻关系，也不利于实现男女平等。还有，"父为子纲"，从弘扬孝道文化的角度来看，这种纲常伦理是有意义的，但是如果走向了极端也会出现问题。过分地强调父权或者长辈的绝对权威，将不利于实现家庭的民主建设，不利于融洽长幼关系。因此，对于儒家的纲常伦理，我们要去其糟粕、取其精华，要与时代精神有机结合，从而为现代家庭伦理和社会伦理提供有益的精神营养。

国学教育不是培养老古董和今"古人"，而是培养具有传统文化素养的现代文明人。一段时间以来，社会上的现代私塾、现代书院如雨后春笋般的出现，其中有些所谓私塾的教育全部开设的是"国学"类的课程，而不开设现代的数理化课程，并且斩断了学员们或孩子们与现代学校教育的联系。其实，这种做法是相当危险的。这是对国学教育的片面理解，非常不利于孩子的全面发展。国学教育并不排斥现代文明，不是片面的追求复古。国学教育也不是一味地要搞仪式化，不是非得要穿长衫、行古礼，而是吸收国学经典中做人道理用以养成和谐健康的人格。在国学教育与时代精神结合的过程中，要坚持两项原则。第一是要坚持扬弃的原则，要认真甄别国学典籍中的具体内容，取其精华，去其糟粕。第二是要坚持古为今用的原则，国学教育的内容要为今人所用，要为当代精神文明建设服务。曹伯韩先生的《国学常识》除了语文、古物、书籍、经学、史地、诸子、佛学、理学、诗词曲赋、散文和骈文等十类之外，还单列了"新近被重视的文学""科学与艺术"，对于文学而言就已经纳入了明清的小说、戏曲以及宝卷、弹词、鼓词等俗文学，体现了对于国学教育内容认识上的一种与时俱进的开放态度，值得我们参考。

除了在教育的具体内容上要注重与时代结合之外，在国学教育的人才培养目标上更要如此，要把着力点放在现代人格的养成上。国学教育要立足全人教育，为塑造青少年的健全人格做出贡献。国学教育有利于培养大气平和的心胸格局、修身内省道德个人修为、齐家治国的责任担当，因此，在青少年成长过程中可以从国学与传统文化中吸取人格涵养的源泉。

四、国学教育需大力培养合格师资

前文在谈及当前基础教育阶段国学教育面临的困境时，曾谈到过师资困乏是关键的制约因素之一。要把国学教育的任务目标落到实处，必须要解决基础教育的师资问题。然而，就目前的状况来看，各个学校要找到合适的国学教师相当困难。很多热衷于开设国学课程的学校要么"因陋就简"，随便找一些师资凑合，要么难以为继，无法持久。事实上，由于经历了五四运动以来国学教育几乎近百年的中断，现如今已经很难找到合格的国学教师了。作为一名合格的国学教师，一方面要具备深厚的传统文化修养，另一方面还要兼具时代精神，而在现实环境下将两者结合起来其实是相当困难的。

针对目前基础教育师资的现状以及其师资培养的途径，我们认为需要三措并举方能解决师资的瓶颈制约问题。第一是做好中小学现有师资的培训工作，改造和优化教师的能力结构，使之能够胜任国学教育的任务。这其中可以将语文教师作为培训的重点，当然也可以吸收其他科目的教师参加。各级教育行政主管部门应该制定中长期和年度的国学师培训培养计划，每年在教师培养经费中单列国学师资的培养经费，通过集中办班和选送有关教师到高校和有关机构学习等多种方式加强师资培训。第二是从人才引进的源头抓起，实行高校师范专业的人才培养的改革。2019年中共中央、国务院出台的《关于深化教育教学改革全面提高义务教育质量的意见》在谈及建设高素质的师资队伍时强调要"大力提高教育教学能力。以新时代教师素质要求和国家课程标准为导向，改革和加强师范教育，提高教师培养培训质量。"可见，其中师范教育起着至关重要的作用。针对国学教育的师资建设问题而言，师范教育的引领作用、源头作用更是不容忽视。在中国语言文学和其他相关专业的人才培养中增加国学专业能力和教学能力的培养，从而让一批师范生在走向教学岗位之前就具备较深厚的国学专业素养。当然，一些高校也可以开设专门的国学专业，培养相关专业人才，为中小学输出专业的国学教育师资。第三是改革高校教师评价体系，对于中文专业等人文专业适当增加国学能力在考评体系中的权重，从而引导高校教师自身加强国学素养。唯有如此，才能在师资源头上解决高校中文专业和其他人文专业的教师国学素养和能力普遍不足的问题。只有高校教师自己是国学某一领域的专家，才有可能培养出胜任中小学国学教育的师范生。解决这一现实问题，对于解决中小学国学师资匮乏问题可谓具有源头之源的意义。

综上所述，在基础教育阶段实施国学教育正逢其时，正处于难得的历史机遇，与此同时也面临着不少挑战和亟待突破的瓶颈问题。国学教育者肩负着传承优秀传统文化的使命，既要始终保持一颗对传统的敬畏之心，也要保持与时俱进的开放心态，实现传统与现代的对话与融通。开展国学和传统文化教育，不是要全面地复古、全盘照抄，更不是借口传统而去抵抗、抵制现代化的进程。对于国学中的智慧资源，我们有责任做出创造性的转化工作，从而实现传统的现代重生。

第四章　国学教育与学生核心素养发展

　"中国学生发展核心素养"的提出

2014年，教育部研究印发《关于全面深化课程改革落实立德树人根本任务的意见》提出："教育部将组织研究提出各学段学生发展核心素养体系，明确学生应具备终身发展和社会发展需要的必备品格和关键能力。"中国共产党第十八次全国代表大会召开以来，党中央、国务院多次强调要把"立德树人"作为教育的根本任务，作为培养学生核心素养的根本出发点。"立德树人"是发展中国特色社会主义教育事业的核心，是培养德、智、体、美全面发展的社会主义建设者和接班人的根本。立什么德，树什么人，是中国共产党提出来的培养学生核心素养教育方针的宏观目标。如何全面贯彻党的教育方针，落实"立德树人"的根本任务；如何适应世界教育改革的发展趋势，提升我国教育国际竞争力；如何全面推进素质教育，深化教育领域综合改革；如何加快我国实现人力资源强国的步伐等都成为当前教育最为迫切的任务。在这样的背景下，"立德树人"的具体化、细化研究是连接宏观教育理念、培养教育目标与具体教育教学实践的关键环节，也是建构科学的教育质量评价体系、推进教育问责的重要基础和依据。[①]2013年，北京师范大学接受中国教育部关于研究中国学生发展核心素养的任务，成立了核心素养研究课题组，对"立德树人"的教育目标进行细化研究。历经3年的研究，该课题组于2016年9月发布了《中国学生发展核心素养》(简称《核心素养》)，提出"要坚持以马克思主义为指导，充分体现社会主义核心价值观，系统落实党的教育方针，充分吸收中华优秀传统文化的营养，洋为中用，批判性借鉴核心素养国际研究的构建方法与合理成分等原则"[②]，从而提出了中国学生发展核心素养的总体框架。

[①] 林崇德、刘霞、郝文武、胡金木：《努力提升学生发展核心素养——访林崇德先生》，《当代教师教育》，2017年6月第10卷第2期，第10页。
[②] 林崇德：《构建中国化的学生发展核心素养》，《北京师范大学学报（社会科学版）》2017年第1期，第66页。

"学生发展核心素养"指的是学生应具备的、能够适应终身发展和社会发展的必备品格和关键能力。它是关于学生知识、技能、情感、态度、价值观等多方面要求的结合体;它指向过程,关注学生在其培养过程中的体悟,而非结果导向。同时,核心素养具有稳定性、开放性与发展性等特性,其生成与提炼是在与时俱进的动态优化过程中完成的,是个体能够适应未来社会、促进终身学习、实现全面发展的基本保障。"[1]中国学生发展核心素养的总体框架和基本内容是:在以"全面发展的人"为核心的基础上,分为文化基础、自主发展、社会参与这三个方面,综合表现为人文底蕴、科学精神、学会学习、健康生活、责任担当、实践创新六大要素。在六大要素下,又分别提出十八个基本要点,即人文积淀、人文情怀、审美情趣、理性思维、批判质疑、勇于探究、乐学善学、勤于反思、信息意识、珍爱生命、健全人格、自我管理、社会责任、国家认同、国际理解、劳动意识、问题解决、技术应用。各素养之间相互联系、互相补充、相互促进,在不同情境中整体发挥作用,从而培养"全面发展的人"。

《中国学生发展核心素养》的发布意义重大。首先,《中国学生发展核心素养》是紧紧围绕党中央、国务院提出的"立德树人"的教育目标建立起来的。"立德树人"是学生发展核心素养的关键所在,是发展中国特色社会主义教育事业的核心所在,是培养德、智、体、美全面发展的社会主义建设者和接班人的本质要求,而《中国学生发展核心素养》的构建,则进一步细化、深化了"立德树人"的基本内容,将"立德树人"落到实处,解决了"立什么德,树什么人"的根本问题。其次,《中国学生发展核心素养》的构建使多年来提出的素质教育更加具体化。1999年发布的《中共中央国务院关于深化教育改革,全面推进素质教育的决定》明确提出"实施素质教育,就是全面贯彻党的教育方针,以提高国民素质为根本宗旨,以培养学生的创新精神和实践能力为重点,造就有理想、有道德、有文化、有纪律的德智体美等全面发展的社会主义建设者和接班人",自此,素质教育成为我国教育改革与发展的重要指导思想,而《中国学生发展核心素养》是对素质教育内涵的解读与具体化,是全面深化教育改革的一个关键方面。素质教育是基于单纯强调应试教育提出的,旨在培养全面健康发展的人,而"素养"是指在教育过程中逐渐形成的知识、能力、态度等方面的综合表现,强调学生素养发展的跨学科性和整合性。"学生发展素养"的提出可以使素质教育目标更加清晰,内涵更加丰富,也更加具有指导性和可操作性,同时也是对素质

---

[1] 林崇德、刘霞、郝文武、胡金木:《努力提升学生发展核心素养——访林崇德先生》,《当代教师教育》2017年6月第10卷第2期,第11页。

教育的反思与改进。再次,《中国学生发展核心素养》的提出进一步深化了当前中国的教育改革。《中国学生发展核心素养》是"核心素养研究课题组"在深入研究现行课程标准的基础上提出来的。课程标准是国家课程的纲领性文件,是国家对基础教育课程的基本规范和质量要求,也是教材编写、教学、评估和考试命题的依据,是国家管理和评价课程的基础。它反映国家对不同阶段的学生在知识与技能、过程与方法、情感、态度与价值观等方面的基本要求,规定各门课程的性质、目标、内容框架,提出教学和评价建议。所以课程标准中规定的基本素质要求是教材、教学和评价的灵魂,也是整个基础教育课程的灵魂。《中国学生发展核心素养》对每个阶段、每门课程的课程标准进行深入研究后,得出我国现行课程标准重视对学生核心素养的培养,体现素养的发展性,同时也看到了课程标准存在的不足,如存在对社会参与、人文素养强调的程度不够,对跨学科和创新能力、解决问题能力关注不够,对人文关怀、伦理道德的关注不够等诸多问题。《中国学生发展核心素养》在这些问题和不足方面进行高度反思,经过系统设计育人的目标框架,落实从整体上推动各教育环节的变革,提出了通过课程改革、教学实践、教育评价落实核心素养的一系列途径,最终形成以学生发展为核心的完整育人系统。①

从北京师范大学核心素养研究课题组发布的《中国学生发展核心素养》内容来看,其非常重视人文精神的孕育,特别突出中国元素和中华优秀传统文化。《中国学生发展核心素养》所坚持的原则是"坚持以马克思主义为指导,充分体现社会主义核心价值观,系统落实党的教育方针,充分吸收中华优秀传统文化的营养……",由此可见,"吸收中华优秀传统文化的营养,突显人才培养的民族特色"成为建构中国学生发展核心素养主要依据之一。核心素养研究课题组主要研究人员林崇德先生更进一步指出中国学生发展核心素养其实就是"构建中国化的学生发展核心素养"。②

从《中国学生发展核心素养》的总框架来看,"人文底蕴""责任担当"两大板块,具体明确了人文积淀、人文情怀、审美情趣以及"社会责任""国家认同"等要求。在涵育人文素养方面尤其重视中国优秀传统文化,比如"人文积淀"部,提出"具有古今中外人文领域基本知识和成果的积累;能理解和掌握人文

---

① 以上内容参考了《中国学生发展核心素养》(《中国教育学刊》特稿,2016年10月第10期)、《构建中国化的学生发展核心素养》(《北京师范大学学报(社会科学版)》2017年第1期)、《努力提升学生发展核心素养——访林崇德先生》(《当代教师教育》2017年6月第10卷第2期)三篇论文。
② 见林崇德《构建中国化的学生发展核心素养》,北京师范大学学报,2017年第1期,第66页。

思想中所蕴含的认识方法和实践方法等"。《中国学生发展核心素养》在培养人文素养的同时,还特别突出中国元素,比如在"国家认同"中提出"具有国家意识,了解国情历史,认同国民身份,能自觉捍卫国家主权、尊严和利益;具有文化自信,尊重中华民族的优秀文明成果,能传播弘扬中华优秀传统文化和社会主义先进文化……"同时,纵观整个《中国学生发展核心素养》,中华传统文化几乎融合在所有要点中,如在学会学习、健康生活、实践创新等内容里几乎都可以找到中华优秀传统文化的精髓。可以说,中国元素和中华优秀传统文化融合在各个核心素养的要点之间,相互支持,相互融合共通,具有完整的科学性,更符合中国教育的特点。

由此可见,中国传统文化是建构中国学生发展核心素养内容的强大的文化土壤和文化力量。这是核心素养课题组从历代教育规律中总结出来的,也是当下培养教育中国学生的迫切需求。20世纪80年代中国传统文化逐渐复兴以来,全国各大、中、小学逐渐开始重视和传承中国优秀传统文化,中国优秀传统文化也日益成为党和国家加强学生素质教育的重点主题。近年来,党和国家更是将加强中国传统文化对学生人文素质的培育列入人才培养工作的重点。党的十八大报告中指出:教育的根本是立德树人,"立德树人"本身就是中国传统文化培养人才的基本要求和根本目标。2013年召开的十八届三中全会对"立德树人"又提出了具体要求:既要加强社会主义核心价值观教育,又要完善中华优秀传统文化教育。习近平总书记指出:"中华优秀传统文化是中华民族的精神命脉,是涵养社会主义核心价值观的重要源泉,也是我们在世界文化激荡中站稳脚跟的坚实基础"。习总书记在中央党校建校80周年、十二届全国人大第一次会议闭幕会、全国宣传思想工作会议、欧美同学成立100周年庆祝大会等多个场合多次强调了中华优秀传统文化的重要性:"中国传统文化博大精深,学习和掌握其中的各种思想精华,对树立正确的世界观、人生观、价值观很有益处。学史可以看成败、鉴得失、知兴替;学诗可以情飞扬、志高昂、人灵秀;学伦理可以知廉耻、懂荣辱、辨是非。"在2013年12月30日中共中央政治局第十二次集体学习时的讲话中,习总书记更进一步指出要用中华民族的优秀传统文化引导全民的基本素质养成:"对中国人民和中华民族的优秀文化和光荣历史,要加大正面宣传力度,通过学校教育、理论研究、历史研究、影视作品、文学作品等多种方式,加强爱国主义、集体主义、社会主义教育,引导我国人民树立和坚持正确的历史观、民族观、国家观、文化观,增强做中国人的骨气和底气。"在此基础上,2017年2月15日,中共中央、国务院颁布了《关于实施中华优秀传统文化传承发展工程的意见》，全方位指出要树立中华传统文化的核心思想理念，要大力宣传中华传统美德，要努力弘扬中华人文精神，从而提升我国人民的基本素质。

中华优秀传统文化是中华民族的根和魂，是中华民族最根本的精神基因，是中华民族生生不息、发展壮大的丰厚滋养，因此，在中国学生素养的综合培育过程中，中华优秀传统文化的确可以担当教育、引导学生的使命。"素养"一词在中国传统文化中早有提出，早在《汉书·李寻传》中就记载："马不伏历（枥），不可以趋道；士不素养，不可以重国"，其中的"素养"，指的就是"平时的修养"，强调的是对人格和品德的修砺，其中凝聚着中华优秀传统文化的道德规范、思想品德和价值取向。道德修养是我国基础教育和高等教育阶段人才培养的重要内容，是学生素养指标体系的核心，是学生能适应终身发展和社会发展需要的关键所在。除此以外，中华优秀传统文化中有丰富的家国情怀、社会关怀、人格修养、文化修养等要素。文化修养包含人文历史知识、求学治学方法、创造科技发明、审美鉴赏能力、追求人文情怀等内容；家国情怀和社会关怀包括爱国情感、民族精神、心怀天下、奉献社会、仁民爱物、忧患意识等内涵；人格修养包含的内容就更为广泛和深入：仁者爱人、自强不息、关注生命、乐观开拓、厚德载物、以人为本、尊老爱幼、尊师重道、节俭朴素、居安思危、诚实守信、勤劳创新……因此，加强中国优秀传统文化的教育，促进大、中、小学生的核心素养发展，是当前中国教育义不容辞的使命，是立德树人的重要举措。

第二节 中华优秀传统文化教育是学生文化基础的主要来源

中国学生发展核心素养，以"全面发展的人"为核心，主要分为文化基础、自主发展和社会参与三个方面，由此可见，文化基础是核心素养的重要部分。"文化是人存在的根和魂。文化基础，重在强调能习得人文、科学等各领域的知识和技能，掌握和运用人类优秀智慧成果，涵养内在精神，追求真善美的统一，发展成为有宽厚文化基础，有更高精神追求的人。"[1]《中国学生发展核心素养》提出，文化基础的内涵包括两个方面，即人文底蕴与科学精神，其中人文底蕴又包括三个层面：人文积淀、人文情怀、审美情趣。《中国学生发展核心素养》认为：人文积淀的重点是"具有古今中外人文领域基本知识和成果的积累；能理

---

[1] 北京师范大学核心素养研究课题组：《中国学生发展核心素养》，《中国教育学刊》2016年第10期，第1—2页。

解和掌握人文思想中所蕴含的知识方法和实践方法等";而人文情怀则是"具有以人为本的意识,尊重、维护人的尊严和价值;能关切人的生存、发展和幸福等";审美情趣则是"具有艺术知识、技能和方法的积累;能理解和尊重文化和艺术的多样性,具有发现、感知、鉴赏、评价美的意识和基本能力;具有健康的审美价值取向;具有艺术表达和创意表现的兴趣和意识,能在生活中拓展和升华美等"。①由以上陈述可见,作为中国教育环境下的学生核心素养,其人文底蕴的构建是建立在中华优秀传统文化的基础之上的。

一、中华优秀传统文化教育可以全面丰富学生的人文积淀

《中国学生发展核心素养》提出的"古今中外人文领域的基本知识和成果",以及"人文思想中所蕴含的认识方法和实践方法",其中就包含中华优秀传统文化。中华传统文化是指以中华民族为创造主体,于清朝晚期以前在中国这块土地上形成和发展起来的,具有鲜明特色和稳定结构的,世代传承并影响整个社会历史的宏观古典文化体系。广义的传统文化有着丰富的内涵,包括传统文化思想、传统艺术、民俗与禁忌、传统医术等。狭义的传统文化则主要为中国传统文化思想,这是中国传统文化的核心与实质。中国传统文化思想包括了自夏、商、周三代至清末近五千年历史长河中产生与发展起来的传统文化思想与观念,主要表现为以儒家、道家、佛教为主流的三教文化传统,其中孔子所开创的儒家文化思想居于核心和主干地位。②毫无疑问,其中优秀的文化思想,尤其是传承至今且具有现代适应意义的理念精粹,蕴含了诸多对人才培养和教育的思考,对建构中国特色的学生核心素养指标具有重要启示。这样一个悠久的,具有包容性的,并且不断摒弃糟粕,不断提纯和重释的学术体系,其拥有广泛的人文社科知识是必然的,它能带给学生全面、广博的人文积淀。

中华优秀传统文化教育可以让学生学习中国哲学。中国是一个哲学大国,从有"轴心时代"的春秋时期开始,儒、道、法、墨、名、兵家等就层出不穷,这些流派的思想构成了整个中国传统哲学的构架,并对后代的哲学思想起到了至关重要的作用。就拿先秦哲学为例,哲学思想教育可以让学生以儒家精神指导个体与社会的关系,以道家思想化解个人与社会的冲突,以墨家思想来限制纵欲和启发理性精神,以法家思想来制约中国传统宗法制度中的血缘认同等等。而从汉至

---

① 北京师范大学核心素养研究课题组:《中国学生发展核心素养》,《中国教育学刊》2016年第10期,第2页。
② 辛涛、姜宇:《我国义务教育阶段学生核心素养模型的构建》,《北京师范大学学报(社会科学版)》2013年第1期,第11页。

清代，每一个朝代都有特有的哲学体系，如两汉经学、魏晋玄学、唐代新儒学、宋明理学、清代的经世之学等。中国历代哲学思想以伦理道德为核心，是立德树人的很好途径。

中华优秀传统文化教育还可以让学生明史。中国是历史记述最完备的国家，从先秦时期的《尚书》《春秋》《左传》《国语》《战国策》开始，一直到明清时代，官方修史，私学撰史就层出不穷，从而形成了完备的《二十四史》。历史是中国传统文化教育的重要内涵，学生们在系统的历史学习过程中，可以通过《尚书》学习古代帝国的治国思想，可以从《春秋》了解到"微言大义"，可以从《左传》学习文学与史学的典范性创作，可以从《史记》知晓正直、光辉的民族精神，可以从《汉书》感受到深情的爱国主义情怀……而从更深层次来看，史学教育可以让学生透过历史认识到更深刻的人性内涵，以古鉴今，以他人识自己，以过去通未来。习近平总书记在2013年12月26日纪念毛泽东同志诞辰120周年座谈会上的讲话中指出："一个民族的历史是一个民族安身立命的基础。不论发生过什么波折和曲折，不论出现过什么苦难和困难，中华民族5000多年的文明史，中国人民近代以来170多年的斗争史，中国共产党90多年的奋斗史，中华人民共和国60多年的发展史，都是人民书写的历史。历史总是向前发展的，我们总结和吸取历史教训，目的是以史为鉴、更好前进。"[①] 由此可见，历史教育还承载着国家命运如何书写和发展的重任。

中华优秀传统文化教育还可以让学生具有文学底蕴。中国文学文体丰富，有诗词、辞赋、戏曲、散文、小说等多种文体。我们以诗词、戏曲、小说为例。中国是诗的国度，古典诗歌是我们中华民族文化的艺术瑰宝，在形式上，从最初的《周易》《诗三百》，到绚烂抒情的楚辞，质朴丰富的汉乐府，自我觉醒的《古诗十九首》，一直到唐诗、宋词、元曲等，形式纷繁，艺术创作不拘一格。而在内容上，从集体到个人，从情、景到人事，提供了相当丰富的知识与事实，表达了极其深邃的意境与哲理，抒发了丰富的情感与怀抱。对于学生来说，古典诗词可以让他们在学习中感受到中国绚丽多彩的语言、体会到中国文字特有的音乐美和韵律美，并在古典诗词中了解到不同的文化与人事，体悟到"言不尽意"的高远的人生哲理和意境。诗词教育给学生带来整体人文的提升是显而易见的。戏曲也是中华传统文化中一个重要的范畴，是中国传统文化的重要载体，在教育功能上有着不可替代的文化价值。在历史上，教育主要是通过官办学校和私立学校进行，除此以外，家庭教育、社会教育也是十分重要的形式。从一定意义上来

---

① 习近平：《在纪念毛泽东同志诞辰120周年座谈会上的讲话》，2013年12月26日。

看,戏曲家班是一种艺术化的家庭教育形式,它作为大众文艺、通俗文艺,自始至终得到广大百姓的喜闻乐见,最后逐渐成为中国文学创作的一种艺术形式,被收录于古代文学史中。这些戏曲与历朝历代的诗歌文赋等体裁一样,学生通过学习,可以体会到中国古代文化的综合美感。小说也是如此,中国传统小说有两大系统,即文言文小说和白话小说。在对小说的学习过程中,学生可以追溯中国小说的源头,了解中国的神话、寓言故事、史传文学、说话艺术。可以从中国古代文言小说的重要形式——"唐传奇"感受到曲折的情节、丰富的人物、传神的细节、典雅的语言等诸多文化底蕴。而元明清时代出现的优秀小说创作就更不消说,它体现了中国独有的民族特色和文化内涵,是让学生了解中国历史、文化和人性的重要途径。

我们只是从单向的几个角度介绍了中华优秀传统文化给学生带来的人文积淀,实际上,看似单向的知识体系蕴含和构架的却是更宏大、广博和深远的人文知识系统。中华优秀传统文化包含着我们生活的方方面面,除了哲学、历史、文学之外,还包括教育、宗教、艺术、典章制度、伦理道德、语言文字、天文地理、科学技术、农学医药、文化典籍、文化宝藏,乃至衣食住行、社会风尚、民间习俗……它给学生带来综合的人文知识储备和内涵,影响着学生在自我成长、社会生活、国家服务等过程中的认知和实践方法。

二、中华优秀传统文化教育是培育学生人文情怀的重要途径

《中国学生发展核心素养》指出,培养学生的文化基础、文化底蕴其中一个重要的环节就是培育"人文情怀"。北京师范大学"核心素养研究课题组"经过对当前各阶段课程标准的深入研究后指出,当前课程标准存在一些问题和不足,其中之一便是"受工具理性影响,我国课程标准中关于学习、语言等工具性素养被提及的频率非常高,而关于尊重和包容、伦理道德等体现人文情怀的素养被提及的频率则非常少",[①]从而认为培养学生的"人文情怀"是当下学生发展核心素养的迫切任务,由此将培育"人文情怀"列为"文化基础"的重要组成部分。如果说人文积淀主要关涉学生对知识体系的学习和认知,那么人文情怀则关涉学生对自身、人类的态度,就是要探讨如何尊重、理解、关心、爱护自身和人类。在教育体系中,应该说只有把学到的知识转化成一种对待自身、人类的态度,学生才算是通过人文教育而具有了教养。从此意义上讲,《中国学生发展核心素养》在人文积淀之后拥有人文情怀应该是知识积累后的更高目标,是教育

---

① 林崇德、刘霞、郝文武、胡金木:《努力提升学生发展核心素养——访林崇德先生》,《当代教师教育》2017年6月第10卷第2期,第13页。

的理想和追求。

什么是人文情怀?《中国学生发展核心素养》指出,"具有以人为本的意识,尊重、维护人的尊严和价值,能关切人的生存、发展和幸福等"[1],它包含着对人的价值、尊严和自由创造能力的肯定,倡导人的自由本性和解放,以对人生意义和人类命运的终极关怀为宗旨。

近年来,以传授知识技能为主,培养学生竞争意识和竞争能力的应试教育大行其下,忽略了对学生人格、人性、道德、意志、心理承受能力等方面的完善和培养,以至于当代大学生人文情怀能力相对比较薄弱。例如,在物欲横流的现代社会,人们越来越把权力、财富与金钱作为衡量人生成败和生活质量的唯一标准,致使社会发展畸形,人性日益扭曲,自由、尊严、人格在物质面前变得脆弱不堪,这在一定程度上影响到了学生的生活观和价值观。近年来,当代大学生对生命意义和价值的漠视越来越泛滥,不仅不敬畏自己的生命,对其他生命的漠视和践踏也愈演愈烈。再者,囿于富足的生活条件和人生经历,当下大学生对于国家目前存在的危机明显认识不足,缺乏居安思危意识,与他们需要承担的历史使命具有很大的差距……在这种情况下,对当下学生"人文情怀"的培养和教育就越发显得至关重要。

《中国学生发展核心素养》"人文情怀"的提出,是基于中国传统文化的特点提出来的。人文精神与人文关怀是中国传统文化中具有系统理论框架的哲学思想,也是中国传统文化在发展过程中追求的最高境界。以追求人本精神、境界提升为宗旨的中华传统文化,在当今学生"人文情怀"教育缺失的局面下显得尤为重要。

首先,中国传统文化尊重生命与尊严,追求精神自由与人格独立等人文思想在当下仍发挥着重要作用。例如儒家先贤们以关怀"人"为出发点,提出了"仁者爱人",并以血缘关系为起点,由远及近,提出了"爱己""孝悌""泛爱众""以民为本"的思想,力图构建一个和谐大同的社会。儒家思想还提出了更高的人文追求,即进一步提出了"仁民万物""万物一体"的生命意识和宇宙关怀,由此形成一种宏观的生命理念与生命关怀意识。再如墨家的"兼爱",也同样对人类生存状态表现出了极大的关怀。在墨家学术里,"兼爱"不仅是一种手段,更是一个目标,意在构建一种互利互爱、相互关怀的人文环境。这些传统文化思想对培养学生关爱自己、关爱家人,由此关怀民生、社会、国家具有重要作用,甚至还能让学生怀有更广阔的生命意识和宇宙关怀。一个人具有人文情怀,首先就是尊重个体,由尊重个体生命、尊严进而尊重他人的生命和尊严,这

---

[1] 北京师范大学核心素养研究课题组:《中国学生发展核心素养》,《中国教育学刊》2016年第10期,第2页。

些都能在中国传统文化中找到理论支撑和经典范例。在中国传统文化中，由尊重生命、尊严进而发展到更高人文关怀的境界，那就是对精神自由与人格独立的追求。例如先秦的道家就提出"贵己""无为"等思想，直白地表现个体生命的重要性，体现了道家珍视生命的人道主义精神以及强烈的人文关怀意蕴。道家更为难能可贵的是提出了对"精神生命"的关注，即向往人格独立和精神自由的"性命双修"说。追求精神生命的超越与永恒，成为道家生命关怀的重要内容和终极目标。道家关注个体精神、关注人格独立的思想对后代影响深远，进而引发了魏晋时期人的自觉、自醒时代的到来，从而出现了竹林七贤、陶渊明、谢灵运等一大批关注个体精神，塑造耿介人格的优秀文人。这些思想和文人典范对培养学生在崇权力、尚金钱的社会洪流中保持精神自由、人格独立的品质具有重要作用。

其次，中国传统文化关心人类命运的忧患意识，对培养学生的悲悯情怀具有重要意义。在中国传统文化思想中，各家各派都对社会、人类的人文关怀表现出了极大的关注，这就是"忧患意识"。"忧患"一词最早出于《周易·系辞下》："易之兴也，其于中古乎？作易者，其有忧患乎？"自此后，春秋战国时期的文献典籍都表现出了深远的忧患意识。如《诗经》中的"黍离"之悲、儒家孔子对春秋时期"礼崩乐坏"的哀叹与担忧，孟子的"生于忧患，死于安乐"，道家的"持而盈之不如其已，揣而锐之不可长保，金玉满堂莫之能守，富贵而骄自遗其咎"的感慨，范仲淹的"先天下之忧而忧，后天下之乐而乐"的呼唤，以及欧阳修的"忧劳可以兴国，逸豫可以亡身"的警戒，都体现出了历史使命赋予知识分子的强烈的责任感。忧患意识作为中华民族的优秀文化，贯穿了整个中国历史，影响了中华文明几千年的历程，对近代中国的发展和当代社会主义改革开放和现代化建设都起到了极大的推动作用，哪怕在国家稳定、经济发展、国富民安的当下，其存在的意义也是不言而喻的。

《左传》说："居安思危，思则有备，有备无患。"对当代的学生进行忧患意识教育，由此引导他们拥有关心人类、国家命运的悲悯情怀是非常必要的。我国目前正处于发展的重要战略机遇期，在全面建成小康社会的进程中，滋生出的一系列社会问题不可小觑；从国内来看，贫富差距、食品安全、环境污染、西方的文化侵略等问题层出不穷；从国际来看，西方社会对中国发展的阻挠和扼制越演越烈，因此需要我们培养当代学生关心民生幸福、国家发展、人类生存的忧患意识，引导他们辩证、全面地看待国家的成就与问题，清醒地看到面临的困难与挑战，由此增强他们的使命感、责任感，积极地投入到实现"中国梦"的伟大实践中。

三、中华优秀传统文化教育是滋养学生审美情趣的丰沃土壤

《中国学生发展核心素养》提出:"审美情趣的重点是具有艺术知识、技能与方法的积累;能理解和尊重文化艺术的多样性,具有发现、感知、欣赏、评价美的意识和基本能力;具有健康的审美价值取向;具有艺术表达和创意表现的兴趣和意识,能在生活中拓展和升华美等"[1]。中华优秀传统文化教育始终贯穿着对受教者审美能力和审美情趣的关注,当下的中华优秀传统文化教育更注重通过以艺术知识学习、艺术方法积累、艺术技能培养、艺术鉴赏为媒介,培养学生的审美意识,提高学生的审美能力,丰富学生的审美情趣,进而形成学生的审美创造力,达到美化心灵、语言、行为和人生境界的目的。

艺术美始终是中华优秀传统文化的重要内涵之一。早在中国原始时代,远古图腾与原始歌舞那种野蛮却虔诚,谨严而热烈的艺术形式,在它们具有神力魔法的舞蹈、歌唱、咒语中,凝聚着原始人强烈的情感、思想、信仰和期望。"诗,言其志也;歌,咏其声也;舞,动其容也;三者本乎心,然后乐气从之。"(《礼记·乐记》)可以说,从中国文明伊始,美就并行诞生了,这种美与中华优秀传统文化双生双长,每一个阶段都绽放出不同时代的魅力。如春秋儒道互补时代,儒家注重艺术为社会政治服务的实用功利性,道家注重人与外界超功利的审美关系,两者交织发展、并行不悖地影响着人们的意识观念与艺术精神。而战国至汉代的楚汉浪漫主义则形成又一伟大的艺术系统,其浪漫与古拙交织、细腻与气势并存、现实与神怪同台的特有的艺术气息,极有气魄地为我们留下了琳琅满目的艺术瑰宝。至于后代,魏晋的人性觉醒,以《古诗十九首》始,经过建安七子、竹林七贤、太康文学、陶渊明、谢灵运田园山水诗等唤醒了人们对日常时世、人事、节侯、自我的全方位的美的观察和抒怀。盛唐的艺术高歌,则以初唐诗人歌唱宇宙与生命的回环流畅之美,边塞诗人感慨国家情怀的高蹈豪壮之美,山水田园诗人勾画的幽静之美,以及李白、杜甫笑傲王侯、蔑视世俗的人格之美等,为我们奏出了一个时代痛快淋漓的艺术强音。宋元的山水意境,以两宋山水画家既重视忠实的细节描画,又追寻诗意的气韵精神为代表,为我们建立了"气韵生动"的美学原则。直到明清时期引发出既有市民文艺,又有浪漫洪流,既有感伤艺术,又有现实批判的全方位的艺术思潮。这些都是中华优秀传统文化在精神上对美的极致追求,而这些艺术形式与艺术精神又全方位渗透在中国传统文化的各个领域,指导着各个艺术领域的发展。比如具有理性与浪漫、思辨与超脱并行的

---

[1] 北京师范大学核心素养研究课题组:《中国学生发展核心素养》,《中国教育学刊》2016年第10期,第2页。

中国哲学；对称恢弘和流畅飞动兼而有之的中国建筑；或轻盈华美，或婀娜多姿，或婵娟春媚，或云雾轻笼，或精神洒落，或高谢风尘的中国书法；以及集各种形式、情感之美于一体的中国音乐与中国绘画……中华优秀传统文化中蕴含的艺术之美包含着对自然与社会美的再现，对人性与人格美的描摹，对道德与生命美的勾画，对永恒、妙悟、韵味、性灵等独特美感的塑造，是全方位的美的集中体现。可以说，中华优秀传统文化中的艺术美在世界艺术长河中占有极其重要的地位。

由此可见，在实施中华优秀传统文化教育的过程中，我们以中国优秀传统美学为切入点，让学生了解古代各类艺术的起源、发展和成就，感知艺术的本质和特点，欣赏、评价不同艺术形式的美，洞察艺术家们的审美趣味和审美理想，这些对学生审美情趣的培养和提高是毋庸置疑的。

首先，中华优秀传统文化教育能让学生关注到国家、政治、社会、群体的大我之美。对国家、社会、群体、政治的忧患情怀一直是中国传统文化所宣扬的高格之美。从《诗经》中的《大雅》《小雅》，到屈原的《离骚》；从《春秋》《左传》处处蕴含的家国之忧，到《史记》中对西汉浮沉的记载；从贾谊《过秦论》对汉代帝王的训诫，到范仲淹"先天下之忧而忧"的士大夫情怀……家国情怀一直是中国传统文化贯穿始终的旋律。中国传统文化教育恰恰能让学生在这些真实、厚重的作品中感受到这些忧患意识、家国意识，从而产生主人公般的爱国深情。这种"大我"之美，对学生正确的人生观、价值观的形成是非常重要的。

其次，中华优秀传统文化教育能使学生形成正直的人格与道德美。中华优秀传统文化注重培养人的完美人格与道德精神，只有正直的道德与人格精神，才会构建和谐的人际关系和社会结构。关于这一点，我们在后面"中华优秀传统文化教育是培养学生责任担当的重要手段"中会有详细论述，不再赘述。

再次，中华优秀传统文化教育能让学生善于发现自我，体会日常美的一面。中华优秀传统文化教育既能让学生树立宏大的家国情怀，也擅长引导人善于发现日常之美，发现自我情感的丰富与深情。就从中国经典文学作品来看，从《诗经·国风》先秦民众对自我爱恨情仇的全方位歌唱，到汉乐府底层人民对汉代丰富生活的歌咏，到东汉《古诗十九首》下层文人对自己内心情感的抒怀，一直到魏晋南北朝时期文人群体性的自我觉醒……，在这些作品中，个体的日常琐事、喜怒哀乐都充分展现出来，真实而自然、朴实而感人。中华优秀传统文化不仅仅只关注国家、社会、群体，还同样关注个体生命的"情"，这就引导学生在时刻关注国家、群体、社会与自我的关系的同时，也不忘记将审美的视角转向自我、歌唱自我。

最后，中华优秀传统文化教育还能让学生发现自然之美。中华优秀传统文化讲求"天人合一"，也就是注重人与自然的亲和与交融，这在中国传统文化中有充分的体现。中国传统文化从魏晋时期开始关注山水，他们一方面"向外发现了自然，向内发现了自己的深情"①，通过发现自然之美来发现自我心灵与之相应和的纯净之美，从而进一步探讨人与自然的关系。从此以后，在中国古典诗词、音乐、绘画、园林等各个方面，都全方位体现出对自然美的关注和描画，表现出对自然的审美思维高度。不言而喻，我们通过中华优秀传统文化教育将这些传授给学生，让学生一方面体悟古人塑造出的自然灵趣，同时也让他们挖掘出现实的自然之美，培养高洁的审美情趣。

中华优秀传统文化教育不仅能培养学生的审美能力，还能滋养出美的创造能力。在中华优秀传统文化教育过程中，我们从中华文化资源宝库提炼题材、汲取养分，把其中能体现真、善、美的艺术形式与时代特点相结合，来培养学生进行艺术创作，那么必然会提高他们的艺术创作能力，产生更多的优秀的作品。

第三节 中华优秀传统文化教育是学生参与社会的精神引领

《中国学生发展核心素养》的第三大版块就是"社会参与"，认为学生应该有责任担当和实践创新精神。其中社会责任、国家认同与国际理解是学生责任担当的核心内容；而劳动意识、问题解决与技术应用则是实践创新的核心内容。这些内容大部分都与中华优秀传统文化的精神内核相吻合。

一、中华优秀传统文化教育以重德修身为宗旨，培养学生的责任担当

中华优秀传统文化教育的重点就是"人学"，也就是重点培养人的道德修养和人格规范，解决怎样修身、怎样与人相处的问题，从而解决人与社会、国家之间的关系。中华优秀传统文化承载着许多传统美德和高尚情感，诸如尊师好学、崇尚节俭、爱护自然、遵循规律、重视实践、任人唯贤、珍惜友情、乐观开朗等等，这些都与《中国学生发展核心素养》对"社会责任"强调的品质不谋而合。

《中国学生发展核心素养》对"社会责任"有详细的界定，这些字眼都是以当代人的语言表述出来的，但是仔细推敲，却与中国传统文化中提出的"修身，

---

① 宗白华：《美学散步》，上海人民出版社，1981，第215页。

齐家，治国，平天下"等观念不谋而合。如《中国学生发展核心素养》指出，如若能承担社会责任，首先要"自尊自律，文明礼貌，诚信友善，宽和待人"，这是对学生能融入群体和社会的基本道德素质的要求，也就是中国传统文化中提到的"修身"；其次，《中国学生发展核心素养》提出要"孝亲敬长，有感恩之心"，这实际上就是"齐家"；而"热心公益和志愿服务，敬业奉献，具有团队意识和互助精神；能主动作为，履职尽责，对自我和他人负责；能明辨是非，具有规则与法制意识，积极履行公民义务，理性行驶公民权利；崇尚自由平等，能维护社会主义公平正义"的提出，实际上就是每一个个体为达到社会和国家的和谐所能做到的"治国"行为；最后提到的"热爱并尊重自然，具有绿色生活方式和可持续发展理念等行动"实际上就是和平年代每一个人能够"平天下"的具体行为规范。

"自尊与自律"，实际上就是中国传统文化所提倡的讲德行，重修养，即"修身"与"克己"。在中国传统文化中，讲德行、重修养是中国儒家文化主要推崇的核心思想。"修身"与"克己"，早在《周易》《大学》《中庸》《论语》《荀子》等儒家典籍中常见，最初指的就是磨炼自身、约束自己的意思。儒家提倡的道德体系就是通过修身养性，改变个人，从而适应、维护社会、国家的正常秩序。个人首先通过学习增强自我约束力，成为合格的家庭成员，进而成为合格的社会成员。儒家把整个国家看成一个"家"，所以合格的家庭成员才是基本的道德伦理角色。家庭成员—社会成员—国家公民，构成儒家的道德修养评价的统一对象。所以孔子提出"修身"和"克己"。"自天子以至庶人，壹是皆以修身为本。"（《礼记·大学》）而自尊就是要有独立的意志和人格精神。中国传统文化对于"为人之道"的认识，首先就是要肯定自己，维护自己的尊严。"一箪食，一豆羹，得之则生，弗得则死。呼尔而与之，行道之人弗受；蹴尔而与之，乞人不屑也。"（《孟子·告子上》）这就是说生命是宝贵的，但是比生命更宝贵的是人的尊严。人格的尊严在于道德的自觉，有道德自觉的人才是一个高尚的人。

《中国学生发展核心素养》中提到的"文明礼貌"，实则就是中华优秀传统文化中自古以来由"礼"而生发的一系列行为准则。中国自古就被称为"礼仪之邦"，可见"礼"在传统文化中的重要地位。"礼"是中国儒家思想体系的要内容，孔子、孟子、荀子都强调"礼"对节制人的行为、修身成德和维系社会秩序的重要作用，其内在蕴含了尊敬、节制、谦让、和谐的精神，这对提升人的文明素养和维护社会秩序发挥了积极的作用，对于当下学生能表现礼敬谦和、遵守规范、举止文明有重要的影响作用。"诚信友善，宽和待人"实则就是中国儒家学说反复强调的"仁"与"诚""信"。"仁"是中华传统文化就人与人之间的关系提出的和谐共生原则。"仁"即爱人，它以血缘之爱为基础，最终体现为推己及人的"仁民爱物"，就是要抱有"泛爱众而亲仁"的宽厚情怀，体现了我国古人的一种宇宙情怀和极高的价值追求。"诚""信"也是中国传统文化非常推崇的品质，对中国传统文化精神的塑造产生了深远影响。孔子把"信"视为"仁"的主要德目，孟子则把"朋友有信"纳入"五伦"规范，汉代董仲舒把"信"列为"五常"之一，确立了"信"在儒家道德规范体系中的重要地位。"诚""信"就是"唯天下至诚，为能尽其性"的重承诺、守信义、以诚立业、以信取人的道德传统。在中华传统文化中，"礼""仁""诚"都已形成系统性的教化理论，以这些理论来教育当代学生，完全可以实现《中国学生发展核心素养》中对学生道德素养的引导和教育作用。

"孝亲敬长，有感恩之心"，实际上就是中国传统文化中提倡的"孝悌"思想。中国传统文化中蕴含着以尊老爱幼为核心的良好的民族礼仪，其中最为推崇"孝"。孔子说："孝悌也者，其为仁之本与，本立而道生"（《论语·学而》）。孔子强调，人首先要对自己父母和兄弟姐妹有"孝悌"之情，但是，他又没有将"孝"仅仅局限于小范围的亲近群体，所以，孔子还指出，人的"仁爱"之心要推己及人，要"泛爱众"，由此再推及至更广泛的人，建立一个同心有爱、和谐有序的社会群体。如何建立这样和谐有序的社会关系？孔子指出要"己欲立而立人，己欲达而达人"（《论语·雍也》），并且"己所不欲，勿施于人"（《论语·颜渊》）；这也就是孟子所说的："老吾老，以及人之老；幼吾幼，以及人之幼"（《孟子·梁惠王上》）。由儒家学者提出的这个观点，后来则成为中华民族尊老爱幼的核心价值体系。中华传统文化中尊老、敬长、爱幼的思想根源深远，对构建现今和谐的社会群体关系具有重要作用。当今社会，由于长期以来对"利"的推崇和追逐，导致人民的公民意识、群体意识、责任意识、友爱意识等严重崩塌，现在许多城市的路上、车上，扶老携幼、尊老爱幼、互相礼让的现象越来越少见，人们利己思想极为严重。在这种情况下，我们就不得不对我们的教育进行反思，而尊老爱幼的优良品质更要率先提上日程。对于国民素质的扶携，中华优秀传统文化教育则可以承担起这重要的职责。

有修身克己的道德规范，有自尊自爱的独立的人格精神，有推己及人的感恩之心，有文明礼貌、诚信友善的道德意识，才能承担起社会责任。《中国学生发展核心素养》指出，学生要承担的社会责任是：热心公益和志愿服务，敬业奉献，具有团队意识和互助精神；能主动作为，履职尽责，对自我和他人负责；能明辨是非，具有规则与法制意识，积极履行公民义务，理性行使公民权利；崇尚自由平等，能维护社会主义公平正义；热爱并尊重自然，具有绿色生活方式和可持续发展理念及行动等等。① 这些也恰恰是中华优秀传统文化中所提倡的。例如"敬业奉献、主动作为、履职尽责，对自我和他人负责"，实则就是中华优秀传统文化中的"敬业"传统。中华民族从来都是一个勤劳智慧的民族，素来以刻苦耐劳著称于世，在中华优秀传统文化中，始终传承着尽责敬业的职业操守，《尚书·周书》中就提出："功崇惟志，业广惟勤"，孔子在《论语》中也多次指出，人应该"执事敬，与人忠"，"敬其事而后其食"，朱熹也曾经说道："主一无适便是敬"……正是历代人民对"敬业"的恪守和提倡，才有了我们灿烂的中华科技和文化。

再如《中国学生发展核心素养》提出社会责任之一还有"能明辨是非，具有规则与法制意识，积极履行公民义务，理性行使公民权利"，这实际上就是中国儒家思想一再强调的"克己复礼"。"克己复礼"出自《论语·颜渊》："克己复礼为仁。一日克己复礼，天下归仁焉！""非礼勿视，非礼勿听，非礼勿言，非礼勿动。""克己复礼"就是要求人要战胜自己的私欲，做事恢复到合理化，即"具有规则和法制意识，理性行使公民权利"。在当下社会，随着市场经济的发展，以利益最大化为目的的经济活动很大地影响着人们的价值观念，使得当下学生出现了以自我为中心，人际交往矛盾突增；自我约束能力差，常常以个人利益冒犯社会规范、法制的现象。而"克己复礼"则强调通过自我道德的提升，在交往中做到坦诚、宽容、克制、体谅，从而实现人的自身和谐和人际和谐。现在看来，不论是其思想内涵，还是其实践要求，对构建人与人之间和谐的人际关系以及人与社会的和谐有序的秩序都有重要的现实意义。

再如"热爱并尊重自然，具有绿色生活方式和可持续发展理念及行动"，这实际上就是中华传统文化中所提倡的"天人合一"思想。"天人合一"思想是人类文明中最伟大的一个贡献，最早来源于中国先秦时期的儒道两家思想体系，历经西汉董仲舒的"天人感应"说，宋代程朱理学的"天理"之说等，形成了一套系统的哲学体系。其内涵一方面包括人在改造自然时要不违天时，对天、地、人三才合理利用，另一方面则强调人应当依法自然，不做违背自然规律的事情，"人法地，地法天，天法道，道法自然"，（《道德经·第二十五章》）其核心强调的就是人与自然相互依赖，相互联系，共消共亡的和谐共融的生存观念。近代以来，随着工业主义机械化的产生，战争工业化的泛滥，科学技术的飞跃进步，现代科技改变了自然界某些事物本来的属性，甚至超越了自然所能承受的阈限，人与自然的关系出现了完全的转变，人类"把自然当作是可以任意摆布的机器，可

---

① 北京师范大学核心素养研究课题组：《中国学生发展核心素养》，《中国教育学刊》2016年第10期，第2页。

以无穷索取的原料库和无限容纳工业废物的垃圾箱"①，随之而来的是全球生态的失衡，人类生存环境日益恶化，各种生态危机、能源危机、粮食危机甚至是信息危机扑面而来。在这种形势下，作为逐渐步入世界强国的中国，源于中华传统文化的"天人合一"智慧，对未来的世界建设者——中国学生开展以尊重自然，绿色生活的教育就显得尤为迫切和重要，旨在引导学生正确处理人与自然的关系，保护环境，爱护自然，从而让未来中国的生态环境参与到全球生态圈的共生互利中来。

二、中华优秀传统文化教育以爱国思想为纲领，坚定学生国家认同的信念

社会参与意识不仅仅是承担社会责任，还应有更宏大的目标，那就是具有国家意识，即具有爱国情怀和国家认同感。《中国学生发展核心素养》指出："国家认同"的重要内容之一就是具有国家意识，了解国情历史，认同国民身份，能自觉捍卫国家主权、尊严和利益，具有文化自信，尊重中华民族的优秀文明成果，能传播弘扬中华优秀传统文化和社会主义先进文化……。②由这个表述可见，"国家认同"实则就是在传承和弘扬中华优秀传统文化的基础上的国家认同。

中华优秀传统文化是中华民族的"根"和"魂"，我国学生的核心素养需要植根于中华优秀传统文化的土壤中，从而体现中华民族之"魂"。在中华文明5000多年的发展史中，历代仁人志士们提出了博大精深的思想体系，而爱国主义思想恰恰就是这思想体系中最核心的精神纲领。它是中华民族最优良的民族精神，是全世界炎黄子孙的精神纽带。

"爱国主义就是千百年来巩固起来的对自己祖国的一种深厚情感。"这种情感始终贯穿于中华民族的传统文化之中，始终是历代仁人志士所维系的精神坐标。尧舜时代的禅让精神体现的是以国为重、先国后己的进步意识；大禹治水三过家门而不入形成的是以民为本、为民除害的大我精神；先秦诸子，从孔子的"仁"、与"礼"、孟子的以民为本、荀子的以"礼"治国，到庄子的"无为""坐忘"，墨子的"兼爱""非攻"，韩非子的"法制"思想等，其根本始终围绕的是国之利益。《诗经》中《黍离》"中心摇摇"的担忧，屈原的"长叹息以掩涕兮，哀民生之多艰"的忧患，贾谊的"国而忘记家，公而忘私"的忘我，曹植"捐躯赴国

---

① 李祖扬、邢子敬：《从原始文明到生态文明——关于人与自然关系的回顾与反思》，《南开大学学报》1999年第3期。
② 北京师范大学核心素养研究课题组：《中国学生发展核心素养》，《中国教育学刊》2016年第10期，第2页。

难,誓死忽如归"的勇于赴死,诸葛亮的"鞠躬尽瘁,死而后已"的殚精竭虑,杜甫的"忧端齐终南,鸿洞不可缀"的厚重深情,范仲淹"先天下之忧而忧,后天下之乐而乐"的爱国呼唤,文天祥"唯有以死报国,我一无所求"的浩然正气,顾炎武的"天下兴亡,匹夫有责"的担当等等。在中国历史上,这样的爱国人物举不胜举,他们都是由"人格"而上升至"国格"的一脉相承的国魂。这种爱国主义精神为核心的民族魂,形成了强大的凝聚力,使中国始终能以统一的多民族国家著称于世。

中华优秀传统文化中有贯穿几千年的爱国主义传统,有一脉相承的爱国主义思想,并且有丰富感人的爱国主义的范例,这对培育学生核心素养中的"国家认同"情怀具有其他学科不可替代的作用。学生们可以在学习中华优秀传统文化的爱国主义思想的同时了解中国的历史与国情发展,认同国民身份,尊重中华民族的优秀文明,从而产生文化自信,并能继续为国家创造灿烂的文明。

首先,中华优秀传统文化的爱国主义教育可以形成强大的凝聚力,使学生产生"天下兴亡,匹夫有责"的国格意识。中国人民自古就有很强的国格意识,从先秦时期蔺相如"完璧归赵"、晏子使楚"国不受辱"一直到近代中国虎门销烟、三元里人民抗英斗争等,中国人民在风雨飘摇的历史中始终捍卫着国家主权的完整与独立。融于血脉的爱国精神让中华人民愈是在国家遭遇危难之际,愈是能爆发出维护祖国利益的强大力量。正因如此,所以在中国近代史上,中国遭受了史无前例的多国侵略,遭受了日本的侵华战争,但终究没有沦为殖民地,没有亡国,反而激发了中国人民的强烈反抗,最终自力更生,立于世界民族之林。现阶段,我们对内正在大力发展社会主义市场经济,努力建设富强、民主、文明的社会主义现代化国家;对外面临国际共运发展史上的低潮,国际形势风云变幻,在这样的国际形势下,时刻对不同阶段的学生进行爱国主义教育,继承和发扬中华民族爱国主义传统,让他们能够在关键时刻挺身而出,抗敌御侮,维护祖国的尊严,具有重大的现实意义。

其次,中华优秀传统文化的爱国主义教育可以形成强大的人格动力,使学生产生"天下为公,崇尚一统"的团结精神。中华民族由于家族本位的社会结构和礼教文化传统,熏陶出一种群体主义的精神。在此基础上,以个体服务于家族、群体从而达到和谐相处作为重要的价值取向,进而发展到个体、家庭、群体要兼顾整个国家的利益的价值观。孟子就说过"人有恒言,皆曰天下国家,天下之本在国,国之本在家,家之本在身"(《孟子·离娄上》),"大道之行也,天下为公"(《礼记·礼运》),中国传统文化的大同境界的基本精神,就是一个"公"字,由此产生了"老吾老以及人之老,幼吾幼以及人之幼,天下可运于掌""以天下为己任""先天下之忧而忧,后天下之乐而乐""国家兴亡,匹夫有责"等"无私""为公"的精神光芒。这种思想使得中华民族形成一种团结一统的精神力量,在国家危难、外敌入侵的紧要关头,往往能迅速形成解危抗敌的统一意志,正因如此,才使得我们这样一个人口众多的多民族国家一直繁荣到今天。所以爱国主义教育能让学生重视民族和国家的利益,追求群体和国家的统一,从而形成团结凝聚的力量,共同迎接未来未知的国际形势。

再次,中华优秀传统文化的爱国教育可以促进学生勤劳创新,继续创造灿烂的文明。中华民族的历史源远流长,自古以来,我们中华民族就世代繁衍、生息、劳作在这块广大的土地上。各族人民用自己的智慧共同创造了光辉灿烂的中华文明。水稻的种植,丝、茶、瓷器的创造,"四大发明"的名扬世界,乃至万里长城、大运河、张骞出使西域、玄奘天竺取经、鉴真东渡、郑和下西洋等等,中华民族一直不乏影响世界的发明和人类历史上的壮举,这些发明和壮举都是中华民族用自己的勤劳和智慧创造出来的。爱国主义的凝聚力与感召力,不仅表现在抵御外侮、保卫祖国的斗争中,在建设祖国的奋斗中也同样可以显示出巨大的威力。中国历史上这些优秀的文明和仁人志士同样能激发当代学生继续创造灿烂文明的创造力和热情,也是中国能得以进一步发展的精神基础。

《中共中央关于构建社会主义和谐社会若干重大问题的决定》中明确指出:"马克思主义指导思想,中国特色社会主义共同理想,以爱国主义为核心的民族精神和以改革创新为核心的时代精神,社会主义荣辱观,构成社会主义核心价值体系的基本内容"。[1]用中华优秀传统文化的爱国思想来教育学生,可以让他们形成坚固的国家认同感,热爱社会主义制度,坚定走中国特色的社会主义道路;可以让他们热爱祖国的山河,捍卫国家领土完整和祖国统一;可以让他们热爱骨肉同胞,积极维护民族团结;可以让他们热爱民族优秀文化,推进中华文化的创新和发展;可以让他们发扬中华民族美德,维护国家形象和尊严,由此才能形成中华民族经久不衰的凝聚力和创造力,保障中华民族屹立于世界民族之林。

三、中华优秀传统文化教育以尊重劳动为基础,培养学生的实践创新精神

《中国学生发展核心素养》指出,学生进行社会参与的第三部分内容便是要

---

[1]《中共中央关于构建社会主义和谐社会若干重大问题的决定》,中国共产党十六届六中全会,2006年10月18日。

实践创新，实践创新又包括三个要素，即劳动意识，解决问题的热情和能力以及学习掌握相应的技术并进行创新与优化。由此可见，《中国学生发展核心素养》认为，要想真正实现社会参与，就要从思想上尊重劳动，从行动上肯于践行，从而达到更高的社会参与能力——勇于创新。尊重劳动、肯于实践、发展创新都是中华传统文化中的优秀品质。

在中国传统道德中，勤劳勇敢是形成最早、普及最广、传播最久、最受欢迎的美德之一。翻开中华民族的文化史，走进中华民族的日常生活，勤劳勇敢都蕴含其中，数千年的历史已把勤劳勇敢沉淀为一种强大的民族精神。中华民族具有漫长的发展历史，其中自然条件的艰苦和社会斗争的严酷使其具有了吃苦耐劳、艰苦奋斗、不畏艰险、俭朴勤奋的不屈不挠的精神。勤劳指的是人们对待劳动的态度以及行为品质，它反映了人们为了自身的生存和发展与自然和社会顽强斗争的一种生活状态，要求人民热爱劳动，关心劳动人民，勤奋努力。在中华民族的意识中，勤劳是一切事业成功的保证，是兴家之宝，立国之本。习近平总书记指出："幸福不会从天降，梦想不会自动成真。实现我们的奋斗目标，开创我们的美好未来必须紧紧依靠人民，始终为了人民，必须依靠辛勤劳动，诚实劳动，创造性劳动"。[1]在当今社会，随着经济持续快速发展和人民生活水平的日益提高，许多人抛弃了艰苦奋斗和勤俭节约的优良传统，尤其是当下的学生，这种倾向更是十分明显。学生核心素养的发展直接关系到国家的前途和社会主义建设事业的成败，所以让学生继承中华民族勤劳勇敢的优秀传统、尊重劳动、热爱劳动、艰苦奋斗、勤俭节约，在当代中国就具有极其重要的意义。"一个国家，一个民族，如果不提倡艰苦奋斗，勤俭建国，人们只想在前人创造的物质文明成果上坐享其成，贪图享乐，不图进取，那么，这样的国家，这样的民族，是毫无希望的，没有不走向衰落的"[2]。

《中国学生发展核心素养》指出学生具有劳动意识，就是"让学生尊重劳动，具有积极的劳动态度和良好的劳动习惯……能主动参加家务、生产劳动和社会实践……具有通过诚实合法的劳动创造成功生活的意识和行动"[3]——其核心即是实践和创新，而这些恰恰是中华传统文化一直重视和提倡的。

实践，在中华传统文化中称之为"践行"，《中国学生发展核心素养》中提到的家务劳动、生产劳动和社会实践以及创造生活等都属于此列。践行是巩固与汲取知识，掌握技能，提高分析问题、解决问题能力的重要环节和手段。践行是理论

---

[1]《习近平在同全国劳动模范代表座谈时的讲话》，2013年4月28日。
[2] 江泽民：《为西柏坡题词》，1991年9月21日。
[3] 核心素养研究课题组：《中国学生发展核心素养》，《中国教育学刊》2016年第10期，第2页。

的基础，一切理论知识发源于实践，所以践行也是我们中华传统文化的治学法则。

在中国传统文化中，早就提出了"学以致用"，从先秦到明清，历代中国圣贤都推崇备至。如孔子就说："言必信，行必果"（《论语·子路》），"言忠信，行笃敬"（《论语·卫灵公》），"君子耻其言而过其行"（《论语·宪问》），讲的都是要看重实际行动。他最看不起那些言行不一的人，他认为："有其言，无其行，君子耻之。"（《礼记·杂记》）墨子也强调践行，他说"士虽有学，而行为本焉"，"志不强者智不达，言不信者行不果。"（《墨子·修身》）他把实践行动看作是根本，如果只讲理论就等于是纸上谈兵。在中国文化史上，荀子、韩非子都曾专门论述践行的可贵，而到宋代朱熹、明代王阳明、清代王夫之都就"知"与"行"的关系提出了系统的理论，如"论先后，知为先；论轻重，行为重"（《朱子语类辑略》）"知行合一，知是行的主意，行是知的功夫；知是行之始，行是始之成。"（《王阳明全集》），都指出了践行的重要性。

中国传统文化这种重实践的精神在历代人民的实际人生中都发挥了效用。如先秦儒道墨法等各流派的思想家，不只是流于学术思想的创造和阐释，都是在践行中总结、推行和实施自己的学说。而中国历史上那些可歌可泣的历史人物，如张骞、张衡、玄奘、岳飞、文天祥、戚继光、林则徐等，都是将自己的所思所想、所知所信付诸实践当中。现如今，我们的社会主义现代化之所以取得了辉煌的成就，与我们切实履行实践密切相关，毛泽东说："真理只有一个，而究竟谁发现了真理，不依靠主观的夸张，而依靠客观的实践，只有千百万人民的革命实践，才是检验真理的尺度。"（《新民主主义论》）"真理的标准只能是社会的实践。"（《实践论》）

长期以来，从国外来看，受经济全球化的影响，多元文化的冲击，以及奢靡之风、享乐之风的侵蚀诱惑；从国内来看，中国经济飞速发展，物质条件逐步改善，社会发生转型，这些都使当前学生的世界观、价值观、人生观发生急剧变化。这就让我们对学生素养的培育面临诸多挑战。有些青少年爱国主义思想缺失、理想信念淡泊，学习松懈、心态浮躁，精神空虚，虚度光阴，学无所成，玩物丧志，追求刺激享受等等，更谈不上参与社会实践和创新。在这种局面下，对青少年尊重劳动、参与实践、勇于创新的引导和训教就尤为重要。除了其他培育因素外，中华优秀传统文化重践行、重知行合一的理论与人物范例则是非常好的途径和方法。习近平总书记2018年5月2日在北京大学师生座谈会上提出"知行合一，以指促行，以行求知"的指导思想就是立足于中国传统文化的"知行合一"理论提出的。

第四节 中华优秀传统文化教育是学生自主发展的文化力量

《中国学生发展核心素养》指出,"自主发展"是培养学生核心素养的基本要点之一。自主性是人作为主体的根本属性,自主发展,重在强调能有效管理自己的学习和生活,认识和发现自我价值,发掘自身潜力,有效应对复杂多变的环境,成就精彩人生,发展成为有明确人生方向,有生活品质的人。[①]要达到这样的自主发展的程度,学生既要注重个人知识文化技能的培养,同时要兼顾身体和心理的健康成长。因此,"自主发展"主要包括"学会学习"和"健康生活"。学会学习主要是学生在学习意识形成、学习方式方法选择、学习进程评估调控等方面的综合表现,包括乐学善学、勤于反思和信息意识。而"健康生活"是指学生在认识自我、发展身心和规划人生方面的综合表现,具体包括珍爱生命、健全人格和自我管理。

一、中国优秀传统文化教育与"学会学习"

正如林崇德先生所言,《中国学生发展核心素养》是在充分吸收中华优秀传统文化的营养下建构起来的,所以在学生"自主发展"的核心内容里,我们处处可以看到中华优秀传统文化的影响所在。

例如《中国学生发展核心素养》"学会学习"中的乐学善学、勤于反思,其思想根源就来自于中国传统文化。众所周知之,中华民族向来有重视教育与学习的传统,所以涌现了众多的教育家,提出了丰富的教育思想和学习之道。如著名的教育家思想家孔子在《论语》中开宗明义就提出了"乐学"说:"学而时习之,不亦说乎?有朋自远方来,不亦乐乎?"(《论语·学而》)他提出的是一种乐观积极的学习态度,并在此基础上进一步指出"乐学"是学习的最高境界,即"知之者不如好之者,好之者不如乐之者",(《论语·雍也》)"乐学"思想是从学生的生理、心理、认知和情感的角度出发提出的学习之道,哪怕在今天也是具有先进意义。但是,在当今应试教育甚嚣尘上的教育环境里,学生很难做到"乐学"。加之中国当代学校教育,学校往往推崇严肃、庄重的师生之礼、教学之道,使得学生每天正襟危坐、埋头苦读,这在一定程度上忽略了学生的生理和心理感受。从生理学和认知学角度来说,人只有在精神愉悦的时候,大脑皮层才会相对兴奋的

---

① 北京师范大学核心素养研究课题组:《中国学生发展核心素养》,《中国教育学刊》2016年第10期,第1—2页。

状态，精神最集中，反应最机敏，思维最活跃，学习的效率才是最佳的。"乐学"可以激发学生的学习兴趣，可以养成学生良好的学习习惯，可以提高学习效率，其在教学过程中的优势是不言而喻的。《中国学生发展核心素养》的研究者认识到了中国教育过程中的这个弊端，吸取中国传统教育思想的"乐学"观念，指出"乐学"是达到最佳学习效果和学习境界的起点，将"乐学"作为学生"学会学习"的首要素养。

所谓"善学"就是指学生能养成良好的学习习惯，找到适合自己的学习方法，从而进行自主学习、终身学习。中华传统教育思想同样对"善学"也有深入探讨。例如孔子提出的"温故知新"说，即"温故而知新，可以为师矣"(《论语·为政》)；孟子提出的"由博返约"，即"博学而详说之，将以反说约矣"(《孟子·离娄下》)；再如孔子、孟子都曾提到的"循序渐进"说，孔子的"循循然善诱人"(《论语·子罕》)，孟子讲述的"揠苗助长"的故事以都是对"循序渐进"的强调和重视。再如儒家思想始终提倡的"知行合一"说，"知行合一"由孔子率先提出："力行近乎仁"(《论语·中庸》)，其后朱熹、王守仁等都有具体论述，如"故圣贤教人，必以穷理为先，而以力行以终之"(《朱文公文集》卷五十四)，"知行原是两个字说一个工夫"(《传习录》)。中国传统学习思想还倡导"终身学习"观，荀子说"学不可以已"(《荀子·劝学》)；汉代的王充则更加强调学习要力学不辍，"河冰结合，非一日之寒；积土成山，非斯须之作。干将之剑，久在炉炭，钻锋利刃，百熟炼厉"；北宋著名教育家张载也说"知学然后能勉，能勉然后日进不息"(《正蒙·中正篇》)。再如"学思并重"，也就是《中国发展学生核心素养》提出的"勤于反思"。孔子曾说"学而不思则罔，思而不学则殆"(《论语·为政》)，他还现身说法："吾尝终日不复，终夜不寝，以思，无益，不如学也。"(《论语·卫灵公》) 学习与思考是学习过程中的一对矛盾统一体，离开思考的学习只是知识的堆砌，离开学习的思考则无异于虚妄的空想。中国古代教育家早就注意到了学习与思考的并重性。孟子就说"尽信书不如无书"(《孟子·尽心下》) 实则就是强调独立思考的重要性。《礼记·中庸》更是进一步将学与思发展为"博学之，审问之，慎思之，明辨之，笃行之"的过程。在此之后，中国的历代教育家如朱熹、黄宗羲等都对学与思进行过系统的阐述。

中国古代传统教育思想对于当下学生的学习仍然具有重要的启迪与方法意义。"乐学"可以激发学生的学习兴趣，可以让学生养成良好的学习习惯，可以提高学习效率；"知行合一"可以让学生真正参与到社会实践当中去，并进行创造性的学习和生产；学思并重可以让学生拥有独立思考的能力；终生学习可以让学生适应当今科学与技术急剧变革的社会,能在知识飞速更新,职业频繁变动的社会环境中得以生存和发展……关于如何学习,中国教育家的论述还有很多,这些对培养当代学生的学习素养都是具有现实意义的。

二、中国优秀传统文化教育与"健康生活"

随着中国经济的迅速发展和时代的变迁,更多的外来文化与中国本土文化频繁交流、碰撞,现代文化迅猛地冲击着当下青少年的生活观和价值观。如经济发展造成的贫富差距带来的心理影响;网络信息技术的发展带来生活方式的转变,科学技术的急剧变革带来生存方式的不稳定性,社会活动的日趋频繁带来的人际交往的焦虑感,家庭教育的开放性带来的崇尚个性……在纷繁复杂的现代社会中,学生的身心健康越来越成为中国教育重点关注的问题。如随意透支身体健康、漠视生命的价值和意义、拜金享乐主义盛行、对外界缺乏防范、自我意识过强、自卑心理严重、人际交往困难、理想与信仰缺失等等。缺乏健康身心的学生在现代社会必然难有作为,更谈不上成为"中国梦"的建设者和接班人。在这种现状下,《中国学生发展核心素养》提出学生要懂得珍爱生命、养成健全人格、学会自我管理等具有重要的意义。

中华优秀传统文化中蕴含着健康教育的深厚的文化根基,针对当代学生出现的上述种种健康问题,其对学生身心健康的维护具有重要的积极作用。

(一)优秀的传统文化有助于学生珍视生命,树立有价值的生死观

中国儒家与道家思想都特别关注人的生命问题和生死问题。孔子《论语》中提到"仁者爱人"(《论语·颜渊》)其中首先就是要"爱自己",爱自己的生命以及维护自己宝贵的精神品格,他又提出"未知生,焉知死"(《论语·先进》),同样表达了对生命的敬畏。而在此基础上,他进而提出"志士仁人,无求生以害仁,有杀身以成仁"(《论语·卫灵公》)则树立了一种健康的、积极的、辉煌的生死观。道家思想也指出"名与身孰亲?身与货孰多?得与亡孰病?甚爱必大费,多藏必厚亡。故知足不辱,知止不殆,可以长久。"(《道德经》第四十四章)认为人的生命是宝贵而不可替代的,人应当珍惜生命,不要让生命为外物所累。司马迁对生命和生死是这样看待的:"人固有一死,或重于泰山,或轻于鸿毛"(《报任安书》),表现的是一种为有意义的死而奉献生命的舍生取义精神。这些都是在珍视生命的基础上对生命更高意义的理解。这种生死观贯穿着整个中国古代社会。所以有曹植的"捐躯赴国难,视死忽如归",有文天祥的"人生自古谁无死,留取丹心照汗青"等等。与古人对生命意义和人生价值的理解相反,由于物

质的饱和和精神空虚的巨大反差，当今的大学生往往将自己的生存和生命的意义局限于一些狭隘、或暂时的事态上，如失恋、贫困、人际关系紧张、高考落榜，甚至哪怕是家长、老师的几句责骂，都能让他们轻易将宝贵的生命无意义的付出。在当下学生自杀危机越来越突出的现状下，优秀传统文化中的生命观就显得几位迫切和重要。

（二）优秀的传统文化有助于学生树立积极乐观、直面挫折的生活态度

中国传统文化一直蕴含着乐观向上、自强不息的优秀民族品质。先秦经典《周易》在《乾卦》中首先就明确提到"天行健，君子自强不息"（《周易·乾卦》），意即人们应该具备刚毅坚强、永远向上的优秀品质。在儒家思想中，特别提倡"知命"，"知命"就是能看到人生的真谛，也就是从别人和自己的人生中提炼出人生规律。只有对人生规律有所了解，遇事才不会慌乱，才不会在挫折和困境中意志消沉。中国传统文化推崇人应该适应环境，乐观向上，直面挫折的精神，这样的范例在中国历史上数不胜数：孔子一生行道，然而却处处不通，四处碰壁，但是他说："不怨天，不尤人"；司马迁遭受了常人所难承受的"宫行"，但是依然用毕生精力创作史记；蒲松龄落第却不落志，创作自勉联来鼓励自己，最终创作了《聊斋志异》。再如，卧薪尝胆、苏秦刺骨、苏武牧羊、张骞出使西域、玄奘天竺取经、郑和下西洋等诸多历史故事，都是中国传统文化中自强不息、知难而进、乐观向上的范例。当代中国学生大多数家庭生活优裕，或者父母较为疼爱，所以尽管具有思想活跃、兴趣广泛、勇于探索、敢于创新等诸多优点，但是由于生理与心理的不成熟，加上成长经历的顺畅，常常会在挫折到来的时候无所适从。如面对人际关系不顺畅、学业不顺利、求职受挫等现实问题时，往往心理防御机制差，调试能力弱，从而产生诸多心理问题。在这种情形下，中国优秀传统文化能以中国古人的训教和事例来引导当代学生面对挫折，产生良好心态。

（三）优秀的传统文化有助于学生建立合理的自我管理方式，养成文明的行为习惯

在当代学生群体中，有一部分人心理健康认识能力低下，不管在学习还是生活中，都缺乏必备的素养、自我约束的能力以及应对突发事件的心理条件。中华优秀传统文化的重点就是"人学"，也就是重点培养人的修养和人伦关系，解决怎样修身，怎样与人、社会、自然相处的问题，其中有很多学说和理论都在探讨如何维护人自身的心理平衡问题。例如，儒家思想提倡的自律和自省。如孔子提出的中庸之道，就是面临外界的各种刺激如何保持心理平衡的阐释。再如，儒家

强调心理和精神层面的快乐:"一箪食,一瓢饮,在陋巷,人不堪其忧,回也不改其乐"是孔子在赞美颜回时表达出的面对物质引诱的自我控制。孔子还强调自省:"吾日三省吾身,为人谋不忠乎?与朋友交不信乎?传不习乎?"(《论语·学而》)通过自省,来强化自我约束能力。再如,道家哲学中,老子的"无为"思想也是对当下心理健康的很好的引导。"无为"强调自然法则,不是不作为,而是不妄为,不违反自然规律,不凭主观意志为所欲为,也同样论及人的自我控制的论题。我们在学生心理健康教育的过程中,应当积极借鉴中华优秀传统文化的这些思想,让学生充分了解"仁爱""孝悌""忠恕""诚信"等一系列伦理道德规范,让学生学会站在他人的立场上尊重别人,提高自身修养,让学生真正做到"修之身,其德乃真;修之家,其德有余;修之乡,其德乃长;修之邦,其德乃丰;修之天下,其德乃博。"(《道德经·第五十四章》)

第二编

体系改造与重建

第五章　国学教育与课程改革

任何教育过程都涉及知识、技能、能力、态度或情感等方面的内容，即都涉及"教什么"的问题。从这个意义上说，课程的问题是教育上的一个永恒的课题。

课程改革是教育发展中的普遍现象，尤其是在现当代，世界各国的课程改革已成为教育改革的主旋律。改革道路不仅决定课程改革的方向与立场，而且决定课程改革的品质、逻辑与方法。

在推进我国中小学国学教育的过程中，必须高度重视国学课程建设和改革工作，要坚持人文性、时代性、审美性、层次性等标准精选国学课程内容，切实保证国学教学时间，注重国学阵地建设，加强国学师资培训，提升国学教师专业水准，为全面提升国学课程建设水平夯实基础。

第一节　国学课程的定义与价值

从发展的角度来讲，课程经历了由低级到高级，由简单到复杂，由不完善到比较完善的过程；课程还经历了从贵族教育向大众教育的转换。"在16世纪西方宗教改革后，国王与教会控制的大学教育内容被称为课程，从而'课程'（curriculum）这一术语出现了。"[1]随着我国国学教育的进一步开展，国学课程也将经历由简单到复杂，由不完善到比较完善的过程。澄清"国学课程"概念，明晰国学课程的内涵和外延，对国学教育的理解具有基础性的意义。

一、国学课程的定义

国学课程作为中小学国学教育的核心部分，国学教育的类型与特点决定国学课程的属性和性质。整体决定部分，关键的部分对整体产生重要的促进或延缓的

---

[1] 彭小兰：《中国大学德育课程发展研究》，人民出版社，2013，第42页。

作用。国学教育中的国学课程有自身特定的基本要素、主要组成部分以及内在结构与功能。国学教育与国学课程的关系如何呢？国学教育的核心是国学课程，国学教育系统的一个子系统是国学课程系统；国学课程的核心是教学，但教学具有独立性，教学是国学课程系统中的实施环节。

国学课程是国学教育目标的集中体现，是教师和学生进行国学教学的指南。国学课程不等同于教学内容，国学课程并非只是教学活动的要素之一，或只是教学内容的规定，国学课程涉及的内容是多方面的，教学内容与国学课程有关，但不是国学课程的全部。从国学课程系统与教学系统的要素分析中可以发现，国学课程是学校国学教育活动的一个子系统，它与国学教学系统、国学考试系统、国学教育管理系统同处于国学教育子系统的层次，彼此间协同运行。教学则是实施国学课程、实现国学教育目标的途径，而不能简单地认为国学课程就是国学教学。所以，国学课程和国学教学各有自己的研究对象，二者之间既有联系又有区别。

综上所述，所谓国学课程，是受教育者在国学教育者的引导下所获得的经验，学校根据社会需求及学校自身需要和学生需要，将特定的国学专门知识体系、国学中包含的人生经验，以及现在和未来社会需要的世界观、人生观、价值观等正式的与非正式的教育内容设计成有组织的、有计划的方案，并将其传递给学生的一种实践活动或过程。它具有情境性、生成性、主体性和社会性的特点。国学课程系统的发展使国学课程计划呈现出综合化的态势，国学课程内容也在不断更新，国学教材呈日益现出形式多样化。

二、国学课程的价值

国学课程的价值是作为客体的国学课程与其学习主体之间的一种特定关系的反映，其本质是对备择学习领域及其知识相对价值的比较研究。如果说国学课程是学校教育的重要内容，那么备择学习领域及其知识相对价值的比较研究，就是决定学校国学课程取舍的关键。具体而言，国学课程的价值主要体现在如下三点：

（一）国学课程是一种民族文化传承的纽带

传统文化不仅属于历史，更属于现实；不仅属于过去，更属于现在；既可以表现为民族性，也可以表现为世界性，甚至是立足世界的根基。古往今来，一个国家、一个民族的强盛总是以文化兴盛为支撑的。国学是中华文化的积淀，是中华民族的智慧，也是华夏儿女的精神家园。在中小学育人的过程中，运用国学课程中经典诗词和爱国主义范例开展国学教育，让学生在感知中华优秀传统文化的魅力同时，也培养了学生的爱国精神和民族自豪感。

（二）国学课程是一座衔接认知与德行等多种因素的桥梁

时代行走在历史与现实之间，教育同样行走在传统与现代之间。学校教育是促使人的德行、情感以及社会性的发展，国学课程可以衔接和关照认知与德行的和谐发展。因此，我们建构的国学课程应是一种汲取传统文化要义，以社会需求、学生的发展为基点，以素质教育为核心，强调学生知识、能力和人格统一发展，使之成为一座桥梁，架设在传统文化与素质教育之间，学生认知与德行之间，为每一位学生的"生命化"和终身化发展奠定基础。

（三）国学课程是学校教育承担育人社会责任的载体

"传播传统文化、滋养学生心灵是学校教育的责任；传承民族精神，彰显中华传统美德，让学生感知做人的原则、做人的智慧和做人的精神，形成和谐完满的道德和人格修养，更是学校不可推卸的社会责任。"[1]国学课程正是承担这一责任的载体，利用中华传统文化中礼的知识、礼的行为、礼的准则和礼的智慧，培育文明人和文化人，让世界看到中华少年公民坚强、自信、仁爱、智慧的内心。

总而言之，国学课程是学校国学教育培养人才，实现国学教育目的的中介与桥梁。

第二节 开设国学课程的意义与依据

一、开设国学课程的意义

青少年是中华优秀传统文化的继承者、创新者和未来的研究者。随着时代的变化不断，因时制宜、创造性地将传统文化的精髓运用到社会中，需要从幼儿园到大学的专业系统学习来完成。从这种意义上来说，国学教育是持续开展国家文化创新、使民族文化薪火相传、使民族保持勃勃生机的源头活水。具体而言，国学课程的开设有如下意义：

（一）开设国学课程可有效防止中华民族的文化失忆

文化回答"你是谁"，在语言、哲学、心理、风俗、信仰等方面，与其他民族有何不同。文化是民族的生命，传统文化的教育是延续、增强、激活民族文化的根本途径。正如钱穆先生所说，"我们要讲的历史精神，就是要把握这一点，

---

[1] 谭诤、余必健、陈凤至：《中小学国学教育不止于经典诵读》，《现代中小学教育》2015年第8期，第23页。

从过去透过现在而直达将来的,这就是我们的生命。只有生命才有这力量,可以从过去透过现在而直达将来。所以,历史时间不是物理学上的时间,不是自然科学里的时间……人文科学里的时间,有一个生命在里面,从过去穿过现在而径向将来,它是一以贯之的……历史是一种把握我们生命的学问,是认识我们生命的学问"[1]。作为中国人,应该了解中华民族的历史与传统,这不仅仅是一种知识的学习,更重要的是透过"过去"认识我们的现在,并且懂得该如何面对我们的未来。一个人的失忆,会导致他无所适从,而一个民族的失忆,则将使民族失去其有别于他者的本质特征,失去凝聚力,最终成一盘散沙,甚至可能面临覆亡的命运。历史上有许多民族从强盛到完全消失,正是由于失去了自己的文化生命。

中华文明绵延数千年,有其独特的价值体系。中华优秀传统文化已经成为中华民族的基因,植根在中国人内心,潜移默化影响着中国人的思想方式和行为方式。文化生命的代代相传,必须并且只能依靠国学教育。

(二)开设国学课程是培育国民文化认同的重要手段

国民的文化认同,必须依赖准确、系统、专业、贯穿终身的教育。钱穆先生在《国史大纲》中就对何谓"国民"作了如此界定:"当信任何一国之国民,尤其是自称知识在水平线以上之国民,对其本国以往历史,应该略有所知。否则最多只算一有知识的人,不能算一有知识的国民","所谓对其本国以往历史略有所知者,尤必附随一种对其本国以往历史之温情与敬意。否则只算知道了一些外国史,不得云对本国史有知识"[2]。对本国历史的温情与敬意,是从长期的知识学习中逐步建立和获得的。然而,正如我们此前所说,由于国学教育的断层,人们对于传统文化的认识存在基本知识的错误。举例来说,许多人认为,儒学就等于严苛的、不近人情的道德训教,学习国学等同于让孩子没有自我独立思想的"听话"等,这种认识极为泛滥。这些完全没有读懂,甚至没有读过国学经典的片面认识,单靠宣讲难以改变,必须依赖年复一年、贯穿大中小学的循序渐进的国学课程,通过细读经典,用心体悟才能有所改变。

(三)开设国学教育课程是推动文化传承创新的主要动力

无论是一个半世纪以来不断涌入的西方文化,还是当代世界的各种观念,无不纷繁多变,而中华优秀传统文化的传承体系清楚地昭示,"其真能于思想上自成系统,有所创获者,必须一方面吸收输入外来之学说,一方面不忘本来民族之地位"(陈寅恪)。今天中华优秀统文化的复兴是一百多年来中国寻求国富民强

---

[1] 钱穆:《中国历史精神》,九州出版社,2012,第23页。
[2] 钱穆:《国史大纲》,商务印书馆,2008,第1页。

努力的延续。"在一百多年来的向西方学习求索的过程中,中华优秀传统文化传承体系被解构了的生命组织,依然以离散的状态,一方面活跃地择优汰劣以求创新,最终不仅建立起西方化了的中国现代知识形态,而且实现了马克思主义中国化,另一方面坚忍地固本祛邪以求传承,追求中华优秀传统文化的创造性转化。"①这些努力逐渐凝聚精神,恢复元气,使中华优秀传统文化随着新世纪的到来踏上复兴之路,并在全球化的语境中展望其未来。

二、开设国学课程的依据

(一)政策依据

2014年3月教育部印发《完善中华优秀传统文化教育指导纲要》,要求"围绕中华优秀传统文化教育的主要任务,适时启动课程标准修订和课程开发的研究论证、试点探索和推广评估工作。在中小学德育、语文、历史、艺术、体育等课程标准修订中,增加中华优秀传统文化内容比重。地理、数学、物理、化学、生物等课程,应结合教学环节渗透中华优秀传统文化相关内容。鼓励各地各学校充分挖掘和利用本地中华优秀传统文化教育资源,开设专题的地方课程和校本课程。"从而让学生"深入学习中国古代思想文化的重要典籍,理解中华优秀传统文化的精髓"。

2017年1月中共中央办公厅、国务院办公厅印发《关于实施中华优秀传统文化传承发展工程的意见》,明确要求"围绕立德树人根本任务,遵循学生认知规律和教育教学规律,按照一体化、分学段、有序推进的原则,把中华优秀传统文化全方位融入思想道德教育、文化知识教育、艺术体育教育、社会实践教育各环节,贯穿于启蒙教育、基础教育、职业教育、高等教育、继续教育各领域。以幼儿、小学、中学教材为重点,构建中华文化课程和教材体系。编写中华文化幼儿读物,开展"少年传承中华传统美德"系列教育活动,创作系列绘本、童谣、儿歌、动画等。修订中小学道德与法治、语文、历史等课程教材。"基础教育开设国学课程,符合国家当前关于精神文化建设的政策,也符合教育部门制定的各项规划和教育目标,能够纳入中小学的课程体系中。

(二)理论依据

1. "国学"范围界定的标准

据陈来《近代"国学"的发生与演变》一文说,"国学"的概念是1905年由

---

① 何俊主编:《实践本位的传统文化教育创新模式》,浙江教育出版社,2018,第27页。

邓实、黄节等人最先提出，近代"国学"的定义有三种：一是"遭遇西方文化的冲击之前，中国原有的思想文化与学术体系"；二是"以国学为中国传统文化的简称"；三是指"国学的研究"①。现今流行的几部著名的国学概论或通论类著作，国学包括的内容不同。章太炎的《国学概论》由"国学概论"和"国学略说"组成，前部分主要叙述中国经学、哲学、文学的发展演变，后部分讲述小学、经学、史学、诸子和文学的基本知识，基本上涵盖了中国的传统文化。钱穆在《国学概论·弁言》说，国学"特为一时代的名词，其范围所及，何者应列国学，何者则否，实难判别"②，其书所述主要为经学、诸子、魏晋清谈、佛典翻译、宋明理学、清代考据学等。刘毓庆的《国学概论》沿袭章太炎先生的分类，认为小学、经学、史学、诸子、文学五个方面"构成了国学的全部"③。曹胜高的《国学通论》一书主要述及儒学与经学、史部、子学、集部、佛学、道教、古典艺术学、文字音韵训诂、天文地理学等，内容极为广泛。综合以上各家看法，我们认为"国学"就是依赖中国传统的文字、音韵、训诂所指向的特殊思维路径，在融贯经史子、参究天地人的整体观照之中，研究中国传统的文化意识、思想观念、言说方式与行为方式；在当代学术文化的语境之中，融旧开新，再续敬德尊圣、平等向善、知止乐天的人文传统，培植理想的未来人性，构建新型的情理范式，重铸炎黄子孙的民族心魂；以独立自信的人文情怀，豁达开朗的文化胸襟，积极参与当代世界人文价值与全球普适伦理的文化重建。"国学"的主体应是以儒家经典及诸子学为本根，旁及小学、史学、文学、佛道等各方面内容的传统文化，国学课程的开设应以此为依据。

2. 课程规划的理论

在国学教育课程的开发与设计过程中，应尽量吸收国内外先进的课程规划理论，如以泰勒原理为规范，融入后现代主义课程理论中的"反思""对话"等因素，强调"课程结构""过程模式"及"4R"标准等。在具体操作过程中，主要依据的理论有三：一是打破以前的"学科本位课程"，强调"学生本位课程"，把学生作为"整体的人"进行素养教育，而不仅仅教给他们事先确定的、冷冰冰的学科知识；二是制定"文化参与"的课程，课程应从一元文化走向多元文化，应"从学科隔阂的'封闭'文化走向兼收并蓄的'杂学'文化"④，国学课程以传统

---

① 陈来：《近代"国学"的发生与演变》，生活·读书·新知三联书店，2015，第119-146页。
② 钱穆：《国学概论》，商务印书馆，1997，第1页。
③ 刘毓庆：《国学概论》，北京师范大学出版社，2009，第11页。
④ 万伟：《课程的力量——学校课程规划、设计与实施》，华东师范大学出版社，2017，第258-262页。

文化为基础，帮助学生认识文化的复杂性与多样性；

3. 课程统整的理论

"课程统整"（curriculum integration）是贯穿课程研究领域的一个重要话题。在以核心素养为标志的深化基础教育课程改革的背景下，传统分科的课程架构难以支撑核心素养的有效转化，打破传统学科边界、促进学科沟通融合，通过课程统整的方式落实核心素养是推动课程持续变革的有效手段。如"弗雷斯特·W.帕克（Forrest W. Parkay）等人引用美国国家教育研究所1984年的相关报告说，'师生应该整合各种不同学科的知识'；钟启泉指出学科课程的弊端是'经验片段化'与'知识割裂化'，学科统整'则软化了学科之间的界限，整个课程的目标在于探讨中心主题'"[①]，国学课程具有综合性特点，可以规整语文、历史、政治等多种学科，促使学生的整体素养得以提升。

第三节 国学课程的开发现状与改革必要性

中华传统文化，是中华文明成果根本的创造力，是民族历史上道德传承、各种文化思想、精神观念形态的总体。中华传统文化是以孔子为代表的儒家文化为主体，中国约5000年历史中延绵不断的政治、经济、思想、艺术等各类物质和非物质文化的总和，内涵丰富，思想深邃。而国学经典是传统文化的主要载体，是我们不可或缺的精神力量。随着我国现代化进程的不断推进和基础教育改革的日益深化，越来越多的有识之士在中小学积极倡导国学教育，以传承中华优秀文化，弘扬伟大的民族精神，促进学生人文素养和科学素养的和谐发展。

一、国学课程开发现状

我国当前的中小学国学教育是在20世纪90年代兴起的。在过去的二十多年里，各省市都相继开展了试点学校的国学教育活动。然而我国基础教育领域中的国学教育在发展的同时也产生了一系列问题。就国学课程而言，现在中小学的国学教育主要存在以下问题：

（一）国学课程定位模糊

尽管教育主管部门都表现出了对国学教育的兴趣和支持，但没有出台与国学课程相关的政策和文件，导致中小学的国学课程在中小学课程体系中的地位是模糊的。从目前情况来看，各个学校对国学课程的定位不大一致，如有的学校将国

---

① 王立增：《高师汉语言文学专业国学课程的开发与设计》，《石家庄学院学报》2017年第5期，第153页。

学教育课作为一门选修课程，也有的学校仅仅是利用班会或德育课等形式为学生讲授国学经典内容。这些"学校在实践操作方面还处在自发的、不成熟阶段，算是摸着石头过河，条件好的能够积极尝试，条件不好的学校实施起来就相对困难，国学教育水平难免会参差不齐"[①]。国学课程是否可以作为一门独立的课程，它的课程目标、教学目标、教学模式与方法究竟如何都有待国学教育者们进一步去探讨。

（二）国学课程标准不统一

课程标准是国家对学生接受一定教育阶段之后的结果所作的具体描述，是国家教育质量在特定阶段应达到的具体指标。它具有法定的性质，是教育管理、教材编写、教师教学生学习的直接依据，也是教育评估与考试的依据，必须按照课程标准教学改革。由于教育部没有制定统一的国学课程标准，中小学校和一线教师，本来底子薄、基础差，面对扑面而来的国学大潮，无所适从，教什么？怎么教？五花八门，各行其是，甚至闹出很多笑话。更严重的是，有些荒唐的"国学教育"不仅误导了孩子，而且曲解了传统文化，误导视听，阻碍了传统文化的正向传播。

（三）国学课程体系不完善

课程是学校教育教学活动的重要载体，国学课程体系建设是中小学开展文化素质教育的基础性工作。国学教育必须以国学课程为支撑，既要有国家、地方、学校的课程，又要有必修课程与选修课程，而不是拿来主义，或者零打碎敲。许多学校虽然积极提倡国学教育，却没有沉淀下来进行国学课程的开发和实施，对国学课程资源的挖掘和整合不到位，对优秀传统文化的提炼和归纳不够，也没有将自己学校的校训、校风、学风等校园文化的核心精髓有机结合起来，没有形成具有学校自身特色的国学课程。这种情况就会导致众多课程各自为战，课内课外无法衔接，出现国学课程门类孤立化、教育内容碎片化、教学设计随意化的现象，大大降低了国学教育的教学效果。

（四）国学课程评价体系不成熟

评价是人类有意识活动的一个表征。评价的实质在于促使人类活动日趋完善，是人类行为自觉性与反思性的体现。实际上，评价广泛渗透于人类所有有意识的活动之中，构成活动的一个有机组成部分。课程评价同样如此，其根本目的在于保证课程开发的合理性。国学教育开展得如何，应有一个国学课程客观评价体系。但是从目前我国中小学国学课程开发情况来看，各个学校的评价方式各有

---

① 闫芳、和学新：《中小学国学教育研究的进展与问题》，《天津市教科院学报》2012年第2期，第68-69页。

不同，有的学校是通过期末考试的试卷分数来检验学生学习成果；有的学校是通过诵读的方式来认定学习效果；还有的学校是通过诗歌朗诵、才艺展示等活动来评价国学教育效果；当然也有什么评价都不进行的学校。国学教育者对此表示无奈，他们也处在不断摸索、寻求有效的评价机制的阶段。

二、国学课程改革的必要性

正是因为缺乏明确的课程改革意识，导致中小学国学教育出现不少弊端。著名教育专家徐勇先生曾将当前国学教育乱象归纳为以下几方面：

> 学习目的上，存在功利化、狭隘化问题；内容选择上，存在碎片化、庸俗化问题；学习方法上，存在形式化、复古化问题。更为普遍、突出而最少被人们意识到的是，不遵从教育基本逻辑、违背教育基本规律、排斥教育基本原则的非教育化问题。例如，不尊重学生的认知规律，不遵循循序渐进的原则，以传统文化特殊为由，让孩子从童年开始诵读佶屈聱牙、晦涩难懂的"四书五经"，正像一些批评者一针见血地指出的那样，自己认为牛排有营养，就让刚出生的婴儿也吃牛排。而且，只是单纯地死记硬背、生硬灌输。的确，"古典教育是一种无价的恩惠"。我们高度肯定经典的价值，肯定传统文化教育的意义，但同时坚信，不适当的做法也会把它引向灾难。上述的做法及后果，不仅给反对者以口实，而且让一些参与者困惑，甚至让一些倡导者气馁，对当前传统文化教育造成严重的戕害，为传统文化教育的健康发展埋下隐患。传统文化教育者素质的低下、功利化的用心、低俗化的内容、非教育化的做法，再次抹黑传统文化的面貌，导致很多人蔑视传统文化，远离传统文化教育。过早地读经，单纯地背诵，不仅教学效果差，甚至被人直斥为"只能造就庸才"。更可怕的是，造成学生对经典的恐惧和误会，让他们在今后需要经典时，能够理解经典时，依然保持对经典的距离，不到国学经典中寻求启发和智慧。[①]

鉴于以上情况，根据2014年4月教育部印发《完善中华优秀传统文化教育指导纲要》的具体要求及2017年1月中共中央办公厅、国务院办公厅印发了《关于

---

① 徐勇：《将中华传统文化纳入国家课程的思考》，《中国教师》2017年第16期，第13页。

实施中华优秀传统文化传承发展工程的意见》文件精神，为更好推进国学教育，我国中小学的国学课程改革势在必行。

第四节 国学课程改革的主要内容

基于学生国学素养的指标体系，我国各地区纷纷启动了新一轮的基础教育课程改革。尽管各地区因本土情境脉络的不同而形成了不同的改革路径和方式，但总体而言，以国学素养为本的基础教育课程改革内容主要包括以下几个方面。

一、国学课程目标的确立

教育目的是对受教育者的质量规格的总体要求，是所有教育工作者的出发点和最终归宿。从某种意义上说，所有教育目的都要以课程为中介才能实现。事实上，课程本身就可以被理解为是使学生达到教育目的的手段。因此，如何把教育目的转化为课程目标，进而用来指导课程改革工作，这是课程建设者要研究的一项重要课题。

课程目标是根据教育宗旨和教育规律而提出的课程的具体价值和任务指标。是期望一定教育阶段的学生在发展品德、智力、体质等方面要达到的预期结果。

确定课程目标，不仅有助于明确课程与教育目的的衔接关系，从而明确课程改革的方向，而且还有助于课程内容的选择和组织，并可作为课程实施的依据和课程评价的准则。

根据中小学教育的特点，国学课程目标可分为总目标和分目标。总目标是针对师生生命成长的总体目标，而分目标是针对不同年龄和年级学生认知和心理差异的阶段性目标。

国学课程总目标可以定位为通过实现学校的全部生活，把国学教育贯彻到师生学校生活实践中，形成学校独特的文化气质和校园特色，培养德高学实、行端表正、艺美体健的社会主义现代化建设者。

教育部于2014年印发的《完善中华优秀传统文化教育指导纲要》对我国基础教育中各年龄段国学教育的内容规定如下：

小学低年级，认识常用汉字，学习独立识字，初步感受汉字的形体美；诵读浅近的古诗，获得初步的情感体验，感受语言的优美；了解一些爱国志士的故事，知道中华民族重要传统节日，了解家乡的生活习俗，明白自己是中华民族的一员；初步了解传统礼仪，学会待人接物的基本礼节；初步感受经典的民间艺术。引导学生孝敬父母、尊敬师长、友爱同学、礼貌待人，养成勤俭节约、吃苦耐劳、言行一致的生活习惯和行为规范，培育热爱家乡、热爱生活、亲近自然的情感。

小学高年级，熟练书写正楷字，理解汉字的文化含义，体会汉字优美的结构艺术；诵读古代诗文经典篇目，理解作品大意，体会其意境和情感；了解中华民族历代仁人志士为国家富强、民族团结作出的牺牲和贡献；知道重要传统节日的文化内涵和家乡生活习俗变迁；感受各民族艺术的丰富表现形式和特点，尝试运用喜爱的艺术形式表达情感；培养学生对传统体育活动的兴趣爱好。引导学生学会理解他人，懂得感恩，逐步提高辨别是非、善恶、美丑的能力，开始树立人生理想和远大志向，热爱祖国河山、悠久历史和宝贵文化。

初中阶段，临摹名家书法，体会书法的美感与意境；诵读古代诗词，初步了解古诗词格律，阅读浅易文言文，注重积累、感悟和运用，提高欣赏品位；知道中国历史的重要史实和发展的基本线索，理解国家统一和民族团结的重要性，认识中华文明的历史价值和现实意义；欣赏传统音乐、戏剧、美术等艺术作品，感受其中表达的情感和思想；参加传统礼仪和节庆活动，了解传统习俗的文化内涵。引导学生尊重各民族传统文化习俗，珍视各民族共同创造的中华优秀文明成果，培养作为中华民族一员的归属感和自豪感。

高中阶段，阅读篇幅较长的传统文化经典作品，提高古典文学和传统艺术鉴赏能力；认识中华文明形成的悠久历史进程，感悟中华文明在世界历史中的重要地位；认识人民群众创造历史的决定作用和杰出人物的贡献，吸取前人经验和智慧，培养豁达乐观的人生态度和抵抗困难挫折的能力；感悟传统美德与时俱进的品质，自觉以中华传统美德律己修身；了解传统艺术的丰富表现形式和特点，感受不同时代、地域、民族特色的艺术风格，接触和体验祖国各地的风土人情、民俗风尚，了解中华民族丰富的文化遗产。引导学生深入理解中华民族最深沉的精神追求，更加全面客观地认识当代中国，看待外部世界，认识国家前途命运与个人价值实现的统一关系，自觉维护国家的尊严、安全和利益。

为了覆盖这些传统文化内容，国学课程的分目标也应该按年龄段制定，如小学低年级目标可以设立为"以培育学生对中华优秀传统文化的亲切感为重点，开展启蒙教育，培养学生热爱中华优秀传统文化的感情"。小学高年级目标可以设立为"以提高学生对中华优秀传统文化的感受力为重点，开展认知教育，了解中华优秀传统文化的丰富多彩。"初中阶段目标可以设立为"以增强学生对中华优秀传统文化的理解力为重点，提高对中华优秀传统文化的认同度，引导学生认识我国统一多民族国家的文化传统和基本国情。"高中阶段目标可以设立为"以增强学生对中华优秀传统文化的理性认识为重点，引导学生感悟中华优秀传统文化的精神内涵，增强学生对中华优秀传统文化的自信心。"

二、国学课程门类的设置

（一）国学课程设置的原则

1. 国学课程设置要具有一定的综合性

（1）国学课程的设置，要结合学生的学习经验和学习水平，促进教学知识的综合，实现传统文化与各学科之间的渗透和有机结合；学科本位不再处于主导地位，每个学科都应该实现学科知识和社会、学生的实际情况相结合。

（2）国学课程的设置，要满足学生的社会化发展需要，使学生更好地融入社会、学校生活中，丰富学生的经验。在低年级增设一些与品德有关的国学课程，并帮助他们学习为人处世的方法，从小养成济世精神；增设茶艺或琴艺等艺术课，陶冶学生的情操，培养学生感受美、发现美、创造美的能力。

（3）国学课程的设置，要让学生在亲身实践的基础上，提高自身发现问题、解决问题的能力。开设一些具有实践性的国学课程或国学活动，如调查研究式的学习、社会服务活动等。让学生在实践的基础上，提高自身搜集、分析、处理信息资料的能力；培养学生的合作精神，不断增强学生的社会责任感，在此基础上，培养学生的创新精神和能力。

2. 国学课程设置要具有均衡性

在进行国学课程设置的过程中，根据全面发展的要求，合理地设置各门学科所占的比例和课时安排，使所设置的课程具有一定的均衡性。另外，还应该根据地方、学校和学生的实际，对所设置的课程进行适当的调整，满足各方面的不同需求，以促进学生的全面发展。

设置具有均衡性的国学课程，要结合学科知识的内在逻辑关系，以学生的身心发展规律为依据，还应该充分考虑时代和社会发展对人才的要求，合理设置和分配高低年级的国学课程门类。

3. 国学课程设置要具有可选择性

设置国学课程时，要使课程具有一定的可选择性。国家所设置的供选择的分科或综合课程，要具有一定的弹性，能够使各地区、学校有选择的余地，为地方或学校开设一些地方课程或校本课程留有一定的空间。

另外，设置的国学课程还要具有一定的适应性，能够适应不同地区、学校或学生的发展特点，体现课程的地方特色或校本特色。

（二）国学课程设置的类型

中共中央、国务院于1999年6月13日发布《关于深化教育改革，全面推进素质教育的决定》中规定："调整和改革课程体系、结构、内容，建立新的基础教育课程体系，试行国家课程、地方课程和学校课程。"

国家课程是国家教育行政部门规定的统一课程，它体现国家意志，是专门为未来公民接受基础教育之后所要达到的共同素质而开发的课程。它是一个国家基础教育课程计划框架的主体部分，涵盖的课程门类和所占课时比例与地方课程和校本课程相比是最多的，它在决定一个国家基础教育质量方面起着举足轻重的作用。例如在初中阶段所开设的数学、语文、外语、历史、地理、音乐、美术、体育、物理、化学都属于国家课程。

地方课程是在国家规定的各个教育阶段的课程计划内，由省一级教育行政部门或其授权的教育部门依据当地的政治、经济、文化、民族等发展需要而开发的课程。地方课程在充分利用地方教育资源、反映基础教育的地域特点、增强课程的地方适应性方面，有着重要价值。

校本课程是以学校教师为主体，在具体实施国家课程和地方课程的前提下，通过对本校的学生的需求进行科学评估，充分利用当地社区和学校的课程资源，根据学校的办学思想而开发的多样性的、可供学生选择的课程。

国学课程设置的基础是学校的办学理念和文化特色，办学理念为国学课程设置提供方向指引，文化特色为国学课程发展提供现实土壤。学校开发与设计国学教育课程，既要与原来的课程体系及学生固有的知识进行协调，又要考虑到中小学学生特点及学生的兴趣等，因此，国学课程设置应涵盖广泛，开阔学生的文化视野，提升学生的整体素养，同时还要灵活多样，可供学生进行选择。

目前，一些学校的国学校本课程建设取得一定的成绩，而国家课程与地方课程的建设有待加强。徐勇认为："要革除国学教育这些弊病，从根本上解决问题，只有将中华传统文化纳入国家课程，在中小学尤其是义务教育阶段单独设科，每周至少一节课。在此基础上,组织专家进行顶层设计,研制课程标准,开发课程资源,编写相关教材。并从整体上统一考量传统文化教育的内容体系,兼顾各个地区的特质,在尊重学生认知水平和能力的基础上,依据课堂教学特点,以课程形式呈现出来。只有这样,才能对现今中小学的传统文化教育'示以准绳,匡其趋向',予以规范和引导,纳入健康发展的轨道。"①

综上所述,我们必须拓宽国学课程的视野,整体架构国学课程体系。

三、国学课程内容的选择

课程内容是指各门学科中特定的事实、观点、原理和问题,以及处理它们的方式。课程目标一旦有了明确的表述,就在一定程度上为课程内容的选择和组织提供了一个基本的方向。

课程内容的选择和组织,是课程改革过程中的一项基本工作,它涉及方方面面,也是许多课程问题的集结点。虽说课程内容是实现课程目标的手段,但由于内容直接指向"应该教什么"的问题,因而导致一些人以为内容是课程工作者要解决的最主要的问题。有些人甚至是在没有注意到课程目标是什么或为什么要教的情况下,便对课程内容问题发表议论,这样做难免会有偏颇。

国学课程的内容是根据国学教育价值观以及相应的课程目标而选择来的。针对不同年龄和年级学生认知和心理差异的阶段性目标,国学课程内容可按如下要求进行选择:

(一)小学国学课程内容

以精选适切、分段有序为核心。依据学生的认知差异,将小学阶段的国学教育分为小学低段(1—3年级)和小学高段(4—6年级)。甄选内容与社会主义核心价值观相契合,区分学段、层次,强化有机衔接,使国学教育由浅入深地融入学生成长的生命历程。

1. 小学低段的课程内容,以洒扫应对、经典诵读为核心

洒扫应对,即基本的生活技能与待人接物的礼仪规则。"中国古代儿童教育中特别注重对低龄童的行为训练,《童蒙须知》就从衣服冠履、言语步趋、洒扫涓洁等方面讲述了孩子启蒙教育中应首先重视行为训练。"②这些日常生活技能和礼仪应为我们今天的传统文化教育所学习、承继,参照小学生行为规范,精择并灵活运用于学校教育之中。事实上,当今风靡全球的蒙台梭利教育,其中一个重

---
① 徐勇:《将中华传统文化纳入国家课程的思考》,《中国教师》2017年第16期,第13页。
② 何俊主编:《实践本位的传统文化教育创新模式》,浙江教育出版社,2018,第42页。

要方面即为生活技能的训练。教育培训机构大力鼓吹蒙台梭利教育，却无视自己本民族更早的这些儿童教育经典。

除此之外，小学低段的课程内容还应注重经典诵读或者吟诵的训练，感受祖国语言的优美、凝练与对事物的精致表达，使雅言能宣之于口、铭刻于心。类似《声律启蒙》这样的传统经典读物，训练儿童应对、掌握声韵格律。从单字对、双字对、三字对、五字对、七字对到十一字对，声韵协调，朗朗上口，从中得到语音、词汇、修辞的训练。辅以《说文解字》等经典，使学生跳出死记硬背生字的学习模式，从汉字的构造法中理解字义，并且初步感受民族语言文化的独特性。

2. 小学高段的课程内容，以文化感知、经典研读为核心

这个阶段的学生应通过丰富的文化学习与实践活动，着力提高对中华优秀传统文化的感受力，激发学生对传统文化的兴趣，例如通过研学旅行等手段学习体悟家乡的本土文化及其变迁，从切身的感知中培养对家乡的认同。此外，不同于小学低段的经典诵读或吟诵，小学高段的经典学习，应引导学生结合日常生活和感受理解经典文意等。持续开展生活学习礼仪方面的教育，使学生领悟"自卑而尊人"(《礼记·曲礼上》)的儒家礼仪精神，并主动运用于自己的日常生活。

(二) 中学阶段国学教育课程内容

以立己达人、家国情怀为核心。依据学生的认知差异，将中学阶段的传统文化教育分为初中阶段和高中阶段。

1. 初中阶段的课程内容，以文化品位、提升认同为核心

增强学生对中华优秀传统文化的理解力，熟悉中国历史的发展脉络，理解国家统一和民族团结的重要性，认识中华文明的历史价值和现实意义，通过精读传统经典、欣赏或练习书法、音乐、美术等，提升个人修养，品味民族文化，提升民族认同。

2. 高中阶段的课程内容，以立德修身、家国情怀为核心

引导学生学习儒家经典、诸子百家、诗词歌赋等，并以此立德修身，提升学生传统文化修养与鉴赏品位，熟悉中国历史发展的脉络，理解中华民族家国同一的观念，明确中华文明在世界发展进程中的地位和意义，引导学生用客观的、发展的眼光认识当今中国与外部世界。

总之，在选择和组织课程内容时，除了要考虑到与目标的相关性之外，还要考虑到内容的科学性和有效性，它们对学生和社会的实际意义，它们能否为学生所接受，以及是否与学校教育的基本任务相一致等问题。

四、国学课程实施的变革

"课程实施是达到预期的课程目标的基本途径。一般说来,课程设计得越好,实施起来就越容易,效果也就越好。但是,课程设计得再好,如在实践中得不到实施,那也就没有什么意义了。"①

一般而言,课程实施是指把新的课程计划付诸实践的过程。而新的课程计划通常蕴含着对原有课程的一种变革,课程实施就是力图在实践中实现这种变革,或者说,是将变革引入实践。这就要求课程实施者作出一系列的调整,包括对个人习惯、行为方式、课程重点、学习空间、课程安排等进行一系列的重新组织。这一过程涉及许多实际问题,需要时间和精力,不是通过几次会议传达就能解决的。所以,有人认为,课程实施过程实质上就是要缩小现有的实际做法与课程设计者所提出的实际做法之间的差距。如果让课程实施者(主要是指教师和校长)清楚了解新的课程计划的意图和课程目标,参与课程设计的部分工作,共同讨论达到课程目标的各种手段,课程实施起来遇到的阻力就会小些。

国学课程的实施应纳入中小学教学计划中,使之成为日常教学活动不可或缺的一部分,使之制度化、常态化。具体实施方式包括主题活动、活动体验、课堂学习、专题讲座等。学校同时可成立国学课程领导团队,明确学校每个教师都是课程人,构建学校国学课程开发实施的共同体。领导团队应该发挥国学课程的专业权威和精神领袖作用,起着引领、支持、保障的作用,在课程规划、设计、开发、引领、评价等整体基础上实施"高位"管理,在课程理念、精神、关系、需求、特色等综合意义上实现"内涵"管理。当然,这些都有赖于学校领导团队具备较高的国学素养和先进的课程理念。国学课程的实施要做到"诵、忆、悟、行"的统一,重在潜移默化和知行合一,必须遵循一定的课程实施原则。第一,针对性原则。国学课程实施应力求遵循教育规律,针对学生的年龄和身心特点展开,在具体实施过程中,应切合实际,加强针对性。第二,互动性原则。教学过程注重师生间的互动,师生间的互动胜过单向输入的效果,同时还要注重学校、家庭和社会三者之间的互动,形成教育合力。第三,实效性原则。注重实效性是国学课程实施的基本任务和归宿,体现实效性也就是要解决如何将国学教育落实到师生的行动中。因此,"在课程实施过程中,既要有明确的制度保障,也要有完善的课程内容设置;既要有切实可行的考察方法,也要有细致的课程评价方法。"②

---

① 施良方:《课程理论——课程的基础、原理与问题》,教育科学出版社,1996,第128页。
② 谭净、余必健、陈凤至:《中小学国学教育不止于经典诵读》,《现代中小学教育》2015年第8期,第23页。

五、国学课程的评价体系

评价可以被简单地定义为决定某一事物的价值。课程评价是指研究课程价值的过程，是由判断课程在改进学生学习方面的价值的那些活动构成的。虽说评价只有一个基本目的——评价某一事物的价值，但它可以起很多的作用。评价在课程中的作用包括：诊断课程；修正课程；比较各种课程的相对价值；预测教育的需求，确定课程目标达到的程度等。

广义的课程评价，包括对课程产品、课程与教学过程、教师教学表现以及学生学习成就的表现的评价。要实现国学教育从以往单一的国学经典"诵""读"的评价转向多样化评价，从碎片性评价向系统性评价的转变，必须建构完整的国学课程评价体系。因此，探究新的评价方式就成为国学课程开发者新的课题。建构科学的国学课程评价标准，从教师、学生、教学等层面进行监测，通过系统地收集有关信息，采用各种定性和定量的方法，对国学课程的教学计划、课程实施、结果等方面做出价值判断并不断寻求改进途径。国学课程的评价应注重具有激励性质的积极性评价方式，如学生国学作品的展示、"少年君子榜""知行少年""国学小书童""节日文化小使者"等，这些评价方式能充分调动学生的积极性，激发学生的内在潜能，多层次、多角度地展现学生才能。不论是对学生还是教师的评价，都采用自评、互评和总评相结合的综合评价方法，评价形式多元化，评价结果公正、公平，体现国学课程评价的可操作性。

第五节 国学课程的实施策略

中小学开设国学课程，其教学不能继续沿袭传统的"灌输式""注入式"和"一言堂"，而要更新教育理念，激发学生的学习兴趣，引导学生积极主动地发现知识，将国学的学习变成为一种体悟和内化的过程，从而使"传统文化"的精髓真正沁入学生的心灵。

1. 加强经典诵读训练

国学课程的学习首先应立足文本，建构并形成"阅读经典"的理念，唤醒文本中潜藏的"召唤结构"及各种信息，"书读百遍，其义自见"，尤其像《诗经》《论语》《孟子》《左传》等曾浇灌中国人心灵的著作应采用"诵读"之法，让学生直接把握和体悟先哲的思想与精神。如果课时有限，可以采用课堂上讲读重点篇目和课后阅读相结合的方法。只有将这些经典文本烂熟于心，才真正领略到国学的真谛，提高学生的心性修养和人文底蕴。

2. 采用"探究式"教学方法

倘若学生没有"问题—探究"的过程，那么，对国学的学习依然停留在传统私塾的教学方式上，效果必然不佳。因此，在诵读经典的基础上，应鼓励学生自己提出问题，然后在教师的引导下学生进行讨论，形成自己的看法。教师不应该强求学生得出一致的结论，也不应该将自己的观点强加于学生。在学生"学习—探究"的过程中，教师解读时需把握好阐释的尺度和原则，不必苛求微言大义，也不必钻进故纸堆，以免引起学生的畏惧感。教师应该对这些经典作正面的、现代的解读，点到为止，向学生说明难于索解之处或是异说之处，以待日后再作探究。

3. 创建多元交流平台

国学课程的教学中，一定要转变传统的教学观念，把单纯枯燥的教学转化为师生、生生之间的交流体悟过程，使教学活动成为一个对话场域，通过对话交流，重建一种国学教育的话语系统。这就要求在教学过程中开辟课堂以外的教学环境，创建多元有效的国学交流平台。在科技日益发达的今天，我们完全可以利用网络、微信等手段，设立"国学教育网站""国学聊天室"等，让学生可以随时发表自己的想法，互相辩难，相互激发，资源共享，共同提高，从而把显性的课堂教学与交流活动中的隐形教育有机融为一体，将学习日常化、生活化，收到良好的教学效果。

4. 运用现代教育手段

国学教育应利用先进的教学媒介如多媒体教学、网络教学、影像教学等，引发学生学习的兴趣。教育手段和教学方式更应该多样化，除课堂教学、课后交流外，还应该采用翻转课堂、微课、慕课、混合教学模式；开设系列讲座，邀请国内外著名的国学专家到校开设专题讲座，让学生接触到国学研究的前沿；举办大学生国学沙龙、书院式辩难和学生国学专题讲演，以提升学生的口头表达能力；举行国学展览、国学宣传及相关的国学活动，开展各种国学竞赛，形成学习国学的良好氛围；鼓励学生进行社会调查或校外访学，让学生走出书斋，开阔学生的视野，锻炼学生适应社会的能力。

5. 培养文本领悟能力

国学教育的目的在于学生主体德性的提升，并以此贯穿于专业技能教育中，因此，要改变传统的"知识—记忆型教学"模式。事实上，学习是一种对知识的发现、理解与建构的过程，亦是一种反思与实践后所获得的经验，正如钟启泉所指出的，"学习即行为的变化""学习即意义的生成""学习即生存的感悟（洞察)"学习即智慧的对话""学习即文化性实践"。[1]对于国学课程的教学更是这样，应注重学生的体验与感悟能力的培养，让学生理解并吸收其中的智慧。而且，国学产生与流行的时代与今天不同，一定要将古代的文化语境、文化信息解码至当下，寻求并建立传统知识与现代知识、专业能力之间的关联，使其升华，让学生在感同身受中理解国学，方能吸收其有益因素。

6. 注重"隐性"教育功能

"如果说课堂教学属于"显性"教育的话，那么，教学环境、学校活动、师生交往、班风校训等都属于"隐性"教育，它们会影响学生的学习效果。在国学课程的开发过程中，应重视"隐性"教育的作用"。[2]比如，带领学生去一些富有文化积淀的景区旅游参观，举行一些成人礼、传统节庆之类的礼仪活动，开办一些讲坛、书院等，创设教习国学的场域，营造一种学习传统文化的氛围。关于国学课程的评价，除采用一些传统的考查、考试手段外，还应该注意动态化、多元化。其评价目的不仅仅在于考查学生对"知识"的掌握和理解，更重要的是看这些知识是否已转化为学生自身素养的一部分。因此，在评价过程中要减少突击考试，重视过程性评价和形成性评价，重点检查学生在平时学习过程中的自我反思与能力提升；应采用多种评价手段，如课堂发言、国学讲演、礼仪实践、写读书笔记、撰写小论文等都可以成为评价方式；还要加强实践性环节，考察学生在人文素养和思想道德方面的成长，及时监督，真正实现国学教育的育人功能。

第六节 国学课程改革应注意的问题与发展趋势

从一定程度上说，国学课程是文化传统与教育制度相结合的产物，它既要满足和适应社会与时代的需求，又要符合当下的制度规定。在中小学开设国学课程，虽然以前在一些学校曾有过类似的教学实践，但毕竟时代变了，面临的形势不同，基础教育的要求越来越高。因此，改革国学课程，还是应该持严谨和认真的态度，不可随意为之。

第一，理性认识国学。今天在中小学开设国学课程，是在现代教育机制下中小学课程体系的组成部分，应采取理性中立的立场，本着科学的态度，切不可与政治意识形态挂钩，走激进主义道路，也不能产生重道轻器的迂腐思想，盲目信

---

[1] 钟启泉：《概念重建与我国课程创新——与〈认真对待"轻视知识"的教育思潮〉作者商榷》，华东师范大学出版社，2008，第73-79页。
[2] 王立增：《高师汉语言文学专业国学课程的开发与设计》，《石家庄学院学报》2017年第5期，第153页。

仰教条，抽象化地灌输道德观念，更不能将国学"庸俗化"和"快餐化"。不可否认，国学中有一些附会穿凿之说和糟粕成分，这就需要国学教育者在实施国学教育的过程中要有所批判，有所扬弃，有所发展，而不是全盘接受。我们应理性看待国学，真正领会国学真谛，继承和发扬国学精神。

第二，立足中国实情。国学所涵盖的内容浩如烟海，中小学在开设国学课程的过程中，应该立足于校情与学情，从师资、教学资源、学生学习等实际情况出发，不能好高骛远，贪多求博，设置难以实现的教学内容和教学目标，也不能过分追求形式，搞出一套繁琐的礼仪程式。国学教育应该一切为学生着想，一切从学生出发，重视国学课程的教学效果，重视国学教育的培养质量。

第三，注重求实创新。国学课程的开设绝不能与现代教育割裂，回到以前私塾的老路，正如毕天璋指出的，"将国学教育与现代教育接轨，融入现代教育的体系之中，成为现代教育的一个有机组成部分。只有这样，国学教育才能健康持久地存在和发展下去"[1]。不仅如此，还应该创新国学教育理念，改革国学课程的教学模式，但是，创新不是"作秀"，不能追求轰动效应，以故意吸引媒体或教育行政部门的关注。我们不可避免地要吸取国学、教育学、课程论、教师教育等方面的各种理论，但绝不"理论先行"，不为任何理论做注脚。

第四，强调经世致用。鼓励教师和学生积极展开国学课程内容方面的探究。只有在深入研究的基础上，才能更深入地认识国学，推进国学教育的现代化转换。但今天的探究，应是现代学术意义上的探究，应在熟读深思、融会贯通之后进行阐发，避免做一些毫无意义的"死学问"，同时还应引导学生积极关注当下的社会现实，做到学以致用，不要在象牙塔和故纸堆中讨生活。

未来，我国国学教课程的改革应朝怎样的方向努力？我们认为做到以下几个方面是必要的。

第一，在国学课程的开发上，要提升国学课程的理念水平和理论品位。国学课程开发的价值取向要逐步与国际接轨。像国际化时代的多元主义教育价值观、"大众主义"时代的教育民主与教育公平的理念、信息化时代的主体教育观以及生态伦理观、个性发展观，都应引起我国国学课程开发者的关注。此外，国学课程改革要有充分的理论上与组织上的准备，要提高国学课程改革的科学化水平与科技含量。应成立国学课程改革专家咨询与研究委员会，对国学课程改革的各种基本理论问题、各个具体操作环节提出咨询报告，在充分论证的基础上开展国学课程改革。

---

[1] 毕天璋：《国学教育热——对中国思想文化传统的新的认同》，《河南教育学院学报》2006年第4期，第49页。

第二，在国学课程的协调上，要将国家课程、地方课程与校本课程的整合起来。中国国学课程的开发与改革要进一步走向均权化，充分调动中央、地方、学校这三个国学课程改革的权力主体的积极性，谋求国家课程、地方课程与校本课程的内在统一。

第三，在国学课程的内容上，要注重学科知识与个人知识的内在整合。二十多年以来，我国国学课程体系尚未完全建立，很多地方和学校对国学的教育理念认识不到位，对国学教育内容缺少系统规划，对国学教学环节缺乏整体设计。有些学校以应试教育为导向，偏重对学生进行知识点的灌输，单纯地让学生记忆一定的国学知识，相对缺少对传统文化蕴含的民族精神、道德情操、人文涵养的深入挖掘和宣讲。这种"无学生"的课程严重压抑了学生的主体性，扭曲了学生的个性。"当我们真正确立起主体教育观和个性发展观的时候，就应在课程内容的选择上尊重学生的个人知识，应将富有生命力的传统文化知识以学生喜闻乐见的形式反映在课程体系之中，并谋求学科知识与学生的个人知识的内在整合。"[①]

第四，在国学课程的结构上，要及时调整国学课程种类，恰当处理必修课程与选修课程的关系，努力实现国学课程的综合化。在我国当前的课程改革中，需要正确处理必修制度、选修制度与国家课程、地方课程、校本课程之间的关系问题。不论是国家课程、地方课程还是校本课程，都应谋求必修与选修相结合，并应尽可能扩大学习者自主选择的范围。我国国学课程的开发与改革也应把课程综合化作为努力方向，这是顺应时代之举，有利于克服我国课程结构中壁垒森严的学科设置所导致的学生人格发展的"支离""片断化"。

第五，在国学课程的实施上，要注意从忠实取向走向相互适应取向和课程创生取向。国学课程改革是一个系统工程，应把课程实施视为这个系统的有机构成。二十多年的国学教育经验教训告诉我们：成功的国学课程改革必须关注课程实施过程，最大限度地调动广大教师和学生的主动性、积极性。在国学课程价值观上，必须超越课程实施的忠实取向，逐步转向课程实施的相互适应取向和课程创生取向。

第六，在国学课程的评价上，要注意从目标取向的评价转向过程取向和主体取向评价。变革国学课程评价是打通中国国学课程开发与改革"瓶颈"的关键。以往的国学课程开发中的评价具有很强的随意性，评价者往往基于自身利益作出评价，其目的是对评价对象进行有效控制的这种控制本位的评价也就不可避免地具有"伪评价"的性质。中国未来的国学课程改革首先要重视课程评价过程，把

[①] 张华：《课程与教学论》，上海教育出版社，2000，第465页。

课程评价视为国学课程改革的有机构成。其次，在国学课程价值观上，要超越控制本位的目标取向的评价，要充分理解国学教育课程实践，尊重评价对象的主体价值，运用多元价值标准，把国学课程评价视为评价者和评价对象进行合作性意义建构的过程。一句话，国学课程的评价要走向过程取向和主体取向的评价。

总之，我们希望在基础教育阶段开展国学课程的改革能引起各个方面的关注，对此应开展实证研究，改变目前"各自为战"或等待观望的状态；教育主管部门应尽快制定出科学合理的课程规划，编著相关课程教材，并付诸国学课程教学实践，以传承中华文明，贯彻《关于实施中华优秀传统文化传承发展工程的意见》精神，避免在全球化的浪潮中迷失自我。

第六章 国学教育与学科渗透

第一节 通方知类:国学教育与学科渗透的观念与趋势

"国学"本意是指一国之学问,历史学家顾颉刚认为"中国的学问是向来只有一尊观念而没有分科观念的"(《古史辨》自序),蒋寅在《微时代,我们如何看待"国学"》一文中提出异议,也追溯了国学之分科的历史,并将近代以来"国学"概念的内容总结为:

> 它以先秦儒家经典为根基,吸收诸子学说和佛教等外来文化,历经两汉经学、魏晋玄学、宋明理学等学术思潮及文学、艺术史的充实和发展,以诗赋、史传、注疏、翻译、骈散文、词曲、传奇、小说等丰富多彩的文本形式构筑起庞大的知识体系,是记录和传承华夏民族物质和精神文化的古典知识的综合。[1]

这里不拟讨论历史上国学是否有分科的问题,但在"国学"尚未确定为一级学科的今天(拟设立一级学科,并归入历史类),如何在学科相对独立的基础上,以整体和融通的观念来大致确定国学教育的学科边界及学科交叉的部分,确立国学教育与学科渗透的界限性和模糊性,是目前大中小学国学教育中普遍需要面对的问题。在李娟、李晓旭所著《高等学校重点学科建设研究》中,对"学科"的概念做了如下的解释:

> 中文原没有专门的"学科"概念,现在的概念来源于对西文的翻译。综合我国出版的诸多词典,如《辞海》《现代汉语词典》《西方教育词典》《古今汉语词典》《新华词典》《教育大辞典》等,对学科的定义主

---
[1] 蒋寅:《国学微读》丛书序,凤凰出版社,2007。题目为丛书编者所加。

要有两层含义，一是科学的分支或学术的分类，二是教学的科目。第一层含义"学术的分类"是指一定科学领域或一门科学的分支。如自然科学部门中的物理学、生物学，社会科学部门中的史学、教育学等。第二层含义"教学科目"，是学校教学内容的基本单位。实际上，中文的"学科"一词对应英文中两种表达"学科"概念的词，即"discipline"和"subject"，二者在语义上有着细微的差别。"discipline"的解释是"a course or area of subject"，指一个研究的领域，即《辞海》中的第一层含义。"subject"的解释是"a branch of knowledge or teaching"，指科目知识或教学的分支。这两个英文单词似乎概括了学科的全部含义。①

从广义上而言，现代国学学科无疑指的是人文学科的学术分类之一，是有着一定学术研究范围和界域的科学分支。但在目前广泛开展和推进的中小学国学教育的语境中，国学又往往是指具体的学校所开设的教学科目，即中小学学校教学内容的基本单位。其实在近年来各高校国学院、国学研究院或国学班、古典实验班等的语境中，国学作为"学术的分类"与作为"教学科目"、教学分支的概念是并行存在的。在大中小学的各学科教育中，近十数年来逐渐发展起来的国学，可能是最能体现出学科交叉和学科渗透特点的学科之一了。

本章在针对大中小学国学教育等不同对象的论述中，将分别采用"学科"的广义与狭义概念，试图结合目前的中小学国学教育，对国学教育和学科渗透的走向和趋势做一些总结，提供一些方式方法上的借鉴。

一、文、史、哲、艺的会通：国学教育具有学科渗透的先天属性

现代国学教育具有学科交叉和学科渗透的先天属性。追溯其源流，首先得回到百年前"国学"一词的时代背景和产生现场。"国学"源自日语名词，19世纪末，刘师培、章太炎、梁启超等接受了日本的"国学"概念后输入中国，20世纪初得到了邓实、胡适等人的提倡，从而出现了一大批以"国学"为名的刊物，在近代影响甚巨。作为"西学"之对称的"国学"，在近代时期提出之初，是对中国传统学术的概称。卞孝萱《现代国学大师学记》曰：

> 西洋学术东渐以后，为了有别于西学，中国人对本国的传统学术，采用了这个前所未有的名称。简言之，"国学"是中华固有的全部学术的专名和总称。

---

① 李娟、李晓旭：《高等学校重点学科建设研究》，中国科学技术出版社，2015，第31页。

真正为国学进行分科的首推胡适。1923年，胡适《〈国学季刊〉发刊宣言》云：

> 我们理想中的国学研究，至少有这样一个系统，中国文化史：（一）民族史、（二）语言文字史、（三）经济史、（四）政治史、（五）国际交通史、（六）思想学术史、（七）宗教史、（八）文艺史、（九）风俗史、（十）制度史。

胡适也是以"中华固有的全部学术的专名和总称"来进行分科的，几乎将所有的人文社会学科门类都囊括了进来，也反映出"国学"一词在诞生之初的巨大包容性和丰富性。

现代国学教育具有学科交叉和学科渗透的先天属性，不仅跟近代以来"国学"一词产生的背景有关，也跟现代学科的体系和分类有关。目前人文学科的文史哲艺四个一级学科中都有与国学相关的内容，或者说，国学因为其产生时的丰富内涵和外延，使之其实也包含了四个一级学科的内容。但在目前的大、中、小学的国学教育中，特别是中小学的国学教育中，显然是以经学的经典研读作为主要内容，同时与文史哲艺形成交叉、渗透的关系，而增加国学教育的厚度和广度。"'国学'正是在人文学的几个一级学科——文、史、哲、艺之间实行小的交叉，因而也将以交叉学科的性质在现代大学的学科建制中获得自己的学科合法性地位。"[①] 现代学科分类是在近代以来受西方学制的影响才逐步完善和完成，而在国学经典教育中，文史哲往往是融会贯通的。章学诚《文史通义》中说："六经皆史也。"主张以经史之学补救考据训诂之学，就是以宏通的学术视野来号召。也成为现代国学教育理论的基础和先导。

在当代的人文学科分类中，大致以文史哲艺四大类为主。国学如何在现当代已经有着明显区分的学科体系中作为一种学科存在，与已有人文学科的学科体系如何实现交叉渗透而不重叠，如何既有其独立性又有其包容性，如何确定国学学科的边界，并建立相应的课程体系和教学目标，同时又不将国学狭隘化、凝固化，在学科交叉和学科渗透上的深度和广度，也是现代国学教育得以深入推进的前提和基础。有学者提出："国学学科实际上是人文学内部的交叉学科，它不能取代，也不必取代文、史、哲、艺四大学科的各自独立性，但可以弥补四大人文学科各自的不足与缺陷。"[②] 文史哲艺的融通和会通，以及结合具体情况而各有专长的精深和探究，成为当代国学学科教育的发展方向。

---

① 吴根友：《当代中国大学如何安排"国学"学科?》，《中山大学学报（社会科学版）》2017年第5期，第147页。
② 吴根友：《当代中国大学如何安排"国学"学科?》，《中山大学学报（社会科学版）》2017年第5期，第147页。

二、"通识"与"博雅": 国学教育中学科渗透的格局与视野

当代国学学科界限和范围的划定一直是未有定论的话题。昔日马一浮将国学理解为六艺之学及其延伸；章太炎在《国学讲演录》中从小学、经学、子学、史学、文学等五方面来概括国学；现代学者如方克立将国学理解为四部及其相关之学。从教学实践而言，当代国学教育的目标是进行全面的人的培养，应该涵容人文等多种学科的教学内容，交叉和融通，从而达到人文素质和生命意识的培养。易言之，学科渗透是国学教育的重要特色和主要方式。而"通识""博雅"是国学教育中学科渗透应有的格局与视野。

通识教育在美国已有近百年的历史，"从哥伦比亚大学1917-1919年，部分老师开始了通识教育的课程实践，美国大学现代通识教育起步，至今已近百年。在这将近一个世纪的时光里，历经芝加哥大学、哈佛大学、斯坦福大学等等众多高校的长期努力，美国的通识教育已经取得了长足的发展，对人才的培养起到了积极的不可忽视的重要作用。"[1]

博雅教育英文为Liberal Arts Education，通识教育为General Education。博雅教育中，"除了'博'（广博的知识），还有'雅'（做人第一，修业第二）"[2]，"既要有广博的知识，注重修身做人，还要坚持以学生为中心，以小班课为第一课堂和有丰富的第二课堂。"[3]

通识和博雅的观念也并非完全是舶来品，《周易》云："君子进德修业。"《论语·子张》"博学而笃志，切问而近思，仁在其中矣"。《论语》中："子以四教：文行忠信。"孔门有四科：德行、政事、文学、言语。儒家所习的"六艺"中就包括了礼、乐、射、御、书、数六种，古之士也是具六艺能求仕于时者。先秦时起，注重人的全面教育就成为教育者的自觉。通识和博雅是现代国学教育应有的题中之意，才能做大视野的国学教育，做培养全面素质的人的国学教育，而不非固步自封、夜郎自大的国学教育。从近代以来一些提倡国学的学者如梁启超、胡适等的书目中，也可以略窥国学概念产生以来的通识和博雅的思想，试略举数例。

清末学者主张学国学先从小学入手，先通音韵训诂，再读经典。近代梁启超以经史子集为类，列出二十六种国学最低阅读书目：

---

[1] 李海燕：《美国百年通识教育对我国通识教育改革的启示》，载张加才、王文革、王德岩编《建构与创新：高校素质教育课程建设研究》，清华大学出版社，2016，第47页。
[2] 方鸿辉、陈建新选编：《博学笃志切问近思杨福家院士的科学与人文思考》，上海教育出版社，2016，第20页。
[3] 方鸿辉、陈建新选编：《博学笃志切问近思杨福家院士的科学与人文思考》，上海教育出版社，2016，第20页。

经部：《四书》《易经》《书经》《诗经》《礼记》《左传》；

史部：《战国策》《史记》《汉书》《后汉书》《三国志》《资治通鉴》或《通鉴纪事本末》、《宋元明史纪事本末》；

子部：《老子》《墨子》《庄子》《荀子》《韩非子》；

集部：《楚辞》《文选》《李太白集》《杜工部集》《韩昌黎集》《柳河东集》《白香山集》。

"以上各书，无论学矿、学工程报……皆须一读，若并此未读，真不能为中国学人矣。"

胡适在《一个最低限度的国学书目》文中，并称为"历史的国学研究法"，按（一）工具之部、（二）思想史之部、（三）文学史之部三类列出了上百种书目，民国十二年（1923），三月，十一日，《清华周刊》记者对胡适的书目提出了修改建议：

我们希望先生替我们另外拟一个书目，一个实在最低的国学书目。那个书目中的书，无论学机械工程的，学应用化学的，学哲学文学的，学政治经济的，都应该念，都应该知道。我们希望诸过那书目中所列的书籍以后，对于中国文化，能粗知大略。至于先生在《读书杂志》第七期所列的书目，似乎是为有志专攻哲学或文学的人作参考之用的，我们希望先生将来能继续发表民族史之部，制度史之部等的书目，让有志于该种学科的青年，有一个深造的途径。

从《清华周刊》记者的要求可知，当时大学生对于国学的阅读要求和阅读期待与当代国学教育的宗旨有着非常相似之处。胡适做了增删后，改为：

《书目答问》《法华经》《左传》《中国人名大辞典》《阿弥陀经》《文选》《九种纪事本末》《坛经》《乐府诗集》《中国哲学史大纲》《宋元学案》《全唐诗》《老子》《明儒学案》《宋诗钞》《四书》《王临川集》《宋六十家词》《墨子间诂》《朱子年谱》《元曲选一百种》《荀子集注》《王文成公全书》《宋元戏曲史》《韩非子》《清代学术概论》《缀白裘》《淮南鸿烈集解》《章实斋年谱》《水浒传》《周礼》《崔东壁遗书》《西游记》《论衡》《新学伪经考》《儒林外史》《佛遗教经》《诗集传》《红楼梦》[又增补《九种纪事本末》（铅印本）一种]。

与梁启超相比，胡适的这个国学书目无疑是一个有着现代学科特色的国学书目，其囊括的范围也较广，书目的数量也相对繁复。1978年，钱穆在香港中文大学新亚书院"钱宾四先生学术文化讲座"中提出了"中国人所人人必读的书"七种，《论语》《孟子》《老子》《庄子》《六祖坛经》《近思录》《传习录》。就已经由博返约、精而又精的国学书目了。

从以上国学书目的开列可以看出，无论是中外的国学，都是以通识、博雅，完成培养学生的独立之人格和自由之精神，从而完成真正的人的培养目标来进行的。这些国学书目，为当下国学教育的课程开设和教学方式奠定了基础，也确实成为当代国学教育特别是各高校国学教育自觉或不自觉参考的内容。

第二节 "超以象外，得其环中"：中小学国学教育与学科渗透的现状与展望

"'国学'作为人文学内部的交叉学科地带理应成为一门新兴的人文交叉学科。"[①]以经学经典研读为主要特点的当代国学教育，有着传统学术特有的整体性和文史哲融通的特色。国学教育学科渗透的方式方法可以分为显性与隐性表现两种，而由于国学本身的学科交叉的特质和国学经典中偏重内涵教育的特色，又以隐性的学科渗透占据主要地位。易言之，国学教育中的学科渗透其实是一种整体式教学方式，即全面的人的培养的教学方式的一种表述方式而已。

学科渗透或学科交叉也给当代国学教育提出了较高的要求。如何在国学教育的大视角下找到学科交集和渗透的关扼，如何做到有效的渗透和深化，是最大的难点，也对教师和教学提出了较高的要求。其一，对教师的要求：既要有宏观融通的意识，才能进行对比、交互和渗透；又要有对经典，至少是某一种经典有特别精深的研究。能够精讲、讲透，才能由此而贯通，达到通方知类的目的。其二，对教学的要求：要有一定的软件和硬件条件，要有持续性、长效性的眼光，避免短期目光和速成心态。

一、"精"与"博"的辩证统一：国内高校国学教育的课程体系与设置

作为学科范畴的国学，在教学中必须有一定的界限和范围，才能进行相对持续和稳定的教学。如何做到精与博的结合，学与德的融通，是在推行国学教育时

[①] 吴根友：《当代中国大学如何安排"国学"学科？》，《中山大学学报（社会科学版）》2017年第5期，第149页。

首先遇到的实践难题。在大学教育的课程体系里，学科交叉和学科渗透就成为国学学科课程设置和教学过程中不可避免、也是必然采用的方式："它必须与其他学科发生内在的关系，故国学教育的课程体系不必与其学科体系完全重合，这样更有利于国学专业的学生培养健全的人格。"①

目前，国内各高校的国学班都是以文史哲三系交叉或渗透为课程设计的主体框架和思路，或者依托于其中某一个系（学院）如历史系、哲学系、中文系等，又同时以其他方面为辅助，也兼顾到艺术类的教育内容。如北京大学国学研究院聘请了文学、哲学、历史、考古等学科的教师担任导师。2002年起招收博士生，旨在培养跨学科新型人才。②武汉大学的国学实验班由哲学学院、历史学院、文学学院、高级研究中心等联合办学。2008年，华中科技大学在中国古代史、汉语史、中国哲学、文献学等学科方向的基础上组建国学研究院。③

目前各高校中设置的国学课程，学科交叉和渗透成为鲜明的特色。如中国人民大学国学院的主要课程有：国学通论、中国哲学史、中国通史、中国文学史、《左传》研读、《诗经》研读、文字音韵训诂、版本目录校勘、《孟子》研读、《老子》《庄子》研读、《楚辞》研读、《周易》研读、《汉书》研读、《史通》研读、海外汉学研究、乐府诗研究、杜诗研究、宋词研究、中国古代文学批评、考古学通论、中国思想史研究、古代诗文写作、文献精读与论文写作、西方学术专题等等。武汉大学弘毅学堂国学班的主干课程有：马克思主义中国化的理论与实践、国学通论、四书研读、诗经（附楚辞）研读、古代经学与经典注释学、文献研究方法论、文字学、音韵学、训诂学、先秦哲学、宋元明清哲学、柏拉图《理想国》释义与研读、《圣经》研读、四部要籍概述、史学方法与社会理论、中国古代小说源流等。山东大学的尼山学堂古典实验班开设的课程主要有《周易》《尚书》《诗经》《周礼》《仪礼》《礼记》《左传》《四书》《说文解字》《史记》《汉书》《资治通鉴》《史通》《老子》《庄子》《墨子》《荀子》《世说新语》《楚辞》《昭明文选》《文心雕龙》等导读，希罗多德《历史》、《荷马史诗》、康德哲学等西方原典的导读，还有文字学、音韵学、训诂学、古希腊罗马史、当代世界儒学、前沿学术讲座等。④

---

① 吴根友：《当代中国大学如何安排"国学"学科？》，《中山大学学报（社会科学版）》2017年第5期，第147页。
② 李桂民：《高校国学教育现状与学科属性研究》，《中国石油大学学报》2016年4月第32卷第2期，第104页。
③ 李桂民：《高校国学教育现状与学科属性研究》，《中国石油大学学报》2016年4月第32卷第2期，第104页。
④ 以上中国人民大学、武汉大学、山东大学的国学课程设置，引自李桂民《高校国学教育现状与学科属性研究》，《中国石油大学学报》2016年4月第32卷第2期，第103-107页。

以上高校国学院或国学班的课程设计中,涉及人文社科的研究方向非常深广,但基本是以先秦典籍(主要是儒学经典)的研读为主,同时兼顾其他通识类课程,大多在教学模式上"参酌中国古代书院和牛津、剑桥导师指导阅读及讨论的方法"[①],在教材选用上力求直接采用原典原著。不仅大大拓展了文史哲学科培养的人才知识结构的狭窄问题,也鲜明地强化了研究的深度。目前国学教育课程设置的特点主要有二:"一是强化学生阅读古代经典著作的能力,二是增加了思想史课程的比重。"[②]自近代以来,国学等同于中国传统文化和传统学术的观念较为普及,在目前尚无法确定国学作为一级学科的学科边界的情况下,尊重和依循目前国内高校的主要课程设置,即以经典学习为主体课程,注重思想史的纵的贯通,并根据各高校各自的学科特色、培养方向或区域特色等进行相关课程的设置,应是目前国学教育的切实可行的主要方向。

对于国学课程设置中的交叉和渗透问题,吴根友在《当代中国大学如何安排"国学"学科?》一文中,建议国学教育的课程体系有一定的灵活性,而这种灵活性也就使得国学教育的学科渗透和各学科浑融的特色更为明显:"综合性大学的国学学科的课程可能偏重于基本经典的教育与研究,而一些专科性质的国学院系,可以更多地偏重于具体的技艺,如中医学院偏重于与中医相关的国学经典……"[③]国乐、国画、书法等可以成为非艺术类学校国学教育的辅助。对"国学"学科而言,"不同的学校可以在分享核心课程的前提下,设置不同的课程体系。具体说来,基本的经典教育,经、史、子、集、中国宗教五类重要经典的研读,是所有国学学科要设置的基本核心课程。其他内容的教育则取决于不同学校的办学理念、办学的传统、现有的师资力量等现实情况而有所取舍。"[④]综上论之,目前国内的国学班或国学教育都尚处于实验或探索阶段。并没有固定的课程体系或者培养模式。就中小学的国学教育而言,以经典导读作为主体,辅助以适合中小学生的传统才艺和文化知识的培养,也是目前各地中小学国学教育的主要发展方向。即建立在以经学经典的学习和传统文化知识(也包括技艺)层面的文史哲艺的综合型学习的基础上。

---

① 李桂民:《高校国学教育现状与学科属性研究》,《中国石油大学学报》2016年4月第32卷第2期,第103页。
② 李桂民:《高校国学教育现状与学科属性研究》,《中国石油大学学报》2016年4月第32卷第2期,第106页。
③ 吴根友:《当代中国大学如何安排"国学"学科?》,《中山大学学报(社会科学版)》2017年第5期,第150页。
④ 吴根友:《当代中国大学如何安排"国学"学科?》,《中山大学学报(社会科学版)》2017年第5期,第150页。

二、文史哲艺的内部交叉与外部渗透：中小学国学教育的"三言"教学法初探

近十数年来，国学教育迅速发展，并逐步进入现代中小学课堂。教育部新编的三科教材：义务教育道德与法治、语文和历史三科，更是明显加大了对中华传统文化的比重。所以，如何在中小学推行国学教育、传统文化教育就成为目前教学改革中的焦点和难点。目前中小学的国学教育，一般是指中小学中的"国学"或相关的教学科目。相对于在科研领域和大学教育中国学作为学术的分类相比，中小学的国学教育更多的是指一门课程。那么，这门课程的教学目标和方式，就必须有相对具体的、有限定的内容，而要达到国学教育的目的，就必然要涉及相关其他教学科目即学科渗透的问题。兹就中小学的国学教育与学科渗透提出"三言教学法"，试图实现文史哲艺的内部交叉和外部渗透。

本章的"三言"借用《庄子·寓言》中的"寓言十九，重言十七，卮言日出，和以天倪。""以卮言为曼衍，以重言为真，以寓言为广。"《庄子》用这三种不同的语言表达方式，来推进对于道的描述和形容。"寓言"指"寄寓之言，十居其九，意在此而言寄于彼"（清王先谦注）。"寓言"用故事的形式来表达其思想，阐发对于天、道、德、真人等的理解。"重言"，"借重先贤时哲的言论"（陈鼓应释）。"卮言"，"继之以曼衍"，"曼衍者，散漫流衍、不拘常规也。"三言"具有鲜明的形象性、丰富的暗示性和深刻的启示性。"本章不拟对《庄子》中"三言"的哲理意蕴做深入的探析，仅借用"三言"的词汇和表达，来作为中小学国学课堂的教学方式的借鉴和总结。并试图借"三言"的方式，来创立一种适合于中小学国学经典教育的模式，一种能将国学教育与当代中小学基础学科互相渗透，如（语）文（历）史（品）德艺（术）、甚至与自然学科的融通和渗透的教学方式和思路，以达到对国学经典的深入浅出的阐释，也自然将国学教育融入到中小学现有的基础学科教育中，互相促进、互为助益，成为水乳交融的一部分。此分别论之。

（一）"以重言为真"

重言教学法主要在两个方面展开，一是国学教材中本身就有的"重言"的解释和教学，可称为经典的"重言"内部教学。如对《中庸》中《诗》的引用的解释。二是教师在教学中自觉的应用"引经据典"的方式来深化国学经典的学习。可称之为经典的外部"重言"教学。经学经典的学习本来就体现出多学科渗透的特点，重言教学法尤其能够使得中小学国学课堂教学有"重言为真"的"信而好古"的意义，凸显出原典阅读教学中可以"互文见义"的特点，也使得经典的教

与学呈现出不断深化的阶梯式和螺旋式特点。

重言的学习,在国学经典的细读中,更多的是一种互相强化和互相解释、说明的功用,或以经证经,或以经证史等等。以《中庸》引《诗》为例。《中庸》中大量引用了《诗》中的篇章,作为论证的基础和依据。兹将其征引的《诗经》之处(其中也有非《中庸》直接饮用,而是间接引用者),略列举于下:

《诗》曰:"神之格思,不可度思,矧可射思。"
《诗》云:"维天之命,于穆不已。"
《诗》曰:"妻子好合,如鼓琴瑟;兄弟既翕,和乐且耽;宜尔室家,乐尔妻孥。"
《诗》云:"伐柯伐柯,其则不远。"
《诗》云:"鸢飞戾天,鱼跃于渊。"
《诗》曰:"既明且哲,以保其身。"
《诗》曰:"在彼无恶,在此无斁;庶几夙夜,以永终誉。"
《诗》曰:"衣锦尚絅。"
《诗》曰:"潜虽伏矣,亦孔之昭。"
《诗》曰:"奏假无言,时靡有争。"
《诗》曰:"不显惟德,百辟其刑之。"
《诗》云:"予怀明德,不大声以色。"

以上,为《中庸》所引用的《诗经》部分,《中庸》反复征引《诗经》中的句子来分述"道不远人""君子之道"等观点,使之更为具体可感。其征引的目的,既因为《诗经》广为学习者所熟悉,也因为《诗经》中的比兴更为生动可感,同时以《诗经》为"重言",也更具有说服力和权威性,所以,其基本采用"《诗》曰(云)……(是)故……"的句式和逻辑。如"《诗》曰:'嘉乐君子,显显令德,宜民宜人,受禄于天;保佑命之,自天申之。'故大德者,必受命。""诗曰:'相在尔室,尚不愧于屋漏。'故君子不动而敬,不言而信。""诗曰:'奏假无言,时靡有争。'是故君子不赏而民劝,不怒而民威于鈇钺。""诗曰:'不显惟德,百辟其刑之。'是故君子笃恭而天下平",等等,都是以《诗》作为言述和推进的基础,或者说,通过对《诗》的阐述来建立和深化观点。以最末为例:"诗云:'予怀明德,不大声以色。'子曰:'声色之于以化民,末也。'诗曰:'德辀如毛。'毛犹有伦。'上天之载,无声无臭。'至矣。"就教学的渗透而言,学习《中庸》对于理解《诗经》无疑有着极大的帮助;反之亦然。除了《诗经》外,《中庸》中还引用了大量《论语》中"子曰"的内容。而《中庸》这种重言的方式,与《庄子》相同,在国学经典中经常出现,也可以作为教学的一种借鉴。

  重言的外部教学法,是指在学习某一种经典或国学课程的某一部分时,主动联系另一种经典来进行讲解和阐释。也类似于对比(或联系)教学法,但其对比和联系的对象文本具有一定经典地位,并因此具有言说的权威性,使得这种联系或对比式教学对原来文本的解释和理解起到佐证和绝对的支撑作用。如讲解《中庸》"素富贵,行乎富贵。素贫贱,行乎贫贱。君子无入而不自得。"与《论语》中的"子曰:'富与贵,人之所欲,不以其道得之不处。'"与"子贡曰:'贫而无谄,富而无骄,如何?'子曰:'可也。未若贫而乐,富而好礼者也。'"对比,就可深化对儒家思想的整体性的理解。讲授《庄子》的"先存诸己,而后存诸人。"可以与《论语》:"君子求诸己,小人求诸人。"联系起来对比。讲解《道德经》"我无为,而民自化;我好静,而民自正;我无事,而民自富;我无欲,而民自朴""太上,不知有之。"与《论语》"无为而治者,其舜也与?夫何为哉?恭己正南面而已""从心所欲而不逾矩"等联系;讲解《庄子》"万物云云,各复其根"联系《老子》"夫物芸芸,各复归其根";讲解《庄子》"心斋坐忘"与《老子》"载营魄抱一,能无离乎。专气致柔,能婴儿乎?涤除玄览,能无疵乎?"相联系和对比;讲述《易经》:"蒙:亨。匪我求童蒙,童蒙求我;初筮告,再三渎,渎则不告。利贞。"与《论语·述而》"子曰:'不愤不启。不悱不发。举一隅不以三隅反,则不复也。'"相联系,对比其异同,等等。以重言的教学法进行对比,以经证经,对于中小学生自觉联系未学过和复习已经学过的经典,都有着较好的教学效果。

(二)"以卮言为曼衍"

  这里借用来指中小学国学课堂中结合不同年级、不同学生、不同主题、不同的例子,教师对国学经典所作的阐发、理解和延伸。学科渗透是国学教育培养完整的人即"君子不器"的必要途径和必然途径。卮言的曼衍的意义也正在于此。

  "卮言"教学法也有两种主要方式。第一种是围绕一个主题作充分的引申。以《诗经》为例,在《论语》中记录有关于学《诗》之意义。《论语·子路》云:"诵诗三百,授之以政,不达;使于四方,不能专对;虽多,亦奚以为?"又有:"不学诗何以言?"《论语·阳货》云:"子曰:'小子,何莫学夫《诗》?《诗》可以兴,可以观,可以群,可以怨;迩之事父,远之事君;多识于鸟兽草木之名.'"可知,学《诗经》,不仅仅只是文学的学习,也"常被用来作为外交辞令,以展示所依据的权威和规范"[①]。如讲解《庄子》中的"真人"时,与《老子》"圣人"、《论语》中"圣人""君子""善人"等进行发散性对比。又如《庄子·天下》篇评"内圣外王"之道:"是故内圣外王之道,暗而不明,郁而不发,天下之人各为其所欲焉以自为方。"梁启超评此语:"包举中国学术之全部,其旨归在于内足以资修养而外足以经世。"如果让学生理解了内圣外王的思想基础,进而再理解《大学》《中庸》,会有更深的体会。

第二种方法是以不同教师的个体风格为特点,表现为较为自由的发散延伸型授课方式。由于目前没有系统的指导中小学国学教育教学的教学参考书,所以教师的授课往往带有很大的随意性和个性化特色,故而这种"卮言"教学法往往会因为教师自身素质和个体能力的不同而出现不同的色彩。可以联系不同主体、不同学校、不同年级、不同学生所作的即兴的升华或展开,使得国学课堂的学习变得真实生动,也更能适应不同年级的学生的理解程度和接受程度。这往往成为班会类型的国学教育课程上常常采用的方式。有时也会让学生联系经典名句来做阐发,是一种非常自由的教与学的方法。无论是儒家经典中的君子,还是道家经典中的真人、圣人,都追求心性的自我修行,都注重人与天的谐和,追求精神的自适。《论语·先进》篇"子路曾皙冉有公西华侍坐"中的"暮春者,春服既成,冠者五六人,童子六七人,浴乎沂,风乎舞雩,咏而归。"《庄子》中的"独与天地精神相往来,而不傲倪于万物"。"天地人,三才者",国学教育,是人的培养,是人性的培养,培养学生的心性修养、艺术感知、生命精神,才是最终的意义和目的所在。在当代提倡国学教育,其目的并非为了强化学生在某一学科或某一特长方面的能力,而是为了使学生成为有责任、有情怀、有视野、有胸襟、有审美的真实的人。

目前中小学的国学课中,学与德是两大主体内容,尤其是后者。《论语·述而》:"德之不修,学之不讲……是吾忧也。"以国学经典中的名句或段落,来作为一种学习指导、行为约束、德行规范,是较常见的教学方式和方法,也可以视作一种卮言的教学方法。也是目前中小学经典教育中让国学回到生活的主导方式。

(三)"以寓言为广"

这种教学方法可以是借外论之,也可以是借内用之。借外论之,更近乎于"重言",借内论之,即以其中的故事(寓言)用白话的形式或者密切相关的故事来讲解,借内论之的寓言教学法尤其适合于"寓言十九"的《庄子》讲解中。用

[①] 李泽厚:《论语今读》,中华书局,2015,第243页。

浅近的语言解释经典中的寓言故事，生动活泼，不仅可以降低一些经典的理解难度，也可以帮助中小学理解和记忆。如用"塞翁失马"讲解《老子》的"祸兮福之所倚，福兮祸之所伏"；用"庖丁解牛""呆若木鸡"讲解《庄子》的养生之道、外万物的修身境界；用"大瓠之种"讲解《庄子》的无用之用；等等。寓言教学法使得国学课堂变得更为生动，也使得中小学生对于国学经典的理解有更为宽广的思维空间。寓言教学法，其实也是目前中小学国学课堂中最常见的教学方法。这里不详细展开。

以上"三言"的教学方法往往是联系在一起的，很难完全截然区分或判分。特别是在小学国学教育中，兴趣导引为主的教学目的，往往使得国学教育的"三言"教学法特色十分明显。教育是成人的教育，是完成人的教育，国学教育更是如此。目前，小学的国学教育课往往是在班会、德育、思政、校本等课中开展。重言的教学方式无疑具有非常好的效果：如引用"子曰：'晏平仲善于人交，久而敬之。'"(《论语·公冶长篇》)"子曰：'巧言令色足恭，左丘明耻之，丘亦耻之。匿怨而友其人，左丘明耻之，丘亦耻之。'"(《论语·公冶长篇》) 来讲解为人之道；用"子曰：'贤哉回也！一箪食，一瓢饮，在陋巷。人不堪其忧，回也不改其乐。贤哉回也！'"(《论语·雍也》篇)"子曰：'饭疏食，饮水，曲肱而枕之，乐亦在其中。'"来讲解安贫乐道的人生态度等等，都可以作为重言教学法与卮言教学法相结合的例子。

三、中小学国学教育与语文等基础学科教学的交融与渗透

因为目前并没有直接对应中小学国学教育的国学专业毕业的本科生进入到中小学的师资力量中，所以，目前担任中小学的国学课的教师，往往是其他相关学科的老师来兼任，如语文老师、历史老师等，而且也往往是借用班会、课外阅读等方式来开展，是以一种相对边缘的方式出现在中小学课堂上。所以，目前中小学的国学课堂，往往是作为语文教学或者班会、思品、思政课教学的补充，并没有相对独立的学科意识；而在语文、历史课堂上，有意将国学的相关教育引入，更为少见；或者有之，也往往并非有着自觉的意识。与大学中国学教育的博雅、通识的跨学科倾向有一定的距离。因此，如何将国学课堂的教学与语文课程、历史课堂、德育与法制的课堂教学相联系，甚至与自然科学教学、音乐美术等艺术类科目教学相联系起来，就成为中小学国学教育中学科渗透的焦点和难点，也对国学老师提出了更高的要求。此仅从诗词文及蒙学教学等两个方面论之。

（一）语文教学中诗词文的阅读教学、写作教学与国学教学的结合

这种渗透和结合表现为隐性和显性两个方面。就隐性的影响而言，国学教育本身所具有的学科渗透性使得国学教育具有较大的教学张力，不仅仅是器与技的教育，而更多的是道与德与气的培养。以作文而言，不仅仅只是语言修辞或者举例丰富等，更有"功夫在诗外"的阅历或怀抱的培养。南宋理学家就曾借养气与文章的关系做了表述，王柏在《答王栗山》中云：

> 苟能于《大学》以求其用，于《论语》以求其教，于《孟子》以求其通，于《中庸》以求其原。如是则义理沛然，此文章之元气也。

王柏所言，是指在经过系统的经学经典学习之后，自然对学生写作的文气起到了滋养作用。此为隐性的、内在的影响和渗透。另有显在的渗透教学法：如在中小学阅读课和写作课讲解苏轼《日喻》时可以与《庄子·达生》对比：

苏轼《日喻》：
> 南方多没人，日与水居也，七岁而能涉，十岁而能浮，十五而能浮没矣。夫没者，岂苟然哉，必将有得于水之道者。日与水居，则十五而得其道。生不识水，则虽壮，见舟而畏之。故北方之勇者，问于没人，而求其所以没，以其言试之河，未有不溺者也。

《庄子·达生》：
> 孔子观于吕梁，县水三十仞，流沫四十里，鼋鼍鱼鳖之所不能游也。见一丈夫游之，以为有苦而欲死也，使弟子并流而拯之。数百步而出，被发行歌而游于塘下。孔子从而问焉，曰："吾以子为鬼，察子则人也。请问，'蹈水有道乎？'"曰："亡，吾无道。吾始乎故（故常），长乎性（习性），成乎命。与齐俱入，与汨偕出，从水之道而不为私焉。此吾所以蹈之也。"孔子曰："何谓始乎故，长乎性，成乎命？"曰："吾生于陵而安于陵，故也；长于水而安于水，性也；不知吾所以然而然，命也。"

从故事原型及其发展来对比，对于写作的启发也不无裨益。而另如讲解黄庭坚诗学主张时："诗意无穷，而人之才有限。以有限之才追无穷之意，虽渊明、

少陵，不得工也。"也可与《庄子》："吾生也有涯，而知也无涯。以有涯随无涯，殆已！"对比，互相作为注解和参考。这些类似"夺胎换骨"的写作方法，可以作为中学生揣摩和学习的典范。

在诗词文的教学中，许多典故往往出自先秦经典。解释时可以也必然会与国学经典的学习相结合，来深化对诗词文及经典的理解。如李白《侠客行》歌颂了朱亥、侯嬴两位侠义之士，朱、侯曾在退秦、救赵、存魏的战役中立下了汗马功劳。"三杯吐然诺，五岳倒为轻。""千秋二壮士，烜赫大梁城。"充分体现了李白古题乐府的浪漫主义风格。可以引用《史记·魏公子列传》，编成中小学生易懂的小故事来讲解。让学生理解，李白在诗中不仅仅是为了歌颂侠士，更是期待像信陵君这样的仁爱忠厚、礼贤下士，急于国难的知士之明君。而"十步杀一人，千里不留行。"语出《庄子·说剑》，在《庄子》的文本中，是试图以庄子纵横家的风范来说服君王，从而才有下一句"事了拂衣去，深藏功与名。"虽然《侠客行》与《说剑》篇并无事典的联系，但是可以作为课外延伸的阅读材料，互为补充。也才能让学生理解侠客与士的精神实质。否则，单独给学生讲解"十步杀一人，千里不留行"与"深藏功与名"是很容易引起歧义和误会，也会让中小学的学生觉得迷惑。可以结合《庄子》文本的分析，引领学生理解庄子所推崇的是天子之剑、诸侯之剑；而李白对明君的期待，对于信陵君礼贤下士的追慕，期待有朝一日能够实现济世之志，"愿一佐明主，功成返旧林"，"待吾尽节报明主，然后相携卧白云"，"功成谢人间，从此一垂钓"，功成事遂之后的身退、归隐，这才是李白心目中真正的生命理想，如此，才能理解"事了拂衣去，深藏功与名"的真正含义。而《庄子》中的"庄子"在王"脱白刃待之"与"五六人奉剑于殿下"的危急情况下，能不辱使命，举重若轻，不费一剑一卒，不负所托，也可以作为理解李白所向往的侠者事君之道，虽然其中也不乏少年豪气的任侠思想在内。

（二）蒙学教学与中小学文史教学的学科渗透

文史哲贯通，本来就是国学的题中之义，但要在实践中实现这一点，对教师也提出了非常高的要求。相对而言，蒙学教材比较适合用来与小学教学的相关学科进行融通和相连。如蒙学教材中对一些历史知识、文学典故的汇入，对历史知识和脉络的介绍，都非常容易介入到教学中。

以《千字文》为例，可以将《千字文》与语文教学中的识字教育相结合，与书法教育和书法鉴赏相结合，与骈文学习相结合，都大有裨益。另如，将《千字文》的教育与自然科学如物理、生物等的教学，如"云腾致雨，露结为霜"，就解释了云气升到天空，遇冷就形成雨；露水碰上寒夜，很快凝结为霜。可结合相关小实验来加深学生对于这一自然现象的理解。"渠荷的历，园莽抽条"，形容池里的荷花开得光润鲜艳，园中的草木抽出条条嫩枝。"枇杷晚翠，梧桐蚤（同"早"）凋"，枇杷到了岁晚还是苍翠欲滴，梧桐刚刚交秋就早早地凋谢了。阅读以上四句，可以带领学生领会春秋叠更、四季变换的景色变化，也可以带领学生了解植物荣枯的不同时序。

《三字经》也是很好的范本。《三字经》中对六经的介绍、对自三皇五帝以来至民国历史大事的梳理，非常有助于在学科贯通的大文化教育的背景上进行学习。《三字经》相传为南宋王应麟所作，民国前期有增补。是最有影响的蒙学读物，几乎成为蒙书的代名词。全文1086字。内容丰富，知识密集。句子短小，便于诵读。语句自然连贯，语义顺畅，浅显易懂。以三字句简明扼要的概括了三纲五常十义；五谷六畜七情；四书六经诸子；历史朝代更迭等知识，有着较大的知识容量。"若能句句知诠解，子史经书一贯通。"这里列出《三字经》中的相关例子：

若广学，惧其繁，但略说，能知源。凡训蒙，须讲究，详训诂，明句读。
为学者，必有初，小学终，至四书。论语者，二十篇，群弟子，记善言。
孟子者，七篇止，讲道德，说仁义。作中庸，子思笔，中不偏，庸不易。
作大学，乃曾子，自修齐，至平治。孝经通，四书熟，如六经，始可读。
诗书易，礼春秋，号六经，当讲究。有连山，有归藏，有周易，三易详。
有典谟，有训诰，有誓命，书之奥。我周公，作周礼，著六官，存治体。
大小戴，注礼记，述圣言，礼乐备。曰国风，曰雅颂，号四诗，当讽咏。
诗既亡，春秋作，寓褒贬，别善恶。三传者，有公羊，有左氏，有谷梁。
经既明，方读子，撮其要，记其事。五子者，有荀扬，文中子，及老庄。

与以上相应，在《庄子》"天下"中也有对于六经主要内容和目的的解释："《诗》以道志，《书》以道事，《礼》以道行，《乐》以道和，《易》以道阴阳，《春秋》以道名分。"这里的《诗》以道志，与孔子的"《诗》以言志"是非常相近的。民国时期章太炎对《三字经》做了修订和补充，所以《三字经》中的朝代序次一直到了民国。在教学中可以结合历史学科的相关知识进行联想，同时也可以利用历史知识来进行记忆：

经子通，读诸史，考世系，知终始。自羲农，至黄帝，号三皇，居上世。
唐有虞，号二帝，相揖逊，称盛世。夏有禹，商有汤，周文武，称三王。
夏传子，家天下，四百载，迁夏社。汤伐夏，国号商，六百载，至纣亡。
周武王，始诛纣，八百载，最长久。周辙东，王纲坠，逞干戈，尚游说。
始春秋，终战国，五霸强，七雄出。嬴秦氏，始兼并，传二世，楚汉争。
高祖兴，汉业建，至孝平，王莽篡。光武兴，为东汉，四百年，终于献。
魏蜀吴，争汉鼎，号三国，迄两晋。宋齐继，梁陈承，为南朝，都金陵。
北元魏，分东西，宇文周，与高齐。迨至隋，一土宇，不再传，失统绪。
唐高祖，起义师，除隋乱，创国基。二十传，三百载，梁灭之，国乃改。
梁唐晋，及汉周，称五代，皆有由。炎宋兴，受周禅。十八传，南北混。
辽与金，皆称帝，元灭金，绝宋世。舆图广，超前代，九十载，国祚废。
太祖兴，国大明，号洪武，都金陵。迨成祖，迁燕京，十六世，至崇祯。
权阉肆，寇如林，李闯出，神器焚。清世祖，膺景命，靖四方，克大定。
由康雍，历乾嘉，民安富，治绩夸。道咸间，变乱起。始英法，扰都鄙。
同光后，宣统弱，传九帝，满清殁。革命兴，废帝制，立宪法，建民国。
古今史，全在兹。载治乱，知兴衰。史虽繁，读有次。史记一，汉书二。
后汉三，国志四。兼证经，参通鉴。读史者，考实录，通古今，若亲目。
口而诵，心而惟，朝于斯，夕于斯。

不仅梳理了朝代更迭的序次，也列出了读史的书目和学习入门的方式方法。对于小学生识记历史更迭，可以起到事半功倍的效果。

以上，仅对于国学教育与中小学各学科的学科渗透的例子略举一二，中小学国学教育的学科渗透的相关尝试和实践，仅仅只是一个开始，本章亦仅为抛砖而已，真正有理论和实践意义的探索，尚有待于大方之家。路远而道长，大达必有可观。可以想见，随着相关经验和理论的成熟，也随着国学教育师资人才的迅速成长，这一领域必将有丰硕的成果。为实现培养独立之精神、自由之人格的教育目标奠定最坚实的基础。

第七章　国学教育与特色学校创建

国学是中华优秀传统文化的重要内容，国学教育是文化传承的主要途径。党的十九大报告指出：在新时代，我们要"坚守中华文化立场，立足当代中国现实，结合当今时代条件"，"担负起新的文化使命，在实践创造中进行文化创造，在历史进步中实现文化进步"。而学校的重要使命之一就是传承文化。学校作为文化传承的主阵地，理应将文化传承渗透到学校工作的方方面面。一所学校事业发展的核心理念也应该从积淀深厚的优秀传统文化中汲取智慧，并逐步提炼出富有特色的办学思路，促成学校特色发展，并最终实现人才培养的目标。

学校特色建设很早就得到国家政策的鼓励与支持。1993年中共中央、国务院颁布《中国教育改革和发展纲要》[1]，指出："中小学要由应试教育转向全面提高国民素质的轨道，面向全体学生，全面提高学生的思想道德、文化科学、劳动技能和身体心理素质，促进学生生动活泼地发展，学校办出各自特色。"这是目前能够查阅到的国家教育规划决策中明确提出"学校特色"的开始。以此为纲，走差异化、特色化办学道路，逐渐成为中小学校办学的主要追求。2010年我国发布《国家中长期教育改革和发展规划纲要（2010—2020年）》，进一步提出："树立以提高质量为核心的教育发展观，注重教育内涵发展，鼓励学校办出特色、办出水平。"[2] 鼓励学校办出特色，就是强调学校在办学过程中要根据自身的历史底蕴、现实需求、潜在优势、区域特点和教育思想等来推进特色教育，促进学生、教师和学校的共同发展，特别是学生全面、主动和生动的发展，以及学生自主、合作、探究精神的培养。这种以特色培育和创建来激发学校变革内生动力的政策导向，逐渐使学校特色建设成为我国基础教育改革的一种重要取向。因为在今天这个价值多元的时代，鼓励学校个性化、差异化发展，从而创生出一种多元共生的、满足学生个性化发展需求的教育图景，无疑是提升学校办学品质，进而推进教育深度变革的重要方略之一。

---

[1] 中共中央，国务院：《中国教育改革和发展纲要》，1993。
[2] 中共中央，国务院：《国家中长期教育改革和发展规划纲要（2010—2020年）》，2010。

那么，什么是特色教育？如何进行特色学校建设？尤其是如何在扎根优秀传统文化基础上凝练先进的办学理念？如何以环境文化、课程文化等一系列文化建设工程来培育学校区别于他校的"精气神"？对于这些问题，本章将结合具体案例尝试进行解答。

第一节　学校特色与特色学校

一、学校特色与特色学校的关系

在学校特色发展的进程中，学校必须对自己的既有基础、历史演变、文化传承、发展愿景和办学理念等核心要素，进行系统的梳理与研究，通过理性思辨、科学提炼与实践培育，使之成为相对稳定、开放包容且具有广泛认同度的独特表征。这种基于自我独特性的愿景确认、规划设计与实践变革，不仅有助于激活学校的历史沉淀，聚合学校当下发展的内外资源，更重要的是有助于培育和生成学校变革的内生力，从而使学校自主革新与特色发展成为学校的一种理性自觉。因此，对学校自身独特性的发现与培育是学校特色建设的基石。英国学者路易斯·斯托尔等认为："变革者在确定学校目的和描述学校的成果时，如果不能考虑到学校的独特性，不能找到适合学校改进的独特路径，那么这种教育变革对学校改进也是没有意义的。"[1] 在学校发展的纵向历史和横向关系网中明晰自我独特性，并且进行理论的阐扬和实践的锤炼，这是一个学校为自己塑造"特色"的第一步。

（一）学校特色与特色学校的含义

学校特色是指学校在办学过程中形成的某一方面或某几方面的特色。它可以表现在地域、时限、文化这些较为宏观的维度，也可以表现在学科发展、课程设置、课堂教学等一些偏于中观的方面。但无论是哪一方面的学校特色，在本质上都是学校优质发展的具体体现，是学校在某些"点"上的突破。

而特色学校则是一个"面"上的概念。尽管学术界和实践领域对此曾有一些不同的阐释，但现在人们较为趋于一致的认识是：特色学校是指在先进的教育思想指导下，从本校的实际出发，经过长期的办学实践，形成了独特的、稳定的、优质的办学风格与优秀的办学成果的学校。有学者认为，特色学校的概念内涵应包括如下几点：①明显区别于制度化的学校，对现行学校的划一、封闭、僵化是

---

[1] [英]路易丝·斯托尔，[加拿大]迪安·芬克:《未来的学校：变革的目标与路径》，柳国辉译，北京大学出版社，2015，序言。

一种突破，同时又是学校对教育的一种创新；②更自觉地面对各种各样的学生和家长对学校教育的不同需求，并切实帮助每个学生发展自己的个性和潜能；③明显重视教师的自主性、创新性；④学校领导有独特的教育思维和管理战略；⑤具有独特的教育教学工作运行模式。①

根据以上理解，我们认为，特色学校应具有以下基本特征：

1. 独特性

独特性是学校特殊性或个性在办学过程中的体现。正是因为具有鲜明的个性特征，特色学校与其他学校相比拥有与众不同之处，所以才能称之为"特色学校"。而独特性的实质就是创造和革新，可以说"创新"是"特色"的核心，没有"创新"的"特色"是没有灵魂和活力的。因此，特色学校的独特性带有很大程度的创造性，具体表现为独特的办学理念、独特的办学内容和独特的办学策略等。这是因为，每一所学校都是一个独立活动的实体，它有与其他同类学校的共性，也有自己的个性。总体而言，教育是人的个性化与社会化统一实现的过程。社会对人才需要的多层次性、人的身心发展的差异性，势必要求学校在办学实践中形成个性化的教育观点，以及独特的教育内容、教育方法和教育途径。同时，由于各地区教育发展的不平衡、教育环境和条件的差异、历史文化传统的不同，以及受教育者对教育的特殊需要，也会使各地区的各个学校在寻找最有利于自身发展的最优方式和最佳途径时，形成风格各异的办学特色。所以，特色学校是一种在寻求服从于一般学校共性的基础上竭力创造出富有个性特征的办学风貌的学校。它是在继承、吸收和借鉴一切优良的学校文化传统的基础上，遵循办学规律，从本校实际出发，顺应社会发展不同层次需求的过程中逐步形成的。如南京浦口区行知小学学习陶行知先生"捧着一颗心来，不带半根草去"的精神，实践他的"生活教育"理论，以"培养合理人生"作为教育宗旨，把"教学做合一"的思想融于教育活动的每一个环节，创造了鲜明的主体教育的办学特色，形成了一种"人无我有，人有我优，人优我特、人特我精"的独特风格。

2. 优质性

特色学校不是为特色而特色，而是要把特色作为推动学校进一步发展的突破口，作为促进学校人才培养质量提升的内驱力。因此，这种特色应该具有意义内涵和价值导向，也就是说它应是优质、高效的，它决定着特色学校的档次。换句话说，特色的优质性是其独特性存在的环境和土壤，是独特性的基础。离开了优质性，独特性就成了无源之水、无本之木，缺乏生命力。独特性要生存壮大，如

---

① 崔相录主编：《特色学校100例中学卷》，教育科学出版社，1998。

果离开了优质性这块肥田沃土，就不会开花结果。另一方面，独特性是优质性的外显，它是优质性这块肥沃土地上结出的硕果，进而又不断激活优质性，使之保持持久活力，从而实现学校办学的点面结合，整体优化。具体说来，特色学校的优质性主要表现在三个方面：一是具有先进的办学价值观。办学价值观是办学的灵魂，办学的成功取决于具有正确而合理的办学价值观。一所学校之所以能成为特色学校，其决定因素就在于学校管理层确立了科学而独特的办学价值观，并且这种办学价值观又被特色学校本身的成功所证明是正确的。二是成功地培养了大批人才。特色学校的最大成功就在于它为社会培养了大批人才，为社会发展做出了重要贡献，从而获得了社会的认可。三是构建了一种行之有效的办学模式。特色学校的形成过程，就是某种办学模式不断优化的过程。特色学校的确立，标志着这种办学模式的定型或成熟，并在以后的发展中不断完善与发展。这种优质高效的办学模式，为形成新的特色学校提供了借鉴、学习、继承、吸收的条件。如上海建平中学倡导个性发展与社会需要完美结合，将学校育人目标确立为"合格+特长"，"规范+选择"。注重校园文化建设和课程结构的改革，坚持活动德育、自主管理、分层走班、学分制、套餐式集中授课制等特色。必修课实行模块教学与分层教学，并配套丰富的拓展性选修课程大餐，对育人目标进行价值重构，抓住了"牛鼻子"，形成了"建平现象"。在特色发展的基础上，特色学校的办学质量一直稳居当地前列。

3. 稳定性

特色学校一经形成就应具有相对的稳定性，它的发展不能因为领导层的更替或外部环境的变化而发生改变。这种稳定性具体表现在办学目的、培养目标、组织管理、资源利用等方面具有长期的一致性、系统性和稳定性，而且已经进行较长时期的改革实践，并取得了明显的成果。可以说，特色学校的形成与发展是一个动静结合、动态开放的系统工程。"静"体现在特色的凝练需要长期而又艰巨的积淀，需要矢志不渝的有效实践，并在一定时期内保持相对不变，能经得起时间的考验；"动"指的是学校需要不断将特色向深度和广度发展，这样特色才会更鲜明、优质。这种动静结合的相对稳定性既是特色学校形成的基本标志，也是特色学校存在的必要条件。因为只有保持了特色的稳定性才能充分显示特色的成效，才能使特色得到社会的认可，否则学校特色只能是昙花一现。同时又能随着社会的发展，不断将特色作为学校的文化标志和办学传统发扬光大，不断赋予特色新的内涵。这样的特色才具有可持续发展的生命力。如河南省安阳市人民大道小学，多年来矢志打造德育品牌，始终坚持以德立教。经过20多年努力，学校实现了德育"三化"特色，即德育内容系列化、德育途径网络化、德育评价科学化，并贯彻至今，从而成就了一所特色鲜明的学校。

4. 整体性

特色学校的"特色"是一所学校整体风貌的独特性呈现。如果一所学校仅在一两个方面或某一特色项目上表现突出，而总体办学水平不高，教学质量差强人意，肯定不能称之为"特色学校"。因此，特色的整体性是特色学校的基本品格。在特色学校中，其办学特色应该涉及学校事业的方方面面，既包括学校的教育思想、办学理念、价值取向，也包括学校的组织管理、课程建设、教学运行，甚至还包括学校的物质条件、校园环境、文化建设等方面。因此，一所学校要成为特色学校，一定要注重特色的全方位渗透，以及由此而形成的整体水平的提高。当然，在具体实施过程中，自然要先找准突破口，以点带面，再朝宽广、优质的方向上发展，最终形成整体优势。如广州市海珠区东风小学，从校名上挖掘文化内涵，提出了"东风送暖、化育童心"的理念，全力打造"暖文化"特色——学校环境色调温暖、教师教学情感柔暖、学生风貌阳光清暖。整个学校"暖意"浓烈，令人印象深刻。

总而言之，特色学校的独特性、优质性、稳定性、整体性这四个基本特征是相辅相成的。独特性是特色的核心因素，优质性是特色的价值内涵，稳定性是特色的发展面貌，整体性是特色的表现机制。四个方面相互作用，形成合力，共同打造特色学校的品牌形象。

（二）学校特色与特色学校的关系

根据以上概念的辨析，可以看到"学校特色"与"特色学校"的差异还是比较明显的。具体表现为，学校特色是"点"的突出，特色学校是"面"的呈现，因而学校特色是初级阶段，特色学校是高级状态；学校特色是较低层次的概念，特色学校是较高层次的概念，是学校特色的整体提升和系统整合。若做进一步分析则可以看出，学校特色和特色学校两者的关系主要体现在两个方面。一方面，学校特色和特色学校是发展与稳定的关系。特色学校建设一般要经过学校特色的孕育、变革、生发、形成体系、相对稳定的过程。学校先是在发展中逐渐形成个别或局部优势即学校特色，这是学校创办特色的前期发展阶段；随后，学校不断拓展和深化这种优势，渗透到办学育人各方面、各环节和全过程，产生整体效应，形成特有的发展模式，处于长期稳定的阶段，从而成为特色学校。另一方面，学校特色和特色学校是局部与整体的关系。学校特色是指在某个项目或方面有特长、优势，是形成特色学校的基础，而特色学校则是学校特色的发展和升华，是学校整体特色风貌的形成。大体上可以这样说，学校特色是特色学校形成的基础，特色学校与学校特色的联系和区别可如下图所示：

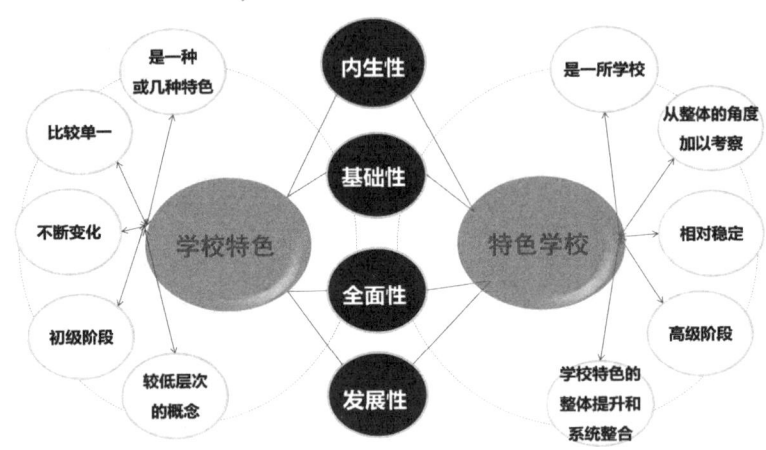

由上可见，学校特色是学校办学过程某些方面有特色、有一定影响力的项目或活动，特色学校则是该校所具有的有别于他校的独特性、整体性、普及性和稳定性的综合体现，是既能展现办学个性和气质又能体现特色办学思想的学校。区分清楚这一点，就能避免陷入"学校特色就是特色办学"这一误区，并能清醒认识到，从学校特色到特色学校的发展是一个长期创新和不断完善的过程，是从局部向整体的渗透过程，是从形式到内涵的统一过程，自然也是文化积淀和个性形塑的过程。

二、创建特色学校的主要模式

如前所述，办学特色是一所学校在长期的办学过程中不断凝聚、积淀而成的整体特质，它受办学目标、教育教学、科研系统等诸多要素的影响与规约。为此，创建特色学校应认真做好顶层设计，从学校的办学历史中去追根溯源，寻找历史与现实的对接点，挖掘出办学的优势点，实现从点到面的扩展与延伸，并内化为学校事业发展的内在机制，外化为全体师生自觉的学习和工作习惯。具体说来，特色学校的创建思路大体可以包括以下步骤：

1. 挖掘特色因子

一所学校要打造特色，就必须深入分析校情，充分了解学校的过去与现在，全面把握学校发展的内在机理，准确认识学校的发展优势，在此基础上再去挖掘有可能发扬光大的特色因子。比如某所学校在百年发展历程中亮点纷呈，人才辈出，办学成效显著，历年来，学校秉承"以德立身，以诚行事"的校训，扎实开展礼仪教育活动，学生具有良好的道德素养；开展常态化的科技主题实践活动，学生的科学探究兴趣浓厚；把民间剪纸引入课堂，开发富有浓郁地方特色的儿童剪纸校本课程，传承传统民族文化。基于对学校办学历史的深入挖掘与分析，这些工作亮点就是学校的特色因子，是学校进一步发展的优势点和生长点，是特色学校创建的重要载体与抓手。学校在此基础上抓住一两个有关联的因子不断加以拓展、深化，就有可能形成特色。

2. 找准特色项目

在特色学校创建进程中，学校要找到相对成熟的发展优势点，在辨析、对比的基础上确定一个具有前瞻性的特色项目。如上述学校在全面分析学校发展优势的基础上，坚持以人为本，紧紧围绕新课程改革，通过召开班子会，教师、学生以及家长座谈会等形式，对特色项目进行遴选，最终将剪纸确立为学校的特色项目。创建的思路是：特色项目——学校特色——特色学校，在"做中学"活动中培养学生的创造能力，全面提升学生的艺术素养。

3. 落实特色规划

有了学校发展的特色项目后，学校还要进行合理规划，制定详细的实践方案，并注重过程的落实与调整，保证过程的有效性。上述学校将剪纸确立为特色项目后，多次召开协调会，制订和论证学校剪纸实施方案，并以此为准绳，拟定了详细的剪纸教育特色学校创建路线图。可通过以下途径创设剪纸文化氛围：校园设置剪纸长廊，班级布置剪纸专栏，教室外墙开辟剪纸互动板块，依据校园各区域功能特点增设欣赏区、互动区，改造现有剪纸作品陈列馆。完善剪纸课程体系的方法是：开发剪纸校本教材，将灵动教育理念与学科文化、管理文化融合；以剪纸等综合实践活动为载体，拓展领域；以社区活动为平台，延伸空间，整合资源，丰富课程，激发学生、社会、家庭参与的积极性。

4. 形成特色学校

学校在经过很长一段时间的实践与探索后，特色项目会不断做大做强，并带动学校和学生其他方面的发展。学校只有在此基础上进行提炼与总结，凝练学校的文化与精神，才有可能成为特色学校。上述学校基于剪纸灵动教育文化建设工程的实施，有效引领学生在做中学，学中思，思中悟，悟中发展。开发剪纸十多年来，该校师生人人会剪纸，个个有作品，学生艺术素质大大提高，动手能力明显增强，促进了师生成长，推动学校素质教育的深化。[①]

总之，特色学校的形成与发展是一项复杂而科学的系统工程。特色并不是在限定的时间内随心所欲或者猛打猛冲"蛮干"出来的，它需要遵循历史逻辑；特色也不可能在薄弱的工作局面中孤峰突起，短时期内就把学校推往高处，它需要正确的

---

① 郑承勉：《特色学校创建的常见问题及实施路径》，《教学与管理》2018年第5期，第11—12页。

价值导向和深厚的实践基础。因此，一所学校的特色发展，首先需要历史底蕴的支撑，然后需要思想理念的框定，再辅之以长时期的积累与深化，方有可能达成目标。

当然，一所学校的创建与发展，既因其所深植其中的历史、现实生态的差异而不同，也因其组织成员的办学理念和实践的差别而迥异。换言之，作为学校特色建设之原生态基础的学校个性和独特性，其实是学校自具的一种秉性。这就为学校特色发展、进而实现"一校一品"提供了不同的选择。尽管学校个性和独特性未必能够自发地成长为学校特色，但在学校个性和独特性的基础上，发现其优势、潜势，自觉地加以引导和培育，能成为学校特色建设的合理路径。因此，依据学校自身的个性品格，选择不同的特色发展模式，而不是盲目照搬他校的创建经验，应是学校领导层重点考虑的问题。

特色学校建设模式是指学校在特定的教育思想和管理思想的指导下，通过长期的建设实践而形成的较为稳定的标准、程序及其实施方法的策略体系。特色学校建设的主要模式有：

（一）按特色学校建设的主体划分

1. 个体建设模式

主要依据和条件：①校长独到的办学理念与办学思路；②教师的课程创新与教学特色；③学生的个性化学习与个性化发展。

2. 集体建设模式

多个项目齐头并进，即组织多个团队，将多种有关联的特色活动一起推动实施，最终凝成特色。

（二）按范围与对象划分

1. 局部突破模式（个别要素变革）
2. 整体优化模式（办学系统中各个要素的重组）

（三）按实践方式划分

1. 传统发扬式

学校某方面工作已成传统，以此为基础，经过扬弃，给予理论支撑，成为现实的学校特色。

2. 弊端矫正式

针对现实教育中的弊端（不一定是本校表现出来的）予以批判，进而提出兴利除弊的方案策略，排除干扰，锐意推行，产生轰动效应，成为办学特色。

3. 借机发挥式

承担某一试验项目，苦心孤诣，修成正果。或独具慧眼，从教育实践的某一偶然因素中看出巨大潜力，生发延展，终成特色。

4. 填补空白式

控制论创始人维纳说过一句发人深省的话："在科学发展上可以得到最大收获的领域，是各种已经建立起来的部门之间的被忽视的无人区。"那些"冷门""盲点""灯火阑珊处"，往往由于传统观念、思维定式作祟被人遗忘，把目光投向这些角落往往会有意外收获。

5. 困境突破式

纵观各种改革，无论是一个国家、一个地区，还是一个行业、一条战线，都是在山穷水尽时另辟一条蹊径，在重重围困中撕开一道口子。今天的基础教育改革也是如此，不断有优胜劣汰的事例在发生。在困境中闯出特色之路，已成许多学校柳暗花明的求生之道。

6. 理想践行式

办学主体通过调研思考，推导出创设特色的途径，于是"建模"试验，总结修正，渐次轮廓分明，特色呼之欲出。

需要说明的是，上述模式的归纳，仅仅是为着叙述的方便，在实践中会出现各种变式，更多的则是各种模式的复合与融通。

（四）按教育活动的基本要素划分

1. 目标优化模式（出发点、归宿点）
2. 内容优化模式（教育基本内容：德智体美劳）
3. 方法优化模式（校长实践教育思想、教师教学方法）
4. 系统优化模式（组织管理角度）

当然，在具体实施过程中，一所学校的特色发展也有可能是多种模式的综合效应的体现。到底选择哪一种或几种模式，这和学校特色发展的方向定位有关。而对于特色发展方向的选择，学校应至少综合考虑以下几个因素：一是各种环境因素，既包括国家和时代的大环境，也包括区域和学校的小环境。具体说来应主要考虑国家、区域经济社会发展变化及教育政策对人才发展的要求是什么，社会及家长对学生发展有怎样的期待，学校面临哪些机遇与挑战等。二是学校现实因素。即主要考虑学校具有怎样的优势和劣势，能够做什么、应该做什么，是否具有特色发展的各种保障条件等。三是学生需求因素。即主要考虑学生生源的主要构成怎样，学生喜欢什么，学生的发展潜能在哪里，学校特色发展能够满足或促进学生哪些方面的发展等。总之，无论选择哪一种建设模式或者定位于怎样的特色发展方向，学校都应该以此为基础构建特色化的育人目标体系，使特色学校建构具有可操作性和可检验性。

三、基于发展学生核心素养的特色学校创建

如果一所学校在特色发展的过程中有了明确的工作思路，也选择了合适的建

设模式,是否意味着该校就能顺利地形成特色学校呢?还不一定。因为在实践过程中,很多学校由于各种认识误区而偏离了方向。有的学校以为特色发展就是标新立异,忽略了学校的历史传承和现实需求;有的学校以为特色发展就是形式创新,而忽视了人才培养的内在质量;有的学校以为特色发展只是政策时尚,而不能从根本上认识教育差异化发展的长远价值。凡此种种,皆说明了在特色学校创建过程中还有许多问题需要厘清。这里尤其需要强调的是,特色学校创建始终是为人才培养这个核心目标服务的。而培养什么规格的人才,就不能不提到核心素养问题。

2016年9月,我国发布《中国学生发展核心素养》的研究报告。该报告将"核心素养"定义为:学生应具备的、能够适应终身发展和社会发展需要的必备品格和关键能力;并且将学生核心素养归纳为三个方面——文化基础、自主发展、社会参与,划分为六大素养——人文底蕴、科学精神、学会学习、健康生活、责任担当和实践创新,再具体化为国家认同等十八个要点。报告强调,核心素养具有基础性,是所有学生应具备的最关键、最必要的基础素养;核心素养具有整体性,是知识、能力和态度等的综合表现,是一种跨学科素养;核心素养具有连续性,学生在不同阶段表现出不同层次、不同阶段的核心素养,而且核心素养的形成与作用伴随学生学习及工作的整个历程。

核心素养的确定与发布,意义重大而深远。对于特色学校的创建,核心素养具有重要的导向作用,为解决学校特色发展存在的认识混乱、方向不清、形式化与表层化等问题提供了直接依据。将学校特色发展聚焦于核心素养培养,将核心素养培养落实到学校特色发展这一主线,从而将核心素养发展与学校特色发展有机结合起来,这为特色学校创建提供了科学路径和根本保障。

这种结合的有效性主要基于学校的本质定位。学校教育是一种培养人的社会活动,通过对个体传递社会生产和生活经验,促进个体身心发展,使个体社会化,这是学校区别于其他社会组织的本质特征。因而学校的一切都应以学生个体发展为中心目标,而不是组织本身的发展抑或其他。20世纪80年代以来美国开展的"有效学校"研究也表明,和低效学校相比,有效学校的一个显著特点是它们更多地承担了满足学生需要的责任。因此,学校特色发展的第一原则应是以学生个性全面发展为目标,学校特色不应成为校长的、教师的、个别学生的或当地的特色。这一原则看似十分简单,但因为"学生个性"这一概念往往显得较为宽泛和抽象,从而导致众多学校的特色发展实践产生偏离。然而现在,"中国学生发展核心素养"的厘定为"学生个性"填充了具体内涵,也为学校特色发展提供了清晰目标。核心素养是基础、关键的素养,是每个学生必备的素养。不过,即便是同样以核心素养作为培养目标,每个学生对同一核心素养的习得程度也不可能完全相同,每个学生所具备的核心素养构成也必然有所差异。因此,学生个性发展可以理解为学生核心素养的个性化构成，也可以理解为学生在具备核心素养基础上的个性发展。

核心素养对学校特色发展的"导向性"意味着学校特色发展有了明确的目标、方向和评价标准，并逐渐趋于"素养化"。学校通过特色发展这一主线将支撑学生核心素养发展的课程体系、评价体系等进行深度整合，即通过学生核心素养培养的特色化实践，促进学生核心素养的个性化生成。这在一定程度上也是促进核心素养"特色化"的过程。"素养化"与"特色化"双重呈现且互相渗透，就有可能解决"方向定位"这一学校特色发展至关重要的问题。时下不少中小学校苦于明确不了本校的特色发展方向，例如，有的校长存在这样的困惑，学校开展了丰富多彩的学生（社团）活动，如乒乓球、课外阅读、书法、合唱等，这些活动都颇受师生喜爱，到底应以什么作为学校的特色发展方向呢？如此等等的现象从本质上反映出学校对育人目标以及特色项目的育人价值认识不足，学校不知道到底应该要培养什么样的人，即便知道，也不清楚应该通过怎样的载体予以实施。学生核心素养为学校特色发展提供了基本的考量方向，这便是：人文底蕴、科学精神、学会学习、健康生活、责任担当和实践创新。

基于核心素养的学校特色发展可以有三种模式：第一，"1+X"模式。也就是将学生核心素养理解为最基础、最关键的素养，在核心素养形成的基础上促进学生其他个性的发展，以"X"项集中体现学校的特色。第二，集中突破模式。即在六大素养中，根据学校发展实际，选择某一项或某几项素养作为突破点发展本校特色。例如，北京市国子监中学因地处具有深厚文化底蕴的国子监街，与孔庙南北相望，学校利用特有的地理优势，开展了古诗文经典诵读、孔庙拓展学习等活动，形成国学教育特色，这对于促进学生国家认同和人文底蕴素养的形成具有直接的指向性。第三，个性化建构模式。即学校结合学生核心素养和自身特点，形成校本化的学生核心素养体系。例如，清华大学附属小学基于学生特点、学校百年文化和办学思想，拟定了五大核心素养：身心健康、志成于学、天下情怀、审美情趣和学会改变。[1]

第二节 传统文化教育与特色学校创建

一、文化因素与学校特色发展

特色学校的创建离不开文化的积淀与引领。正如有学者所言："学校特色化发展的标志是学校文化气质的形成。"[2] 特色学校的"特色"并不是校园外在形

---

[1] 以上案例转引自范涌峰：《论基于核心素养的学校特色发展》，《教育科学研究》2018年第1期，第55、56页。
[2] 邬志辉：《学校特色化发展的重新认识》，《教育科学研究》2011年第3期。

式的"特色",而是内在品质的凝练。它需要个性化的"软实力"的打造与提升,需要显性与隐性、技术与人文的高度融合与内化。因此,"学校特色"的本质是"文化特色"。从表面上看,学校特色可能表现为一项特色活动的开展、某个优势项目的推进或者若干特色课程的创设。然而透过这些表象看往深处,如果这些活动、项目、课程的背后没有饱蕴着学校的"文化追求",这样的特色会持久而优质吗?在这里,如果将一所特色学校比作一具活力四射的躯体,那么,校园环境、教学条件、课程设置、师资队伍等都是骨架,文化才是一种流遍学校"全身"的"血液"。有了文化的累积与渗透,学校特色才有了灵气与精神。所以,对特色学校进行文化观照,其实是一种准确把握"特色"本质的文化自觉。有了这种文化视角或者文化自觉,过去许许多多曾经引起我们纠结的特色发展问题,都有可能会迎刃而解。因为在文化的聚焦下,"学校特色"便成为一种无所不在、无时不在的、影响全体师生员工的独特的价值观。于是在特色发展的过程中,"就不再存在'片面性'的问题,不再会'扼杀学生意志',不会是'个别人的特色',也必定会解开'内秀'与'外秀'的纠结。当然,更重要的是,这样的'文化理解'会深刻地影响我们的特色学校建设:从理念到行动,从内涵到形式人"①。

进一步说,在特色学校所具有的四个特征(独特性、优质性、稳定性、整体性)中,如果说优质性和独特性是特色学校的核心要素,那么稳定性和整体性则是特色学校发展的重要根据。"不具备稳定的特质,不能长久地保持其独特性,学校就不能被称作为特色学校。而要保证特色学校发展的稳定性,则需要文化的权衡和介入,即必须把特色学校的优质性体现在优良的学校文化上。"②也就是说,只有具备了优良的学校文化,并使得这种优质文化渗透到整个学校的工作、管理、教学等方方面面之中,学校才能保持稳定的办学理念和发展方式,才能凝练出货真价实的特色。

具体而言,特色与文化的互渗要以长时期的办学实践为基础。特色学校的建设需要学校全体成员在教育教学过程中有意识的对其特色进行塑造,需要对自身经验进行不断反思与总结,然后经过不断积淀、提炼,形成特有的教育品格和办学理念,并进一步凝聚为学校的精神文化、转化为学校的生活方式。在这种从感性到理性的提升过程中,学校既要将特色浸润在文化之中,又要努力把具有个性的人文观念物化为学校的显性环境,使学校成员能够时时刻刻感受到有别于其他学校的教育观念、办学特点和师生品格。文化因特色而靓丽,特

---

① 张菊荣:《试论走向文化的特色学校建设》,《江苏教育》2012年第26期。
② 邢伟荣:《特色学校建设:文化自觉的视角》,《教育发展研究》2008年第20期。

色因文化而持久。文化与特色的深度融合，既强化了特色的稳定性，又赋予特色更加深广的内涵。

二、传统文化教育与特色学校的关系

特色学校创建离不开文化的支撑，而文化是一个具有深广内涵的概念，它既包括"不忘本来"的历史积淀，也包括"吸收外来"的他者借鉴，还包括"面向未来"的传承创造。其中，"不忘本来"是最重要的基础。

"本来"就是我们的传统。2017年1月25日中共中央办公厅、国务院办公厅印发的《关于实施中华优秀传统文化传承发展工程的意见》中对此有过高度概括："在5000多年文明发展中孕育的中华优秀传统文化，积淀着中华民族最深沉的精神追求，代表着中华民族独特的精神标识，是中华民族生生不息、发展壮大的丰厚滋养，是中国特色社会主义植根的文化沃土，是当代中国发展的突出优势，对延续和发展中华文明、促进人类文明进步，发挥着重要作用。"习近平总书记也在多个场合强调："中华优秀传统文化已经成为中华民族的基因，植根在中国人内心，潜移默化影响着中国人的思想方式和行为方式。""中华优秀传统文化是中华民族的突出优势，是我们最深厚的文化软实力。""博大精深的中华优秀传统文化是我们在世界文化激荡中站稳脚跟的根基。"党的十九大报告更是明确指出："文化自信是一个国家、一个民族发展中更基本、更深沉、更持久的力量。""文化是一个国家、一个民族的灵魂。文化兴国运兴，文化强民族强。没有高度的文化自信，没有文化的繁荣兴盛，就没有中华民族伟大复兴。"因此，重建文化自信，传承优秀传统文化，让中华优秀传统文化实现创造性转化、创新性发展，就成为中华儿女在新时代的历史使命。而在这一使命担当中，学校就是主阵地，教师就是生力军。

早在党的十八届三中全会召开的时候，习近平总书记就做过明确指示：要"加强社会主义核心价值体系教育，完善中华优秀传统文化教育"。在2018年9月10日召开的全国教育大会上习近平总书记又再次强调，要"坚持扎根中国大地办教育"。也就是说，要根据中国的历史发展和现实需求来推动教育事业的进步。

遵照总书记、党中央的指示，2014年4月2日，教育部发布《完善中华优秀传统文化教育指导纲要》，明确了中华优秀传统文化教育"立德树人"的根本任务。2017年1月，中共中央办公厅、国务院办公厅印发《关于实施中华优秀传统文化传承发展工程的意见》(下称《意见》)。这是中华人民共和国成立以来,国家第一次以"两办"文件的形式对传统文化教育进行具体指导和统一部署。

《意见》指出,实施中华优秀传统文化传承发展工程,是建设社会主义文化强国的重大战略任务,对于传承中华文脉、全面提升人民群众文化素养、维护国家文化安全、增强国家文化软实力、推进国家治理体系和治理能力现代化,具有重要意义。

《意见》指出,传承中华优秀传统文化,要坚持创造性转化、创新性发展,坚守中华文化立场、传承中华文化基因,不忘本来、吸收外来、面向未来,汲取中国智慧、弘扬中国精神、传播中国价值,不断增强中华优秀传统文化的生命力和影响力,创造中华文化新辉煌。

《意见》还明确概括了中华优秀传统文化的主要内涵。其中核心思想理念是讲仁爱、重民本、守诚信、崇正义、尚和合、求大同;中华传统美德主要表现为天下兴亡、匹夫有责的担当意识,精忠报国、振兴中华的爱国情怀,崇德向善、见贤思齐的社会风尚,孝悌忠信、礼义廉耻的荣辱观念以及自强不息、敬业乐群、扶危济困、见义勇为、孝老爱亲等行为方式;中华人文精神则主要体现为求同存异、和而不同的处世方法,文以载道、以文化人的教化思想,形神兼备、情景交融的美学追求,俭约自守、中和泰和的生活理念等。

《意见》着重要求,要将传统文化教育贯穿国民教育始终;各级各类学校要围绕立德树人根本任务,遵循学生认知规律和教育教学规律,按照一体化、分学段、有序推进的原则,把中华优秀传统文化全方位融入思想道德教育、文化知识教育、艺术体育教育、社会实践教育各环节,贯穿于启蒙教育、基础教育、职业教育、高等教育、继续教育各领域。

由此可见,传统文化进校园已是大势所趋,它既是国家工程,也是时代重任,是广大教育工作者的使命担当。在这一时代背景下,特色学校的创建就不能不更多地考虑文化因素,尤其是传统文化的影响。中华优秀传统文化的深广内涵是学校特色发展的厚重基础;丰富多样的地域文化和民俗文化是学校特色发展的有力依据。因此,将传统文化教育与特色学校创建有机结合起来,将为学校发展开拓更广阔的空间。将传统文化与学校事业发展相结合,既可使学校工作融进了浓厚的文化因素,又能使学校在文化引领下能不断丰富和发展学校的文化内涵,在人才培养过程中达到润物无声、潜移默化的教育效果,实现学生、教师、学校的整体发展。

三、传统文化教育融入特色学校创建的路径与方法

1. 整体布局、统筹规划，以特色学校创建推动学校全面而有个性地发展

基于优秀传统文化的特色学校创建大致分为两大类型：全面发展型和单项发展型。①全面发展型，指学校从整体办学的高度，对特色学校的创建理念、发展思路、发展模式等方面做好顶层设计，在办学理念、办学传统、学校文化、课程建设、教学管理、德育模式、师资建设等方面全面规划、协同发展。全面发展型学校特色发展路径是自上而下的顶层设计、系统打造，基本路线和步骤是"特色定位——顶层设计——全面施工"。此类学校办学风格独特，培养目标明确，在办学理念、发展规划、人才培养机制上都有独特的思路和明确的措施，全方位、成体系打造学校特色。②单项发展型，指学校结合地方文化资源或学校独特的办学优势，将特色集中在局部领域挖掘提炼，打造单一或少数特色项目，形成学校特色。如广州市天河区五山小学，是全国第一所师生全员参与、学校全环节覆盖、系统学习国学经典的学校。该校在国内首创"浸习式"小学国学课程体系，率先提出"浸习式"国学课程理念；从知识、能力、情意、行动四方面制定了涵养型国学课程目标；根据小学生认知特点选编课程内容，研发了《少儿国学读本》丛书，突出国学课程内容的专题性、系统性和层次性；同时构建"三环七步"国学课堂教学模式，将显性的课堂教学创新与隐性的环境氛围建设相结合，长短国学课和各学科有效渗透国学相补充，全方位实施国学课程。可以说，该校的传统文化教育做到了整体布局、全面发展。

2. 项目凝练、以点带面，以特色项目辐射引领特色学校建设

如前所述，有的学校在特色上为单项发展型学校。该类学校根据本校某方面优势或充分挖掘地方和学校文化资源，在体育或艺术等方面找准单一项目加以建设，因势利导，深入挖掘，不断升华，形成自己的特色。通常，学校的特色项目是在办学理念的引领下，对已有的学校历史和文化传统深入挖掘，有计划地围绕创建目标采取有力举措，形成比较持久、稳定的学校文化特征。如佛山市顺德区容桂城西小学，通过开展少儿水乡画特色学校建设活动，成为广东省少儿国画特色教育与创作实验基地和中国传统文化教育研究实验基地。从特色项目的类型看，有的学校选择科技类（航模、天文、创客、互联网+等），有的学校选择体育类（足球、武术、象棋等），有的学校选择艺术类（美术、京剧、脸谱、传媒等）。当然，还有其他类型，如人文（德育、名人故事、社团活动等）、音乐（声乐、器乐等）、学科教学（语文阅读、语文写作等），以及传统文化（书法、绘画、陶瓷等）。这类学校的特色建设正处在从特色项目到学校特色再到特色学校的发

展过程中。

3. 课程承载、形成体系,将特色学校建设落到实处

课程既是学校教育教学活动的基本依据,也是学校一切教育教学活动的基本内容。同时,课程也是学生个性发展的载体,是学校特色发展的试金石。浙江省、辽宁省和上海市、广州市的中小学特色建设都把课程和教学作为其中一个非常重要的指标,以评定学校的特色发展程度。学校要在国家、地方和校本三级课程的管理、开发和实施中,把硬件、师资和积淀的文化与课程资源进行整合,形成校本特色课程体系。如佛山市南海区华南师范大学附属小学恒大南海学校,以儒家"君子文化"为课程设计的出发点,构建君子与自身、君子与自然、君子与社会三个维度的校本课程,从这三大维度出发,根据课程目标与内容,全面对国家课程、地方课程、校本课程进行整合,划分为五大领域,分别是君子人格课程、智慧课程、健体课程、艺术课程和环境课程。

4. 丰富内涵、提升品质,巩固和传承学校特色成果

学校文化是学校在长期的办学实践过程中,在一定的经济社会文化背景和意识形态影响下所积淀下来的,为绝大多数教职工、学生所认同和遵循的精神品格与文化观念,是一所学校本质的、个性的精神风貌的集中体现,是打造学校特色、创建特色学校的关键,是学校特色发展的灵魂。只有加强建设学校文化,才能更好地提升学校特色的内涵品质,更好地巩固和传承学校特色成果。如广州市第三中学在办学理念引领下,开发各种蕴含"弘爱教育"意义的学校文化标识,如校徽蕴含着"用爱心捧起国家的未来"之义,以及蕴含和外显学校办学理念和"弘爱教育"特色的景观:四合院——"爱之根"(拥有160多年历史的原圣心中学教学楼)、明德楼——"爱之源"(满足学生个性需求的体艺教学楼)、时间长廊——"爱之境"、格言碑文——"爱之文"(激励学生成长)。

第八章　国学教育与校园文化建设

民族文化是一个国家和民族生生不息的灵魂与经脉，它传承着民族传统，保持着民族特色；国学就是民族文化传统的深层构造，国学教育是对此种构造的持续传承与发展，而校园文化建设则是开展国学教育的基本途径与方法。国学教育是校园文化建设的灵魂、经脉、底色，优秀的丰厚的学校文化建设决定和制约着学校发展的水平和质量。所以，以国学教育引领创建优秀的校园文化，实现学校内涵发展，应该成为学校办学的核心。

第一节　校园文化系统与国学教育

国学教育与校园文化建设的关系要回溯到学校建立的初衷、回溯到文化的本义来把握，由此才能深入理解校园文化建设与国学教育的关系。当然，我们同时也要对校园文化建设的当代使命有清晰的认识，由此才能对校园文化建设与国学教育的发展方向有明确的把握。进而，我们还要借助完整的理论构型对校园文化的系统有完整的理解，这样在贯彻落实国学教育的要求时能找准发力点，也才不至于出现偏差。

一、"学校"与"文化"关联的历史考辩

华夏先民很早就注意到文化是人类告别蒙昧、走向文明的关键。

首先，"化"是沟通天人的手段，是人类社会得以组织起来的根本之道。《周易·贲卦·象传》有言："观乎天文，以察时变，观乎人文，以化成天下。"意思是通过观察天象变化来了解时节的演变，通过观察社会的变化来教育化成天下。这里"天文"与"人文""察时变""化成天下"相互对应，天与人成为化合变化的观察中心，而最终落实到人身上的动作就是"化"，以"化"而成天下，可见"化"在华夏文明中的重要性。而把这种从人文到天地之间的演化的逻辑关系做了清晰阐述的则是《中庸》。《中庸》曰："唯天下至诚为能尽其性。能尽其性，

则能尽人之性。能尽人之性，则能尽物之性。能尽物之性，则可以赞天地之化育。可以赞天地之化育，则可以与天地参矣。"此处，"人之性"可以通达"物之性"，进而"可以赞天地之化育"。"化"与"育"有了明确的逻辑关联，"化"的内涵就落实为"化育"。而此种"化育"通过"尽性"来达成的，如何"尽性"呢？观天文、观人文，"文"是观察的中心，也是"化"的模板，所以是以"文"来"化"，由此才组织起了人与人的"天下"。西汉经学大家刘向在《说苑·指武》中进一步明确指出："圣人之治天下也，先文德而后武力。凡武之兴，谓不服也，文化不改，然后加诛。""文化"一词被正式提出了，而且是圣人治理天下的优先手段。

其次，学校与文化有密不可分的关系，学校的最终使命就是文化。《学记》说："君子如欲化民成俗，其必由学乎！"又说："建国君民，教学为先。"可见，"化"的重点就在教学，而教学的重点则在学校。当然，学校的文化建设是一个有着明显的阶段性任务的过程，不是一蹴而就的。《学记》说："古之教者，家有塾，党有庠，术有序，国有学。比年入学，中年考校。一年视离经辨志，三年视敬业乐群，五年视博习亲师，七年视论学取友，谓之小成；九年知类通达，强立而不反，谓之大成。夫然后足以化民易俗，近者说服，而远者怀之，此大学之道也。"这则材料有三个要点：第一，学校在很早的古代就有不同层级，虽然和我们今天小学、中学、大学的层级有所不同，但是分层教学、逐级推进的理念早已有之。第二，学生的学习有明显的阶段性要求，每一阶段的化育重点是不同的，而且是循序渐进、渐次加强的。第三，学校的终极使命在"化民成俗"，这就是"文化"最根本的含义，校园文化建设就是要"化民成俗"。

总之，从学校与文化的历史意涵来考察，我们就会发现文化建设其实是学校一切活动的中心，而这一活动必须观乎天文、关乎人文，必须能够攒天地之化育，必须事关"建国"。因此，国学教育应该成为校园文化建设的灵魂和关键，这是从文化和学校设立的本义来推理出来的，是毋庸置疑的。

二、校园文化建设的当代使命任务与国学教育

学校的历史使命决定了它必须以"化民成俗"为中心，而"俗"既有历史性的意义，也有现实性的意义。对中国的中小学来说，"俗"的历史性意义就是要大力弘扬中华优秀传统文化，把自然人教育成"中国人"。而"俗"的现实性意义则是要培养合格的社会主义接班人。2014年5月4日，习近平在与北京大学师生座谈时说："中华文明绵延数千年，有其独特的价值体系。中华优秀传统文化已经成为中华民族的基因，植根在中国人内心，潜移默化影响着中国人的思想方

式和行为方式。今天，我们提倡和弘扬社会主义核心价值观，必须从中汲取丰富营养，否则就不会有生命力和影响力。"这一段论述把当前文化建设的历史性意义与现实性意义深刻融通起来，是我们开展基于中华优秀传统文化的校园文化建设的总方针。2018年，习近平总书记在全国宣传思想工作会议上的重要讲话中又进一步明确提出"举旗帜、聚民心、育新人、兴文化、展形象"的五大使命任务，这五大使命任务其实就是对当代"化民成俗"的具体的深刻的阐发，是当前我们校园文化建设的使命任务，也是我们开展国学教育的使命任务。

例如，广东第二师范学院中文系在举办"公益岭南国学夏令营"中成立临时党支部，创办暑期党校，就是在贯彻"举旗帜"的理念，在向社会公众表明国学夏令营是在党的领导下进行的；夏令营公益国学教育活动优先照顾特殊困难家庭、环卫工人、广州好人、花都好人、志愿者等家庭子女，就是在落实"聚民心"的指示；夏令营的国学教育以社会主义核心价值观为教育主题，同时组织"物传古音""复兴之路"等多场主题教育活动，在继承优秀传统文化的同时，结合了红色革命文化，二者的有机结合是国学夏令营的文化志愿活动的重要特色，意图就在于"育新人"；夏令营开设国学经典课、中华才艺课，同时进行国学教育师资实训，目的就是大力弘扬优秀传统文化——"兴文化"；夏令营还组织常态化的"跨文化视野下的国学经典教学"专题教学教研活动，希望培养中小学生跨文化交流的思维习惯和能力，希望孩子们能够更好讲好中国故事，更好传达中国理念，更好发出中国声音，其目标就是"展形象"。

三、校园文化建设的理论构型

学校文化是一个物质与精神相统一的有机整体，包含从表层、中层到内核的既有理念又有行动的各个事项系统。目前有关学校文化系统的认知，主要有"洋葱"模型和"冰山"模型两种理论。

"洋葱"模型理论认为，学校文化系统由核心层、中层、表层三个层面组成。其中，核心层系统主要是学校的理念文化，也称为学校教育哲学，最常见的就是每一所学校的"一训三风"(校训、校风、教风、学风)，它们是每一所学校办学的灵魂。中层系统主要是学校的行为文化和课程文化，这是学校办学理念能否达成的关键，相当于学校办学的经脉，学校的理念只有借助在校内举办的各种活动、开设的各类课程才能获得稳定的输送渠道，最终贯彻到学生的成长中去产生影响。表层系统主要是学校的环境文化和视觉文化，它们是学校办学理念最直观的表达，能够给校园师生持续的、全方位的浸润式体验。

"冰山"模型理论认为，学校文化系统由显性结构和隐性结构两个部分组成。其中，显性结构是指校园文化可见的具有文化意蕴的客观物质存在，包括校园环境、标志符号、规章制度、组织结构、行为模式等；隐形结构则是指隐藏在学校日常行为后面的约定俗成的文化，包括学校管理理念、价值观念、办学理念、学校精神等。

对比两种学校文化的认知构型，我们认为"冰山"型理论更为简明，但"洋葱"型理论更能凸显办学理念的灵魂引领作用，而这一点对于"化民成俗"的教育来说尤其重要，所以后续论述，我们会重点按照"洋葱"型理论模型来分析校园文化建设。

四、学校文化系统的构成要素

学校文化系统由理念到物质大致包含5个相对独立的文化子系统。

1. 理念文化

理念文化是学校文化系统的灵魂，不仅包括学校办学的核心观念，还包括对观念提炼后的文字表述，它不仅是学校办学的初心，还是学校一切行为的最高价值标准和原则。其中，最为人们所熟悉的就是学校的校训。例如，清华大学的校训"自强不息，厚德载物"，广东第二师范学院的校训"进德修业，为人师表"等。

2. 课程文化

课程文化是学校文化的主要载体，是学校活动的主要内容和形式，它是对理念文化常态化、制度化的具备稳定性和可操作性的落实，承载并传递着特定的情感、态度和价值观，表现为在过程中展开的系统性的教材、教法、学法，最终实现对学生必备知识、关键能力和核心品质的培养目标。学校日常开展的最主要活动就是教学，而教学活动是基于课程体系来实施的，可见课程文化在校园文化建设中的重要地位。

3. 行为文化

学校行为文化是学校文化的"活态"部分，主要是指学校师生通过其行为本身以及由行为表现出来的社会心理、思维方式、思想观念和风俗习惯等文化形态的综合系统。相对于课程文化的稳定性，行为文化往往更为灵活。行为文化通常呈现为学校师生的行为规范、学校举办的各种活动。

4. 环境文化

环境文化是学校文化的躯体，是学校之所以成为学校的空间基础，它一方面满足学校师生教学生活的需要，另一方面蕴含着学校办学特定的教育理念、审美旨趣和价值追求。因此，它既是显性的学校文化，也是隐性的文化载体。

5. 视觉文化

视觉文化是学校文化的视觉传达体系，包括学校标志、标准字体、标准色彩等最为表层、直观的形式。视觉文化通常与环境文化相配合，面向师生及社会传递学校特定的教育理念、审美旨趣和价值追求。

以上五个子系统完整构成了学校文化建设的整体，它们之间互相影响，从而塑造出不同学校不同的文化风貌。当然，这些文化系统中的部分内容具有规定性甚至强制性的性质，尤其是课程文化部分必然要体现国家意志和社会需求，这又使得学校文化建设在体现特色的同时也必然包含许多共性的东西。当前大力弘扬中华优秀传统文化，践行社会主义核心价值观是我们的国家意志和社会需求，因此在校园文化建设中开展国学教育，把国学教育贯彻落实到学校文化建设的各个子系统最终完成"举旗帜、聚民心、育新人、兴文化、展形象"五大使命任务就是学校文化建设的中心工作。

第二节 国学教育对校园文化建设的参与

国学教育对校园文化建设的参与必须是全方位的，因为它是底色，撇开这样的底色，校园文化建设就成了无源之水、无本之木，就缺乏思想的深度和现实的广度，终究无法长期坚持和深度实践。下面我们将根据"洋葱"模型理论就国学教育对校园文化建设的核心层、中层、表层三个层面的影响来看看国学教育如何参与校园文化建设，而就我们团队的研究与实践的重点来看，我们将把论述的重点放在核心层与中层上。

一、国学教育是学校理念文化的灵魂

学校理念文化作为校园文化建设的核心构成，它的基本要素又可以分成宏观、中观、微观三个层次。宏观理念指学校发展的核心理念、发展愿景，例如广东第二师范学院的发展愿景是"特色鲜明的高水平应用型师范大学"。中观理念指学校办学精神，主要包括校训、校风、教风、学风等。微观理念则指学校具体的办学理念、办学宗旨、办学策略、培养目标、管理原则、人才理念、服务理念等。国学教育对学校理念文化的三个层次起码可以起到三方面的作用。

（一）国学教育提供了学校理念文化的历史依据

学校理念的提炼不可能是"飞来峰"，因为外来理念与学校发展的历史与现状往往难以充分契合，从而无法充分调动学校发展的内在潜力与各种资源，甚至出现南辕北辙的情况。因此，学校理念文化的建设必须植根于学校发展的历史土壤之中。而国学教育带着一种对历史的温情与敬意可以引导学校重视自身成长的历史轨迹，进而引领学校把自身的发展置入民族伟大复兴的历程中来思考与建设。例如，广州市第六中学源自黄埔军校，所以他们把黄埔军校的校训"亲爱精诚"作为自己的校训，把黄埔军校的校歌当作自己的校歌，以黄埔军校精神激励学校师生为中华之崛起而读书，这样的校训就具备了历史依据，这样的教育就是国学教育。

（二）国学教育体现了学校理念文化的现实担当

学校的存在与发展必然与当下的现实社会产生千丝万缕的关联，因此学校理念文化的建设必须回应当代社会重大关切，体现学校在精神发展层面的现实担当，否则学校就会自我边缘化，最终无法培养适应社会发展需求的合格人才。当代中国大中小学的育人目标一定要体现国家意志，一定毫无例外地都是在培养"中国特色社会主义接班人"，这个根本定性不能动摇、不能含糊，这是我们的立国之本。国学教育既包含中华优秀传统文化教育，又包含革命爱国主义教育，就是要培养能够立足中国大地干天下事业的人，培养有中国精神、中国风格、中国气派，又有世界眼光能够吸收人类文明进步一切优秀成果的人。从这个境界出发去思考学校的理念文化、建设学校才能真正立足当下。例如，上海财经大学以"经世济国"作为自己的校训，这既是对中华传统经济理念的继承，更体现了学校自觉的现实担当。

（三）国学教育引领着学校理念文化的发展方向

学校的理念文化既要源于历史、立足当下，更必须放眼未来，必须对学校的发展起到精神引领作用，而国学教育带着一种大历史的视野与胸襟，对学校办学的胸襟和视野会有关键性的影响。例如，清华大学的校训"厚德载物，自强不息"就源自《易经》的乾坤两卦，其中的"自强不息"源于乾卦的"天行健，君子以自强不息"，就在这样的理念之下，清华人发出了"为祖国健康工作五十年"的壮志凌云的宏愿，这就是一种放眼未来的担当，而正是这样渊源深厚的文化自觉才有了清华大学百年的辉煌。

由此，我们可以看到，只有自觉地把国学教育、中华优秀传统文化作为学校理念的文化灵魂，校园文化建设才能展现出较高的水平，学校的发展才能行稳致远。

二、国学教育是校园课程文化和行为文化的经络

课程文化和行为文化是校园文化的中层,而且课程文化与行为文化两者又是互为表里的。从理论意义上说,校园之内无非课程,课程文化是对行为文化的引领、概括和提升,因为校园的一切活动都是围绕着"育人"这个中心工作来展开的。区别于家庭和社会的教育行为,学校教育行为目的性强、过程组织更加讲究方式方法,而且效果的评价与展现也更为直观,所以我们可以把学校的一切活动都理解为"课程"。从实践意义上来说,校园之内无非教学活动,行为文化其实是课程文化的落实与践行。离开行为文化的课程文化就会成为空中楼阁、海市蜃楼。因此,作为校园文化的中层结构,我们可以简单地把课程文化和行为文化理解为一个理论和实践相结合的机制,两者谁也离不开谁,这一点在强调知行合一的国学教育的开展上尤其如此。

例如,广州市天河区五山小学的"新国学教育"。他们不仅编写了完整的国学教材,探索出"三环七步"课堂教学法,构建了完备的国学教育课程体系,而且他们在新国学教育中特别强调实践中的体验,将知、情、意、行紧密结合起来。除了引导学生在日常学习和生活中做有心人、用心体验之外,学校还开展多样化主题活动,为学生创造体验的机会。最典型的活动是家国情怀主题教育系列活动,如开展"我是中国人"的演讲、爱国诗篇朗诵、"榜样三级跳"比赛等活动。以"榜样三级跳"比赛为例,学生们先"找榜样",认识范仲淹、岳飞、韩愈、鲁迅、杨绛等名家和现代各行各业中的精英模范;再通过一系列"学榜样"行动,争做"仁智少年";最后自己"当榜样",向别人分享自己的成功经历。他们这项活动多年来持续深入开展,对学生的影响很大。从2016春季学期起,他们还策划学生"行万里路"体验活动,让学生走出学校、走向社会,到西安、南京等地体验中国文化,传承中国精神。五山小学的这一系列校园文化建设活动从理论来讲就是国学教育课程文化建设,从实践来讲就是国学教育行为文化建设,所以我们可以讲,课程文化是相对静态的行为文化,行为文化是相对动态的课程文化。

我国对校园课程文化建设和行为文化建设的内涵及其关系的认识与重视的历史相当悠久。早在宋代,教育家朱熹教导学生的时候就再三强调要"宽着期限,紧着课程",要"小立课程,大作功夫"。此间,课程文化建设要"紧"要"小",行为文化建设要"宽"要"大",其实就是清晰地认识到一个偏向理想和理论,一个偏向现实和实践。虽然他的教育观念与当前的教育观念有不少出入,但是对课程与行为(功夫)的重视,对课程与行为在学校育人中的载体作用以及

两者之间关系的认识却是给了后人非常大的启发的。就目前来说，校园文化建设的主要载体就是课程文化和行为文化建设，相对于国学教育对校园理念文化建设的灵魂引领，国学教育对于校园课程文化和行为文化建设的作用就更为具体了。

（一）国学教育是国家意志在校园课程建设上的体现

在校园课程文化和行为文化建设的发展道路中，与中华优秀传统文化的融通是各个学科特色发展的"正路"。教师要在课程建设中有意识地将国学渗透、整合到教育教学活动中，在各个学科教学中渗透国学教育内容，在各种主题活动中融入国学教育元素，形成"学科+国学"的特色课程。这已经成为当前国家学科课程开发的强大意志。部编版中小学语文、历史、道德与法治教材中大量增加中华优秀传统文化的比重已经人所共知，其他学科虽然由于学科特点国学教育的特色尚未引人注目，但是国家意志也已经相当明显。例如，高中《教学人教A版·必修3》第一章的"算法初步"，该章章头图的后景是元代朱世杰所著的《四元玉鉴》，前景是古代盛行的计算工具算筹和算盘，教师在教学中就必须借此向学生介绍中国古代数学的特色和辉煌成就，让学生意识到中国古代数学对世界数学发展做出的贡献。而且作为课程改革方向标和指挥棒的高考也相应进行了改革。比如2017年高考的新课标Ⅱ卷理数，就引用了我国古代数学名著《算法统宗》中的问题为考题："远望巍巍塔七层，红光点点倍加增，共灯三百八十一，请问尖头几盏灯？"也就是说，从课程开发、课程教学、课程评价各个环节来看，国家对学科教学的特色发展方向已经做了相当明确的指引："+国学"。因此，各个学科的教师在具体的学科教学中一定要自觉运用中华优秀传统文化蕴含的学科课程建设资源发展自身的学科特色。

（二）国学教育是校园课程建设内涵发展的助推器

"学科+国学"的课程建设策略当然不是国家意志在强行"拉郎配"，而是中华优秀传统文化当中确实有许多值得我们去珍惜、去挖掘、去弘扬的宝藏，古为今用可以让当代教育开出更为灿烂辉煌的花朵。例如，古代中国人为了建立成熟的农业生产体系，他们特别擅长对自然现象的深入观察，并且通过口口相传的俗语或者诗词等来表达他们对自然环境的适应、总结与感悟，而这些感悟凝聚了古人的智慧结晶，是我们中华民族传统文化必不可少的组成部分。像《诗经》中的"七月流火，九月授衣"这样的诗句既可以帮助我们了解天象的演变，也可以帮助我们了解在一年中气温变化对人们生活的影响，把这样的资源导入地理教学就可以提升地理课的文化内涵。其他的诸如在英语课上开展国学经典双语教学，在美术课学习为古诗古文配画，在音乐教学时用歌舞、小品、快板等艺术形式演绎古诗文，在体育课学习中华武术等，这些做法都可以使得精深的国学教育变得生动形象的同时又提升了学科教育的文化内涵。

（三）国学教育是融通校园课程建设的经络

当前，学科建设有两个很重要的趋势：一是特色发展，二是综合建设。特色发展是对教师教学个性的尊重，对学校地方文化资源的重视，它可以让学科建设更接地气。综合建设是对学生成长需求的重视，帮助学生打通知识链条的独自分割状态，满足学生知识结构优化整合的需要，最终实现学科知识"1+1>2"的效果。但是，特色发展和综合建设经常处于偏颇、倾轧的状态，往往强调了特色发展就忽视了综合建设，反之亦然。问题的关键就在于课程建设没有寻找到融通特色发展和综合建设的"经络"，经络不通，课程建设就无法一以贯之。学科特色发展可以"+国学"，学科综合建设则可以基于国学底色来展开，亦即"国学+"，而国学教育恰恰就是融通当前课程建设内部机理的经络。

总之，不管是从课程规范应该体现的国家意志，还是从课程建设自身的内涵和外延要求来看，国学教育都能够担当起融通课程建设和行为文化建设各处关窍的经络。

三、国学教育是学校环境文化和视觉文化的底色

国学教育不应该仅仅是学校发展的特色，而应该成为学校发展的底色。这一点在学校环境文化建设和视觉文化建设上的体现最为直观和生动。

（一）环境文化的中国风

如何激发学生参与国学教育活动的兴趣？校园文化环境的建设非常重要。如果说课程文化开发是围绕着书本来进行的，那么环境文化建设就是围绕着一砖一瓦来进行的，所以课程文化建设和行为文化建设属于软环境建设，校园环境文化建设是硬环境建设。硬环境建设最好是整体规划，局部推进，这在国学教育环境营造上尤其重要，因为国学教育环境建设除了要有其形，还应该有其神。

首先，环境文化建设整体规划要贯彻落实学校的核心理念。例如，深圳市龙华区松和小学以"青松"为校园育人形象，以"和谐"为校园育人境界，围绕这样的核心理念，他们整体规划打造出文雅古朴、意境悠远的国学校园，中国结、圣人雕像、小桥流水、墙柱壁画、诗词歌赋，处处渗透国学元素，让学生在独具特色的校园环境里得到传统文化的熏陶。其次，对多数学校来说，局部推进是一

条校园环境文化建设的务实路径。这时候国学教育阵地的打造就尤为必要。如何打造？当然还是要整体设计，全面规划，精心落实，才能让校园洋溢着浓郁的传统文化教育氛围。深圳市蛇口育才教育集团第四小学就特别注重营造校园传统文化教育环境，他们建设了古色古香的国学教室、娴雅古朴的陶艺室、厚重雅致的国学长廊国学教育主阵地。他们的老师在国学教室开设茶道讲坛、茶艺课，"一杯茶，品人生沉浮，平常心，看万千世界"，茶艺课让师生感受到中华茶道的博大，也品味到人生海阔天空的淡然。这样的环境打造，让学生们随处可以学习传统文化，让老师们有了教学、交流传统文化的阵地，让学校充满了书香气。所以学校也成为了深圳市诗书礼乐研究会的基地。

（二）视觉文化的中国色

视觉文化与校园环境文化建设有交叉重叠，也有独立空间。学校环境布置的主色调，学校建筑的主要构型等都会涉及视觉文化的领域，也都属于校园文化的视觉传达体系内容之一。除此之外，学校视觉文化还包括学校标志、标准字体、标准色彩等最为表层、直观的形式。例如，东莞市长安镇雅正学校在学校建筑的主要构型上强调匀称方正，体现一种沉稳大气的新中式风范；而在主色调上他们选择了"靛蓝"这一历史悠久的颜色作为学校标志的主色调，创造出一种既庄重又活泼的校园氛围。事实上，视觉文化是校园文化建设最灵动的层次，可以创新的地方有很多。例如，北京师范大学就别出心裁地给每一位毕业生设计了"毕业戒指"——戒指恒久远，一颗永流传！母校之于学子的情谊借助一枚戒指长远润泽心田。

当然，校园视觉形象文化建设还要注意三个"有利于"的原则：第一，有利于学校品牌推广。校园视觉文化建设要符合中国审美和时代潮流，如此才能形成广泛的社会反响。第二，有利于形成学校文化个性。校园视觉文化建设要有一定的辨识度，就必须表达自己独特的品性，形成独特的品相。第三，有利于学校和谐发展。视觉文化与师生朝夕相处，因此在色彩、造型等方面的选择上一定要注意有利于学校文化氛围的和谐，例如过于压抑、笨重或者过于浮艳、轻佻的色调与造型都不适合校园文化建设。

总之，在校园环境文化建设和视觉文化建设中我们一定要注意对学校核心理念的表达功能、对学生成长的教育功能、对师生及校园和谐关系构建的审美功能。同时，可以在国学教育的底色上以"一校一景""一校一品""一校一色"来突出自身的特色。

第三节 校园文化建设导入国学教育的实践

把国学教育导入校园文化建设中,从而深刻改变一所薄弱学校的整体面貌,这是我们团队多年的实践理念。因为优质学校往往拥有其他学校难以企及的各种资源,它们的发展也已经走在良性循环的道路上,所以最需要我们关注的是薄弱学校。基于此,我们在2013至2018年选择了广州市海珠区东风小学作为我们的实践基地,全面导入国学教育参与校园文化建设,我们还为此申报了一个广州市的教育科研课题,经过5年的建设,最终课题结项并评定为"特优"。本节内容全面展示我们这一实践的过程及内在的理念。

实践基地的选择需要各种机缘际会,选择东风小学有四个方面的原因:第一,这是一所城中村小学。因此它既有"城市"的文化因素,也有"乡村"的文化因素;还因为处在"城中村",五湖四海的文化都聚集到这里来了,在这样的背景下开展国学教育有助于探索多元文化的融通,具有非常重要的理论价值。第二,这是一所薄弱学校。学校就在城中村,周边环境长期恶劣,优质教育资源不愿参与学校的发展,如果能够借助国学教育提升学校办学品质,那么国学教育的现实意义就不证自明了。第三,学校领导认识到位。东风小学校长吉淑娟原来在广州市海珠区另外一所城中村学校赤沙小学担任副校长,她从2009年开始就与我们团队进行国学教育协同创新,对国学教育的理念与实践策略有比较深入的领悟,这为在东风小学的实践奠定了良好的基础。第四,东风小学的教师团队向善向上的精气神十足。东风小学虽然处在城中村,但是教师团队有一股不服输的精神,他们一直在尝试超越现实局限,寻找学校发展突破口。当然,选择东风小学作为实践基地的时候,我们也清晰地认识到:城中村学校由于历史及现实的种种原因,教育教学水平相对较弱,学校发展往往面临诸多瓶颈,随着中国教育事业进入新时代,社会对教育均衡发展的期盼也越来越迫切,但教育均衡发展不是削强补弱,而应该是扶弱成强,薄弱学校应该发掘自身的发展潜力,同时整合多种社会资源,以校本化的作为探索适合自身发展的道路。因此,我们团队协助东风小学主要做了三个方面的工作。

一、确立以城中村为背景的校本化基点

一切校园文化建设最终都要落实到校本化上来,而校本化就需要对学校所处的现状有深入的了解和把握。东风小学地处广州市海珠区东部,距离区政府所在地直线距离不足1000米,但就这1000米却呈现出城市与乡村的巨大发展落差。

综合来看，东风小学的发展面临三个方面的挑战：

第一，社区环境的长期劣质化存在。与其他城中村一样，学校周边社区聚集大量的流动人口，社会管理难度强度很大，环境治理问题也是年年治、年年乱，师生出入校园很不方便，由此造成优质生源、优质师资对此敬而远之，学校发展在源头上长期难以优化。如何发挥学校文化堡垒的作用，助力社会环境的优化升级成了我们在实践中不能不考虑的重要问题。

第二，学校自身发展的历史欠账严重。由于城中村特殊的地理环境，有关部门思考学校的发展定位往往是"求其有，不求其好"，结果长期发展下来，东风小学在校园硬件与软件配套建设上就存在严重的历史欠账。虽然随着经济的发展，学校的建设投入也在不断加强，但由于历史欠账太多，仍然存在很大的提升空间。如何让有限的投入发挥出更大的教育效益，始终是考验东风小学的实践难题。

第三，学校生源结构特殊。学校生源近30%为本地村民子弟，超70%为各地外来务工人员子女。本地学生相对内敛稳重，存在优越感，但因地处城中村，思想认识又相对封闭；外来务工子女好动活泼，但不少人有自卑感，行为习惯也不佳。而在学生背后更大的挑战来自家庭。因广州经济发展的强大吸附力，这里集聚了来自五湖四海的外来人口。面对不同文化背景的家庭，我们团队在调查中感受到家长间天南地北的教育思想的碰撞。如何在行为习惯、思维方式、个性特征千差万别的学生以及家庭之间构建融洽的沟通渠道，自然成为东风小学必须面对的首要问题。

以上三方面的挑战应该是许多城中村小学所面临的客观存在的有代表性的普遍问题，只不过在大家在每一个问题的严重程度上各有差异罢了。因此直面这些挑战，探索并寻找城中村薄弱学校优化升级的策略就成为有战略意义的行动。为了让每一位东风学子拥有金色的童年，东风小学认为在多元文化交错碰撞激烈的城中村首先必须实施人文传统教育，培养孩子们海纳百川的宽广胸襟，让孩子在包容和谐的氛围中愉快学习，在融会贯通中快乐成长。于是，东风小学抓住国家大力弘扬中华优秀传统文化的契机，找准切入点，从国学教育中凸显人文传统教育，以人文传统教育构建融洽的校园文化，重塑学校形象，实现自我突破。

二、构建以"至暖教育"为核心的校本化理念

确立了人文传统教育的方向，如何找准校本化策略？在实践过程中，东风小学始终考虑该校的多元文化背景：国际大都市的光鲜亮丽与城中村喧闹嘈杂交

错融合。农村与城市并存,现代与传统碰撞,外来与本土交汇,多元文化价值的复杂交织构成了学校特色发展的背景,但如何在在交汇中求融通、在多元中求共识?几年来,东风小学将学校人文传统教育的核心凝聚到"至暖教育"这一理念上来。

(一)"至暖教育"理念的凝练

东风小学首先抓住"东风"这一独特的校园文化意象寻找人文化育的思路。他们认为,东风是温暖和煦之风,以其温润之性悄然无形地滋养万物。他们希望东风小学也能像春风一样,以无形和有形的校园文化氛围,温暖每一个东风人。生命的长度无法控制,生命的宽度难以把握,但东风小学的教师们深深地知道,改变这个世界的力量却可以来自我们内心深处的温度。而"暖"不是一个凝固的状态,它需要我们持之以恒的努力才能保存和生长,所以他们又加上一个"至":永远的追求。而且"至暖"还包含有如大自然中春暖花自开一般的育人文化内涵,寓意来自全国各地的学子与本地村民子弟相融共生、抱团取暖,在东风小学这块沃土这里扎根、成长,做"暖言、暖行、有根、有为"的东风学子。如此,"至暖"教育的理念就诞生了。它就是这样一种祥和的,处处充满爱、处处承载希望和梦想的一种有温度的教育追求。他们希望这一最具人文关怀的文化定位,这种有温度的教育追求从东风小学生发开来,吹向每一个家庭,吹遍整个社区,甚至更大、更远,给人们带来温暖的心灵慰藉。

(二)"至暖教育"理念的扩展

经过充分酝酿、凝练确定的"至暖教育"正式成为校园文化培育主题之后,他们在"至暖"的母题下,以"让东风吹暖人心,让生命如花绽放"为办学理念,努力建设"办学有特色、发展有内涵、师生有成长、社区有口碑"的海珠区东部优质特色学校。学校引导全校师生逐渐形成了"阳光尚学,德才同长"的校风,"春风化雨,教学相长"的教风和"脚踏实地,日有所长"的学风,教学目标则是培育"暖言、暖行、有根、有为"的东风学子。他们还建立起统一的文化标识,校徽、吉祥物等都有鲜明的"至暖"特色,它们充分演绎着"东风至暖,花自芬芳"的办学理念。

此外,东风小学还选择了唐朝诗人白居易的《杏园中枣树》作为校训诗,把诗中"东风不择木,吹煦长未已"确立为学校的校训。如此一来,"至暖教育"又有了"枣树"这一生动可感的文化具象:暖风吹枣树,一派欣欣向荣,生机勃勃的景象时刻留驻在东风小学的师生心中,校园的育人文化自然而然成为师生共同的生命发展过程。

(三)"至暖教育"理念的落实

为营造充满人文的外显环境，在周边环境并不理想的城中村里，将东风小学校园打造成充满浓郁人文传统氛围的校园，将"至暖教育"理念落实到实体、落到实处，他们做了三方面的工作。

第一，"至暖"人文景观的创设。新的人文教育理念需要新的形象代言，因此他们在校园中创设了一组"至暖"人文景观。一进来校门，就看到他们安排的刻有"暖"字及"东风不择木，吹煦长未已"校训的文化石，此处承载着东风人的教育追求；还有大家共同用心设计的校园吉祥物：一对活泼可爱的小蜜蜂提醒东风学子在知识的花园中采花酿蜜。在校园操场西边上，他们树立一座至圣先师孔子的塑像，温暖慈祥，目光高远，眺望着东方，引领东风人将人文传统发扬光大。如果说孔子塑像代表着东风小学"暖"文化的人文传统之源，那操场南边上的"思源"古井则代表着东风小学"暖"文化的乡村伦理之源。古井边上就是当年倒塌的校舍遗址，遗址边上有校舍重建纪念碑，记载校舍倒塌之后，社会各界情系学校、慷慨解囊、东风送暖、重建倒塌的校舍的事迹，时时提醒东风人赏花寻种、饮水思源。

第二，"至暖"人文环境的改造。除了新景观的创设，旧环境的改造更要耐心。他们根据"至暖"理念，对学校的大空间和小角落重新进行了规划与布置，对校门、单车棚、学校进门厅、楼梯空间区、杂物房、楼梯角都进行了改建，并将学校的人文传统融入到每一个物象之中。例如，东风校园中一进校门的左边原本是简易杂乱的单车棚，他们改造成古色古香，暖茶相伴、书香馥郁的"暖风斋"，成了接待家长和各界客人的场所。原先的楼梯间杂物房则改造成了可以照顾个别老师和学生特殊需要的小厨房，成了每日都有炊烟升起的"暖心阁"，连楼角也变成了充满浓厚乡情的孩子们作品的展示区——"暖阳轩"。

第三，"至暖"班级环境的营造。在班级制度建设中，每个班级制定自己的《至暖公约》，让每一个孩子自己进行自主管理。根据"东风送暖"的意象，东风小学每班选择一种花作为自己的班花，同时选择一首和班花有关的古诗作为班诗，阐释班花的化育理念，并把班花作为班级环境布置的主题元素，把班花设计到班牌和教师板报上去。

校园浓郁的人文环境，为孩子们接受人文熏陶创建了理想的场域。这些精心打造的校园景观，将教育思想融入物象，用静态的语言表达着我们的"至暖"人文教育，以立体教科书的形式用具体的物象呈现学校文化，步步皆景、处处育人，充满温暖芬芳的校园景致潜移默化地践行着人文传统教育。东风小学在外部环境并不理想的城中村里创设了一片静美的"世外桃源",又以此间的静美默默感化整个社区。

三、探索以课程建设为抓手的校本化路径

课程文化是校园文化的主要载体,因此课程建设也是校园文化建设的主要内容。在中小学教育中,任何教育目标的达成、教育理念的落实最终都必须体现在课程建设上,因为只有课程才能实现教育教学目标的常态化和持续化。东风小学基于城中村的现实背景提出"至暖教育",又根据这一理念创设并改造环境,最终还是要回到课程建设上来。

(一)以国学教材开发来构建人文传统教育的基石

"至暖教育"的精神来自中华优秀传统文化,中华优秀传统文化的传承与发展有赖于国学教育,而国学教育首先要解决的是"教什么"的问题,这样,教材的开发就成了"至暖教育"长期有效开展的必要条件。国学教材开发的技术难度超越了现在中小学教师的一般知识水平,为了解决这一难题,东风小学与广东第二师范学院郑国岱博士团队建立学术协作关系,加入"岭南国学教育协作联盟"的协作学校群体,联合开发并出版了基础段国学教育教材。这套国学教材以孔子"志于道,据于德,依于仁,游于艺"的教育理念为编写原则,以"兴于诗,立于礼,成于乐"为基本方法,针对不同年段的学生提出不同的要求,主要分为以下三个阶段:①低年级——突出诗教,以感发性情,培养纯正、光明的情操为主要内容;②中年级——突出礼教,培养学生心怀天下的崇高理想、任重道远的弘毅精神;③高年级——突出乐教,引领学生实现个体身心和谐,个体与社会、与自然的和谐。根据学生的心理发展特点,学校由易到难编选了包括《弟子规》《三字经》《千字文》《百家诗》《论语(上、下)》《孟子(上、下)》《道德经(上、下)》《大学》《中庸》等共12本教材。它们分别运用于小学六个年级之中。近3万字的诵读量,学生按部就班地学习之后,传统文化的功底自然日积月累,悄然渗透。

(二)以"三元五场"课堂教学构建人文传统教育的运作模式

不同年龄阶段的学生,心理发展水平也不一样,对国学经典的理解和接受程度也不同。在广东第二师范学院国学教育团队的带领下,东风小学国学教师团队在授课过程中不仅深入理解了"经典、教师、学生"在国学经典课堂教学中的互动机制,而且逐步掌握了"导趣屋—乐读斋—善品堂—开悟轩—回味阁"的五场国学教学模式,为国学经典课堂教学的常态化开展提供了可能。此外,东风小学还在课时和评价两个方面确保国学经典课堂教学的顺利有效开展。其一,课时保

证。为保障国学课程落到实处，课时采用长短课设置，短课采用晨读、午诵、咏归三种方式（早上、中午各诵读10分钟，下午放学一路吟咏而归）；长课为每周一节课专注品读领悟国学经典并开展丰富的诗文课外活动。其二，评价方式。我们创造了"国学护照"的评价模式，将国学教材每个背诵单元列入"护照"中。学生每背完一个单元，就可以获得星星。当学生背完一册，便可在其"护照"上盖上专属这一册的国学印章，然后进入下一关。

通过熟读经典，学生可以深入了解传统文化，践行传统美德，承续中华文化之文脉，在此过程中，怡情养性，生长智慧。国学课程为每个学生的健康成长搭建了良好的平台。

（三）以第二课堂的特色课程建设拓宽人文传统教育的实践路径

基于东风小学的实际情况，在对学生进行人文传统教育的过程中，他们逐步形成了三大系列的第二课堂特色课程。

第一，节日课程系列。现在许多学校热衷于办"节"，但是这些节日活动多为单项目运作，而且通常与学科学习相关的，往往忽视与文化传统、自然的持续联系。因此，东风小学结合学校的发展方向，重点强化了节日与传统文化的联系。中国自古是礼仪之邦，仪式富含许多育人因素，中国传统节日是学校开展仪式教育的重要契机。与此同时，面向小学生成长的重要阶段，我们也可以创设新的节日，开展相关活动，让小学生在体验中获得成长。因此，在传统节日之外，东风小学还设置了成长三礼与芬芳六节。成长三礼：入学开笔礼、成童立志礼、毕业感恩礼。芬芳六节：童乐寻春节、创想科技节、快乐艺术节、至暖文化节、悦读书香节、活力运动节。每个节相对独立又彼此融通。学生在过"节"中快乐成长，汲取人文传统精神的养分。

第二，家风、家训课程系列。城中村小学的家长以外来务工人员为主，他们受教育程度普遍较低，在教育子女方面缺乏正确的方法，再加上迫于生活压力，他们在子女教育问题上无论是时间还是精力都十分有限。为了在家长们有限的时间、精力中提高家校联动的有效性，东风小学重点抓好家风、家训教育。家风、家训在中国传统的家庭中作为一种精神价值追求而长期存在。为了促进家风建设，东风小学深入开展了"树家风弘人文，承家训助成长"系列活动。包括：①"追寻名人家风，共品人文智慧"。学生和家长一起寻找关于名家名人的优秀家风、家训小故事，或阅读关于家风家训的经典书籍。②"'童'寻优秀家风，共承家庭美德"。学生和家长一起挖掘家庭中体现优良传统美德的家风家训、治家小故事。③"我的家风我来晒，践行家训共成长"。各班选取优秀家风书画、诗文、手工等作品，在学校官方微信平台进行展示分享，部分学生家庭在节日庆典上演绎家风、家训小故事。家风建设活动将家庭中的人文传统教育与学校的活动结合起来，为人文传统教育开拓了新的空间。

第三，社区实践课程系列。城中村具有城乡接合的区位特征，在存在种种发展问题的同时也见证着乡村迈向城市的进程，对于学生观察生活、了解社会和时代的变迁，有着独特的优势，东风小学从学校周边的社区资源中提炼教育题材，为学生带来丰富的生命体验。这种利用市域或社区范围内的区域文化资源来开发和建设校本课程，对增强学生在课程学习中的实践性和参与性，体现校本课程的自主性、特色化和实践性的特点有非常重要的意义。而且实践也证明，来自校外的鲜活资源和生活气息，为东风小学开展人文传统教育提供了坚实的基础。东风小学以"让生命如花绽放"为课程理念，建设"至暖"实践课程体系。配合社会实践活动，他们开发了"走进××"寻根乡土的系列活动课程，如走进海珠湖、走进古祠堂、走进黄埔古港等。活动课程的开展，为学生深入了解地域文化，发展人文精神提供了有效路径。

东风小学人文传统教育针对城中村学校的办学实践，将教育与人文传统有效融合，使学生在一系列活泼、实在的人文传统教育活动中走近历史、触摸文化、习得礼仪、感受人文，在潜移默化中得到性格的完善和心灵的浸润，在最美童年度过最美时光，带着最暖的记忆奔向远方。因此，东风小学的新变就是国学教育参与校园文化建设的生动案例。

东风小学的实践表明：在多元文化背景之下的城中村小学，必须形成融洽的、校本化的整体校园文化，如此才能凝聚师生的精气神，进而整合学校与社区的教育资源，促进学校的长远发展。为此，东风小学根据自身的资源条件从国学教育中凸显出人文传统教育来，以人文传统教育的校本化作为来重塑学校形象，实现自我突破。在落实人文传统教育的过程中，东风小学以国学经典教育为重点，以人文传统教育的校本化课程建设为核心，纲举则目张，各种教育资源得到了有效整合，多种特色教育活动成功开展，学校面貌焕然一新，在城乡接合部探索出了一条薄弱学校的特色发展道路。

第九章　国学教育与教材建设

近年来，社会上正掀起一股强劲的国学教育热潮。国学教育热正渗透到社会生活的方方面面，且越来越受到人们的重视。从高等学校到普通的中小学及幼儿园、从正规教育到各类社会培训、从公办学校到社会办学都可以看到，国学教育的开展正如火如荼，方兴未艾。国学教育之所以兴盛主要还在于当今社会人们对美好精神文化生活的追求，国学中的传统文化是中华民族优秀精神文化的宝库，它可以弥补当今社会人们精神生活的缺失，弱化物质至上的价值观。习近平主席在党的十九大报告中说："我国社会主要矛盾已经转化为人民日益增长的美好生活需要和不平衡不充分的发展之间的矛盾。"人民日益增长的美好生活既包括美好的物质生活，也包括美好的精神生活。建设美好的精神生活离不开中华民族的优良文化传统。所以习主席又说要"推动中华优秀传统文化创造性转化、创新性发展"[1]。国学教育的使命就是要继承和发扬中华优秀文化传统，这是新时代的使命，也是社会发展的必然。

乔福锦在《国学教育论纲》中谈到"国学教育与现代化关系问题"时说："守先是为了待后，只有继往，才可开来。创新的基础，是历史积累。保持创新活力与维护民族文化传统并不冲突，国学教育与教育的现代化也不对立。国学不是博物馆中的陈列品，也不是西方大学中作为'古董'研究的'汉学'，而是数千年一脉相承并且至今仍充满着生命活力的学问。在此意义上的国学教育，也应是与时俱进的民族文化学术教育。"[2] 由此可见国学教育的重要性。

国学教育需要有好的师资队伍，也需要好的国学教材。所谓教材，"从培养人才的角度看，教材是体现教学内容和教学方法的知识载体，是培养人才的工具。对教师的教学而言，教材是教学的主要依据；对学生的学习而言，教材是学生系统地获取知识、培养能力的重要工具，也是培养科学世界观和优良道德的工

---

[1]《党的十九大文件汇编》，党建读物出版社，2017，第8、16页。
[2] 乔福锦：《国学教育论纲》，《河南理工大学学报（社会科学版）》，2013年第4期，第254页。

具。"[1]从当前的情况来看,国学的教材建设尤为紧迫。

当前,中国图书市场有关国学的读物品类众多,内容丰富。其中常见的是面向普通大众的国学读物,成书的方式通常是重版19世纪末至20世纪初的国学大师的经典国学著作,其目的在于"为国学爱好者提供权威、实用、通俗的普及性读本;为研究人员提供学术积累和参考资料;为广大领导干部提供治国理政的决策参考、修身养性的行动指南"[2]。这些书籍的最大特点是浅近,"丛书的新作尽可能深入浅出,通俗易懂;旧著则尽可能地做一些通俗化、大众化的处理。浅近,是为了贴近我们大家,也是为了我们大家能够走近乃至走进那些大家名作。"[3]代表性的书籍有:华文出版社出版的"国学经典藏书"系列丛书第一辑有10本,分别是:《章太炎讲国学》《梁启超讲国学》《王国维讲国学》《闻一多讲国学》《吕思勉讲国学》《蔡元培讲国学》《朱自清讲国学》《刘师培讲国学》《辜鸿铭讲国学》和《陈柱讲国学》;金城出版社2008年5月出版的"大家读大家"系列丛书有《章太炎讲国学》《梁启超讲国学》《朱自清讲国学》《吕思勉讲国学》等;吉林人民出版社2009年1月出版的"大师眼中国学"系列丛书有《章太炎讲国学》《梁启超讲国学》《朱自清讲国学》《李叔同讲国学》《辜鸿铭讲国学》《林语堂讲国学》《胡适讲国学》《闻一多讲国学》《王国维讲国学》和《鲁迅讲国学》等;时代出版传媒股份有限公司和北京时代华文书局2015年12月联合出版的"大师讲国学文库"系列丛书有《梁启超讲国学》《胡适讲国学》《陈寅恪讲国学》《南怀瑾讲国学》《王国维讲国学》;北京理工大学出版社2015年4月出版的《傅斯年讲国学》;常桦编著、中国纺织出版社2009年3月出版的《一生要读的50部国学经典》;中国画报出版社2010年4月出版的"民国时期最有价值的国学大师讲稿"系列丛书有《章太炎:在苏州国学讲习会的讲稿》《王国维:历史·文学·戏曲论稿》《钱玄同:国学文稿》《梁启超:国学讲义》《孟森:在北大讲明史》《孟森:在北大讲清史》《蔡元培:讲演文稿》《傅斯年:史记与诗经文稿》《李叔同:艺术与佛经文稿》《朱自清:国学精典入门》。其中也有一些是介绍、普及国学知识的读物,如祝和军编写、北京新世界出版社2009年5月出版的《读国学用国学》;张晓杰主编、北京华文出版社2008年6月出版的《国学智慧与当下生活》。这些读物有很强的专题性、专业性,面向的是具有一定的学术背景的读者。它们并不适合作为中小学校的国学教材来使用,因而不在本章所论范围内。

---

[1] 李堃:《教材建设与管理》,国防工业出版社,1993,第1页。
[2] 章太炎:《章太炎讲国学》,华文出版社,2009,第2页。
[3] 章太炎:《章太炎讲国学》,金城出版社,2008。

国学读物中还有一些面向高等学校学生使用的国学教材，比如康清莲主编的《国学经典导读》（高等教育出版社，2013）。该书读者对象主要是大学理工科学生，目的是"提升理工科学生的人文素养，使其知识结构更趋合理，改善大学教育质量，为我国未来发展提供持久可靠的人力资源保障具有战略性意义。"[1]徐宏力、苗莉、朱尊庆编著的《国学读本》（人民出版社，2011），此书是青岛大学国家大学生文化素养教育基地——浮山书院的实训项目。楼宇烈著的《十三堂国学课》，北京大学出版社2008年1月出版。也有再版的民国时期国学教育的教科书，如钱基博的《国学必读（上、下册）》（知识产权出版社，2013）。这些大学国学教材相对于中小学国学教材而言，内容更为全面，难度、深度明显加大，部分带有国学的学术研究成分。它们也不在本章所论范围内。本章所论仅限于面向中小学校学生的国学教材。

第一节　当前常见的国学教材

当前，图书市场上的面向中小学校学生使用的国学教材还是很丰富的。从读者对象来看，有小学国学教材、中学国学教材。从阅读类型来看，有精讲细嚼型教材、吟诵背记型教材。从编著方式来看，有专题讲座型教材、经典赏读型教材。从编著目标来看，有义理感化型教材、审美熏陶型教材和二者交叉型教材。

小学国学教材，有阿卡狄亚编著的《小学生国学启蒙系列》共10册，由时代出版传媒股份有限公司、安徽教育出版社2012年3月1日出版，包括有《幼学琼林》《三十六计》《增广贤文》《论语》《千字文》《三字经》《古文观止》《弟子规》《百家姓》《朱子家训》等。

中学国学教材，有中国国学文化艺术中心编写的《高中传统文化简明教程》丛书共6册，包括高一课程《孔孟之道》和《老庄哲学》、高二课程《诸子思想》和《诗词曲赋》，辅助读物《道德经》全本，单行本《高中传统文化简明教程及模拟试题》。这套丛书的特点是荟萃中国传统文化中的哲学思想精华和诗词曲赋经典，让学生了解中华文化精粹。

精讲细嚼型国学教材即编者通过对国学经典进行全方位、多视角的解析、引申、拓展，以求学生全面理解、掌握国学经典。如育灵童教育研究院编著的《小学国学经典教材——国学》（北京师范大学出版社，2010年），全书共12册，分为三个学段：

---

[1] 康清莲：《国学经典导读》，高等教育出版社，2013。

低学段（一、二年级）：《弟子规》《三字经》《千字文》《笠翁对韵（选）》。

中学段（三、四年级）：《论语（选）》《大学中庸（选）》《孟子（选）》《老子（选）》。

高学段（五、六年级）：《庄子（选）》《史记（选）》《资治通鉴（选）》《历代美文选》。

每一册的编辑方法基本相同，如第五册《论语选（上）》共五个单元，每个单元围绕一个主题编选课文，如第一单元孝敬，先是对"孝敬"进行解析；然后选入有关"孝"方面的原文，这些原文又按照"孝为根本"和"无违为孝"两个方面进行编排，选入的每一篇原文都有详细的注释和译文；接着是"神奇汉字"栏目讲解原文中重要汉字的有关基础知识，"日积月累"栏目讲解古人的优秀事迹和故事，"诗歌赏读"栏目选入与同类主题相关的古代优秀诗歌并进行解读；最后是"活动园地"，属于练习、巩固和提高阶段。教材的最大特点是由浅入深，从易到难，深入浅出，形式多样，通俗易懂。

吟诵背记型教材即选编适宜背诵的国学经典作品选，选文一般只标注读音，没有详细的讲解，编者的意图是通过学生的吟诵背记去理解掌握经典，其秉承的理念是人们常说的"读书百遍，其义自见"。如中华孔子学会组编、高等教育出版社2004年4月出版的《中华文化经典基础教育诵本》，有三种诵读类型：胎教诵读类型、学龄前儿童诵读类型和小学生诵读类型。其中小学生诵本包括十二册，分别是：

第一册：《孝经》、《诗经》选（上）·················一年级上学期，62课。
第二册：《诗经》选（下）·····························一年级下学期，62课。
第三册：《书经》选·····································二年级上学期，74课。
第四册：《礼记》选·····································二年级下学期，72课。
第五册：《易经》选·····································三年级上学期，77课。
第六册：《春秋经》选··································三年级下学期，74课。
第七册：《论语》选、《大学》选、《中庸》选···四年级上学期，70课。
第八册：《孟子》选、《荀子》选····················四年级下学期，79课。
第九册：《春秋繁露》选、《中说》选··············五年级上学期，73课。
第十册：《通书》选、《近思录》选、《二程遗书》选、《象山全集》选
···五年级下学期，80课。
第十一册：《朱子语要》、《朱子全集》选········六年级上学期，86课。
第十二册：《传习录》选、《阳明全集》选········六年级下学期，89课。

正如编者蒋庆所言，诵本的编订目的"是为了给所有的中国人提供一个了解中华文化经典的最基本的教程"，直接目的"是为了给中国所有的儿童提供一个诵读中华文化经典的最基础的教本"[①]。

专题讲座型教材即编者分专题选入国学经典，并对选入的作品进行深入、系统的解读。如中国国学文化艺术中心编写、人民教育出版社出版的《中国传统文化教育全国中小学实验教材》共17册。这套教材分为"蒙学基础""诗词美学基础""经典子集研修"和"传统文化与艺术"四个专题进行编写。"蒙学基础"板块选入《弟子规》《三字经》和《千字文》，旨在传授学生中国传统文化知识和行为规范。"诗词美学基础"板块包括《声律启蒙》和《中国古典诗词欣赏》，旨在提高学生的诗词韵律知识水平和古典诗词欣赏能力。"经典自己研修"板块包括《论语》《孟子》《孙子兵法》《大学·中庸》和《道德经》，旨在要求学生了解中国传统文化经典读物及古代哲学思想。"传统文化与艺术"板块包括《中国传统历法与节日》《中医与儿童保健》《茶道／年画／京剧脸谱艺术欣赏》《中国传统书法艺术欣赏》《中国传统绘画艺术欣赏》《中国传统音乐欣赏》《中国古建筑美学欣赏》《中国瓷器文化》和《中国玉器文化》，旨在提高学生的中国传统文化与艺术素养，培养学生高尚的审美情趣和价值取向。丛书的特点有二：一是权威性，丛书由全国教育专家和学者编写，内容丰富，学术深厚；二是先进性，丛书吸收了当今最新研究成果。

经典赏读型教材即编者对国学经典原著进行详细的解读，帮助读者掌握国学经典。如2007年，中国人民大学国学院和中国人民大学出版社合作出版了《国学经典解读系列教材》，共15本，分别是：《墨子解读》《管子解读》《庄子解读》《诗经解读》《楚辞解读》《韩非子解读》《礼记解读》《文心雕龙解读》《世说新语解读》《唐诗解读》《汉书解读》《孙子兵法解读》《史记解读》《明清小说解读》《周易解读》。教材内容包括原著各篇题解、原文、注释、译文、解读、附表和参考书目，内容全面而又深入浅出，对于初学者提高经典阅读能力有很大的帮助。

同样类型的还有康清莲主编的《国学经典导读》（高等教育出版社，2013）。该书选入国学经典中最具代表性的《周易》《老子》《论语》《孟子》《庄子》《荀子》《韩非子》《史记》《坛经》《大学》《中庸》《千字文》《三字经》《弟子规》《朱子家训》《围炉夜话》进行讲解，内容包括经典题解、原文及注释、译文和思考题。教材通俗易懂，富有启迪。

义理感化型国学教材即编者选入的国学经典旨在帮助读者养成高尚的人生品

---

① 蒋庆：《中华文化经典基础教育诵本》，高等教育出版社，2004。

格。如马清江主编的《新国学读本》(人民出版社,2008),全书共三册:初级本、中级本和高级本。每册都按照八个单元编写,二十四个单元紧紧围绕"义理"进行编写。"所谓义理,就是合于一定的伦理道德的行为准则。中华民族在其五千年的文明史中,形成了自己的一套'合于一定的伦理道德的行事准则',比如说忠君、爱国、廉政、民本、诚信、修身、尊贤、孝友、礼让、好学、节俭、和谐等。"①

又如曹胜高主编的《初中国学读本》(北京大学出版社,2016)共三册,每一册由十个专题构成:第一册的十个专题是圣哲、德行、言语、政事、文学、爱国、风范、豪雄、贤媛、工艺;第二册的十个专题是孝悌、忠义、笃学、忧国、清正、雅量、识鉴、涵养、守节、文章;第三册的十个专题是法家权谋、兵家韬略、纵横捭阖、佛教故事、道教故事、天文算法、农桑医科、艺术杂技、神话传说、小说家言。这些都是为了培养学生的优秀品格和美好情操。

审美熏陶型国学教材即编者主要选入一些诗文艺术一类的国学经典作品,以提高读者的艺术审美能力。许多成套的国学教材常常选入古代经典诗文作品,就是为了培养学生的古典诗文阅读鉴赏能力。最多见的是编选诗经、千家诗、唐诗、宋词、元曲等诗文作品。如秋霞圃书院主编的《国学基本教材》(华东师范大学出版社,2015)24册书中就有8册是选入古代诗文艺术的经典作品,分别是《千家诗选读》《诗词格律》《诗经选注》《唐诗选读》《宋词选读》《汉魏六朝诗文选》《唐宋文选》《楚辞选注》。

有的是义理感化与审美熏陶交叉型教材,如国家语言文字工作委员会选编的《中华经典诗文诵读读本(中学篇Ⅱ)》(北京大学出版社,2007)。该书前部分的内容是"进德修业,成就智仁勇",下分五个单元,分别是永毅、谦抑慎独、交友、治学、乐道。后部分的内容是"含英咀华,体悟真善美",选入先秦至宋的经典诗文作品27篇。

 当前国学教材编写特点

一、成套系统、容量大

当前的国学教材最多见的仍是以丛书的形式成套编著出版。个中原因是单行本的国学教材篇幅有限,容量不足。而丛书的覆盖面可以很广,容量很大。这与

---

① 马清江:《新编国学读本》,人民出版社,2008,第2页。

中华古籍的博大精深、范围非常广博密切相关。除了上面所列举的国学教材外，这样的大部头国学丛书还有很多。如近三年出版的国学教材中有：

（1）张丽丽主编，北京教育出版社2015年3月出版的《中华传统文化经典》丛书。共有27本，它们是《三字经　百家姓　千字文　弟子规》《笠翁对韵》《声律启蒙》《增广贤文　格言联璧》《朱子家训　颜氏家训》《幼学琼林》《道德经》《论语通译》《庄子译注》《孟子译注》《大学　中庸　孝经》《诗经》《孙子兵法》《三十六计》《世说新语》《山海经》《千家诗》《三国志》《唐诗三百首》《古诗三百首》《宋词三百首》《元曲三百首》《荀子》《战国策》《古文观止》《史记》和《唐宋八大家文集》。

（2）刘青文主编，北京教育出版社2015年4月出版的《国学诵·中华传统文化经典读本》丛书。共有14本，它们是《弟子规》《三字经》《百家姓》《论语》《唐诗三百首》《千字文》《增广贤文》《声律启蒙》《笠翁对韵》《孝经》《幼学琼林》《道德经》《千家诗》和《大学·中庸》。

（3）北京联合出版公司2015年9月出版的《中华国学启蒙经典》丛书。共有8本，它们是《百家姓》《千字文》《三字经》《论语》《笠翁对韵》《声律启蒙》《弟子规》和《增广贤文》。

（4）中国商务出版社2015年9月出版的《国学经典》丛书。共有45本之多，它们是《唐诗三百首》《宋词三百首》《元曲三百首》《古文观止译注》《弟子规·三字经·百家姓·千字文》《庄子译注》《孟子译注》《千家诗·神童诗·名贤集·增广贤文》《论语·大学·中庸》《诗经译注》《尚书译注》《孙子兵法·孙膑兵法》《汉书译注》《荀子译注》《道德经译注》《礼记译注》《战国策译注》《列子译注》《左传译注》《孔子家语译注》《三国志译注》《颜氏家训译注》《墨子译注》《淮南子译注》《曾国藩家书译注》《六韬·三略·鬼谷子》《声律启蒙·笠翁对韵》《韩非子译注》《吕氏春秋译注》《菜根谭译注》《周易译注》《唐宋八大家文集译注》《史记译注》《国语译注》《后汉书译注》《资治通鉴译注》《楚辞译注》《汉赋译注》《坛经译注》《世说新语译注》《围炉夜话译注》《小窗幽记译注》《幼学琼林译注》《龙文鞭影译注》《徐霞客游记译注》等。

（5）靳瑞刚主编，广东人民出版社2016年1月出版的《中华传统文化经典读本》。丛书共有10本，它们是《千家诗》《百家姓》《论语》《千字文》《笠翁对韵》《三字经》《弟子规》《声律启蒙》《大学·中庸》和《增广贤文》。

（6）南京东南大学出版社2016年4月出版的《"尚雅"国学经典书系：中华国学经典诵读本》。共有24本，它们是《三字经》《千字文·百家姓》《笠翁对韵》《声律启蒙》《声律发蒙·学对歌诀》《启蒙巧对·时古对类》《幼学琼林》《孝经·弟子规》《增广贤文》《五字鉴》《论语》《孟子》《大学·中庸》《诗经》《易经》《尚书》《老子》《庄子》《千家诗》《唐诗三百首》《宋词三百首》《元曲三百首》《孙子兵法》和《三十六计》。门类非常齐全，涵盖了古代很多重要的典籍。

（7）周有光主编，天天出版社2017年1月出版的《天天诵读国学经典大字拼音本》丛书。共有8本，它们是《三字经》《百家姓》《千字文》《弟子规》《大学》《中庸》《笠翁对韵》和《千家诗》。

（8）过常宝主编，中华书局2017年1月出版的《中华优秀古诗文诵读本》丛书。共有9册，按年级编著，分别是小学第一册、小学第二册、小学第三册、小学第四册、小学第五册、小学第六册和初中第一册、初中第二册、初中第三册。

（9）清华大学出版社2017年2月出版的《中华传统文化经典诵读本》丛书。共有8本，它们是《诗经（选）》《孟子（选）》《笠翁对韵·声律启蒙》《三字经·百家姓·千字文·弟子规·孝经》《大学·中庸》《古诗词》《礼记·道德经（选）》和《论语（选）》。

（10）中国少年儿童出版社2017年2月出版的《中华国学启蒙经典》丛书。共10本，它们是《三字经》《百家姓》《千家诗》《弟子规》《幼学琼林》《颜氏家训》《增广贤文》《笠翁对韵》《千字文》和《朱子家训》。

（11）浙江少年儿童出版社2017年4月出版的《中华国学经典·少年版》丛书。共10本，它们是《三字经》《弟子规》《百家姓》《千字文》《幼学琼林》《论语》《孟子》《庄子》《唐诗》和《增广贤文》。

这些成套系统的国学丛书追求的是多、全、大。一是数量多。一套丛书动辄十几册，多则二十至四十几册，书本数量多。二是内容全。中国古代传统文化博大精深，因而国学的内容也广博深厚。其范围涵盖经、子、史、集四个方面。丛书的编著者希望国学读本尽可能多地承载这些文化经典，求全便是自然而然的事。三是体量大。许多读本的字数达到10万以上。如腾春红、金素芳编写的《庄子》（浙江少年儿童出版社，2017年）有14.5万字，诸华、邓启铜注释的《孟子》（东南大学出版社，2016年）有20万字。有的全文译注《论语》《庄子》《孟子》等。

二、重义理、轻审美

纵观当前的国学教材，其所选录的国学经典作品的标准主要还是着眼于作品的思想价值，国学教材的编著者也期望通过经典作品的阅读来培养学生优秀的道德素质和人生品格。基于这一目的，教材多倾向于挖掘作品中所蕴含的思想价值，而对于其中的艺术审美价值则有所忽略。重义理、轻审美是当前国学教材的又一突出特点。

北京中国少年儿童出版社2017年2月出版的《朱子家训》封面介绍说："读一读这本书，对于小读者养成勤奋、不虚荣、不贪财、不嫉妒、大方宽厚、节俭、讲卫生的好习惯，学会求学、择善友的方法是很有好处的。"①

熊江平在《熟读经典，承志启德》中说："国学经典，博大精深，内涵丰富。它是中华民族的立世之本。读国学经典，能提升我们的境界、安顿我们的心灵、锻造我们的高尚人格，使我们获得无限的智慧。"②

诸华、邓启铜注释的《孟子》前言中说："互联网无论怎么发达，都只是工具而已，我们的核心价值观才是生命力！中华优秀传统文化历经千百年的锤炼，理应作为中国人的核心价值源泉！"③

蒋庆在《中华文化经典基础教育诵本》前言中说："本《诵本》所选是中华文化经典中的必读精华。所谓中华文化经典，是指中国历史上长期公认的体现圣贤义理之学的诸经典，即六经、四书、诸大儒代表作以及具有深远影响的选本；所谓精华，是指诸经典中最能体现圣贤义理的核心价值，即最能体现常道常理所蕴含的思想精髓……本《诵本》编订的直接目的，是为了给中国所有的儿童提供一个诵读中华文化经典的最基础的教本。中国文化的复兴必须从娃娃抓起，儿童背诵中华文化经典，从小在心中埋下中国圣贤义理之学的种子，长大成人后自然会明白中国历代圣贤教人做人做事的道理。"④

马清江先生说："中国传统文化是新的'行事准则'、新的义理之学的基础。要实行新的'行事准则'、新的义理之学，并把它们推进到一个新的高度，使之成为整个社会主义精神文明的一部分，那就必须进一步宣传中国传统文化、弘扬中国传统文化。"⑤

刘青文主编的《声律启蒙》前言中说："纵观这些传统文化经典，我们会发现，这些经典也许言语晦涩，但不乏日常生活的情调。它有'晨则省，昏则定'这样琐碎平实的孝之教导；有'亲戚故旧，老少异粮'这样充满柴米油盐气息的待客之道；有'心口如一，童叟无欺'这样朴素而永恒的价值观……"⑥

---

① 朱用纯：《朱子家训》，中国少年儿童出版社，2017。
② 靳瑞刚：《百家姓》，广东人民出版社，2016。
③ 诸华、邓启铜：《孟子》，东南大学出版社，2016。
④ 蒋庆：《中华文化经典基础教育诵本·孝经 诗经选（上）》，高等教育出版社，2004。
⑤ 马清江：《新编国学读本》，人民出版社，2008，第2页。
⑥ 刘青文：《声律启蒙》，北京教育出版社，2015。

以上这些编者的说明从不同方面肯定了国学经典对于学生优秀的道德素质和人生品格养成的重要性。

从国学教材选入经典作品的内容来看，亦是把"义理"作为首要的价值标准。如育灵童教育研究院编著的《小学国学经典教材——国学》第二册的《三字经》入选原因是"《三字经》是一部劝导人们，尤其是儿童学习的启蒙读物。它开篇就以传统的'性善论'思想为基础，强调学习对于保持人的善良天性的重要性；其次指出了古人学习的内容和顺序：一是以学做人为本，二是在掌握基本文化知识的基础上，依次学习经部、子部和史部的重要典籍，三是讲述历史，勾画了中华民族的发展历程；最后列举大量勤学的故事，用来勉励求学的人"①。第五、六册节选《论语》，编者意在通过《论语》的学习，帮助小学生培养高尚的人生品格，"'己所不欲，勿施于人'的做人原则，'以文会友，以友辅仁'的君子风范，'博学笃志，切问近思'的为学态度等"，以及"士不可以不弘毅，任重而道远"的执著、"岁寒，然后知松柏之后凋也"的坚毅，"三军可夺帅也，匹夫不可夺志也"的刚强。②第七册之所以节选《大学》和《中庸》，编者认为："《大学》以'修身'为根本，《中庸》以'中和'为目标。两者均包含了大量有关为学和为人处世的格言。希望同学们在朗读经典原文的同时，重点学习课文所蕴含的处世智慧和人生哲理，并能够在实际生活中，运用经典所蕴含的正确道理来指导自己的行动。"③第八册节选《孟子》，意在让学生感受孟轲"刚强正直，胸中充盈着浩然之气""崇尚王道，极力反对称霸战争""意志坚定，始终追求'仁政'的社会理想""好为人师，把'得天下英才而教育之'当做世间最快乐的事情之一"④儒者形象。第九册节选《老子》，是因为"老子会告诉你'道'是万物的本原，它永恒存在，却又听不到、看不见、摸不着。他会告诉你一切事物都有正反两面，它们相反相成，相互转化。他会告诉你修道、得道、养生、处世的方法，告诉你取法自然、无为而治的道理。他还会为你描绘一幅'邻国相望，鸡犬之声相闻，民至老死不相往来'的社会图景"⑤。第十册节选《庄子》，意在帮助学生了解一心追求自由逍遥的哲人庄子，"认识这样的道理：人与万物并生于天地之间，并无高低贵贱之别；换一个角度看，事物的面貌异彩纷呈，事物的意义完全不同"⑥。

---

① 《小学国学经典教材——国学（第二册）》，北京师范大学出版社，2010，第2页。
② 《小学国学经典教材——国学（第五册）》，北京师范大学出版社，2010，第2页。
③ 《小学国学经典教材——国学（第七册）》，北京师范大学出版社，2010，第2页。
④ 《小学国学经典教材——国学（第八册）》，北京师范大学出版社，2010，第2页。
⑤ 《小学国学经典教材——国学（第九册）》，北京师范大学出版社，2010，第2页。
⑥ 《小学国学经典教材——国学（第十册）》，北京师范大学出版社，2010，第2页。

由于国学教材的编著者更多地关注义理，其所选经典在经、子、史、集中更多的偏向于经、子、史部中的经典作品，而对集部的经典则有所忽视。蒋庆《中华文化经典基础教育诵本》前言说："本《诵本》具有内容上的完整性——本《诵本》所选，包含了中国传统圣贤义理之学中的完整内容，即包含了中国传统学术中的经学、子学、理学和心学。《孝经》《诗经》《书经》《礼记》《易经》《春秋经》《论语》《孟子》《大学》《中庸》是经学，《荀子》《春秋繁露》《中说》是子学，濂洛关闽是理学，阳明学是心学。故诵读本《诵本》，可以全面地了解圣贤义理之学的完整内容。"[1]这套国学教材所选经典都集中在中国古代史籍的经部和子部中。

三、目标偏高、难度大

这主要体现在两个方面：

（1）偏重选书。当前国学教材的编著方式常见的是选书和选文两种形式，而选书又占据绝大部分。尽管所选书籍多是节选，但体量仍然非常庞大，学生的阅读量非常惊人。如育灵童教育研究院编著的《小学国学经典教材——国学》共有12册，即《弟子规》《三字经》《千字文》《笠翁对韵（选）》《论语（选）》《大学中庸（选）》《孟子（选）》《老子（选）》《庄子（选）》《史记（选）》《资治通鉴（选）》《历代美文选》。每一册对应小学的每一个学期，也就是一个学期要求小学生在完成自己正常学习任务的同时，还要学习一部国学经典，每一部国学经典又还有一定的分量。这对学习时间偏紧的小学生来说不能说不是一个较高的要求。中国少年儿童出版社2017年2月出版的《中华国学启蒙经典》丛书，"收录了十册最为经典的国学典籍。十册中有全文收录的，也有取其精华，去其糟粕，摘录经典佳句的"[2]。十册丛书分别是《千家诗》《弟子规》《幼学琼林》《颜氏家训》《增广贤文》《三字经》《百家姓》《笠翁对韵》《千字文》《朱子家训》，这对于小读者来说阅读量还是很大的。

（2）过分强调诵背。如《中华文化经典基础教育诵本》的编辑宗旨就是强调背诵。其要求背诵的经典有二十一种之多，不仅量大，而且难度很高。有些内容对大学生来说都感到陌生，而编者却要求小学生背诵，其难度可想而知。如第八册《〈孟子〉选、〈荀子〉选》：

---

[1] 蒋庆：《中华文化经典基础教育诵本》，高等教育出版社，2004。
[2] 许艳：《朱子家训》，中国少年儿童出版社，2017。

第26课

孟子曰:"牛山之木尝美矣,以其郊于大国也,斧斤伐之,可以为美乎?是其日夜之所息,雨露之所润,非无萌蘖之生焉,牛羊又从而牧之,是以若彼濯濯也。人见其濯濯也,以为未尝有材焉,此岂山之性也哉?虽存乎人者,岂无仁义之心哉?其所以放其良心者,亦犹斧斤之于木也,旦旦而伐之,可以为美乎?

第27课

其日夜之所息,平旦之气,其好恶与人相近也者几希,则其旦昼之所为,有梏亡之矣。梏之反复,则其夜气不足以存;夜气不足以存,则其违禽兽不远矣。人见其禽兽也,而以为未尝有才焉者,是岂人之情也哉?故苟得其养,无物不长;苟失其养,无物不消。孔子曰:'操则存,舍则亡;出入无时,莫知其乡。'惟心之谓与?"

这两课选自《孟子·告子章句上》中的一段,原文是借类比论述一个深厚的哲学论题,即人性本善,但亦需要加强修养,不能放任良心的丢失。但教材编著者却要求小学四年级的学生背诵这段原文,难度自然很大。

第三节 编写国学教材应当注意的问题

李堃的《教材建设与管理》把教材的编写原则总结为六大原则,即科学性与思想性相统一的原则、系统性与循序渐进相统一的原则、适应现代科技发展水平的原则、理论联系实际的原则、少而精的原则、传授知识和培养能力相统一的原则。[①]这些原则同样适合国学教材的编写。

但国学教材的编写又有其特殊性。因为当前的中小学教学中,国学还没能作为一门课程列入到学生的日常学习当中。教育主管部门也没有对国学制定明确的教学大纲,也没有具体的考核办法。目前中小学校国学教材的定位大多还是作为学生的一种课外辅助读物,国学教育还只是作为基础教育体系中的一种补充,中小学国学教材的编写还只能参照教育部制定的语文课程标准所规定的原则进行。

教育部对义务教育语文教材编写的建议是:"教材选文要具有典范性,文质

---

① 李堃:《教材建设与管理》,国防工业出版社,1993,第48页。

兼美，富有文化内涵和时代气息，题材、体裁、风格丰富多样，难易适度，适合学生学习。""教材应体现时代特点和现代意识，关注人类，关注自然，理解和尊重多样文化，有助于学生树立正确的世界观、人生观、价值观。"①对高中语文教材编写的建议是："教科书选文要具有时代性和典范性，富于文化内涵，文质兼美，丰富多样，难易适度，能激发学生的学习兴趣，开阔学生的眼界。""教科书编写应以教育科学理论为指导，充分体现时代特点和现代意识，要重视继承和弘扬中华民族优秀文化，理解和尊重多元文化，要有助于学生增强民族自尊心和爱国情感，有助于树立正确的世界观、人生观和价值观。"②

这是对中小学语文教材编写目标、原则的定位，这样的原则也同样适应国学教材的编写。由此，国学教材的编写原则主要有两个，即适度性原则和当代性原则。

一、适度性原则

所谓适度性原则，是指编写的国学教材目标明确，定位适中，难易适度，适合学生的学习。当前，国学教材还没有纳入到中小学的基础教育体系中，国学课程也没有列为中小学基础教育的一门课程。教育行政主管部门并没有为中小学的国学教育制定统一的教学大纲。这就造成各个学校的国学教材各自为体，百花齐放。其优点是数量众多，选择面广；不足的是教材的目标不一，难易不同，参差不齐。学生面对这些琳琅满目、深浅不一的国学教材感到莫衷一是，无所适从。

当前市场上所见的国学教材常常给人一种高、大、上的感觉，具体来说，就是国学教材对于入选的国学经典往往求全、求多、求难，规模宏大。编著者对教材所定的目标很高，学生学习的难度自然很大。表现在：

一是数量大。如秋霞圃书院主编的《国学基本教材》（华东师范大学出版社，2015年）丛书总共有24册之多，分别是：《弟子规》《三字经》《千字文》《幼学琼林》《千家诗选读》《论语（上下）》《孟子（上下）》《诗词格律》《大学中庸》《诗经选注》《唐诗选读》《宋词选读》《老子庄子选读》《墨子荀子韩非子选读》《史记选读（上下）》《左传选读》《颜氏家训选读》《汉魏六朝诗文选》《唐宋文选》《礼记选注》《楚辞选注》；道纪居士蔡践编著的《读书人·国学典藏书系》（海潮出版社，2016年）丛书有10册，分别是：《孟子》《三十六计》《大学》《道德经》《传习录》《中庸》《论语》《孙子兵法》《鬼谷子》《群书治要》；北京小夫子国学教育博士教研

---

① 《全日制义务教育语文课程标准》，北京师范大学出版社，2001，第14页。
② 《普通高中语文课程标准》，人民教育出版社，2003，第26页。

团队编写的《中华儿童国学智能教材》（南方出版社出版）丛书有12册，分别是：《千字文》《弟子规》《声律启蒙》《三字经》《论语》《诗经》《孟子》《二十四史》《世说新语》《老子庄子》《唐诗宋词》《古文观止》。这样庞大的数量，对于学习时间有限的学生来说只能望而却步。

二是难度高。如中华孔子学会组编、高等教育出版社2004年4月出版的《中华文化经典基础教育诵本》采用的是节选国学经典原文方法，以增加学生对儒家经典的熟悉和了解。如第一册《孝经》《诗经》《〈孝经〉、〈诗经〉选（上）》，《孝经》节选的篇目是：《孙序》《开宗明义章第一》《天子章第二》《诸侯章第三》《卿大夫章第四》《士章第五》《庶人章第六》《三才章第七》《孝治章第八》《圣治章第九》《纪孝行章第十》《五刑章第十一》《广要道章第十二》《广至德章第十三》《广扬名章第十四》《谏诤章第十五》《感应章第十六》《事君章第十七》《丧亲章第十八》。第二册的《孟子》《〈孟子〉选》节选的篇目是：《孙序》《梁惠王章句上》《梁惠王章句下》《公孙丑章句上》《公孙丑章句下》《滕文公章句下》《离娄章句上》《离娄章句下》《万章章句上》《万章章句下》《告子章句上》《告子章句下》《尽心章句上》《尽心章句下》。《〈荀子〉选》节选的篇名是：《劝学》《修身》《不苟》《荣辱》《儒效》《王制》《王霸》《致士》《强国》《正论》《礼论》《解蔽》《正名》《性恶》《大略》。该选本节选的是经典原本，强调的是对经典的背诵，编者只是在原文上标注现代汉语拼音，缺乏有关背景的知识介绍、原文的解读以及巩固训练。这么大的阅读量又要求背诵，难度非常之大。

所以，国学教材的编写一定要避免高、大、上，避免在数量上求多、求大。所定目标应该难易适度，短小精悍，浅显易懂。按照语文课程标准的要求，就是编写者要做到"教材内容的安排应避免繁琐化，简化头绪，突出重点，加强整合，注重情感态度、知识能力之间的联系，致力于学生语文素养的整体提高"。[1]

二、当代性原则

这是关于国学教材的当代适应性问题。当代人的社会生活毕竟不同于古人的生活。我们的科技在迅猛发展，我们的衣食住行有了翻天覆地的变化，我们所接受的社会信息量是古人的亿万倍。那么我们今天的启蒙教育还能重复古人的方法吗？我们能否直接套用古人的启蒙教材教育现代的少年儿童呢？我们能否照搬古

---

[1]《全日制义务教育语文课程标准》，北京师范大学出版社，2001，第14页。

人教育的方法教育当今的下一代呢?

国学教材编写的当代性原则,首先是要求内容的协调性。也就是说,国学教材的编写要处理好与语文以及历史、政治等其他学科教材之间的关系。桑哲说:"国学教材的编选,必须将国学教材纳入基础教育教材体系,使之成为一个整体,要充分考虑现行语文、历史、社会、自然等教材的体系和内容,要使国学教材与之相辅相成,左右逢源。我们既不能把国学教材成为相关课程的简单重复或补充,也不能割裂与相关课程的有机联系,应该让教师和学生能够明白和区分传统文化与其他课程的关系。"[1]语文课程标准也要求:"教材要有开放性和弹性。在合理安排基本课程内容的基础上,给地方、学校和教师留有开发、选择的空间,也为学生留出选择和拓展的空间,以满足不同学生学习和发展的需要。"[2]

比如如何处理国学教材的选文和语文教材中的选文之间的关系。育灵童教育研究院编著的《小学国学经典教材——国学》第十二册是《历代美文选》,选录《介之推不言禄》(《左传》)、《谢太傅盘桓东山》(《世说新语》)、《春夜宴桃李园序》(李白)、《记承天诗夜游》(苏轼)、《三峡》(郦道元《水经注》)、《小石潭记》(柳宗元)、《山中与裴秀才迪书》(王维)、《白洋潮》(节选,张岱)、《登楼赋》(节选,王粲)、《秋声赋》(节选,欧阳修)、《岳阳楼记》(节选,范仲淹)、《山中花树》(王守仁)、《诫子书》(诸葛亮)、《论文》(节选,曹丕)、《五柳先生传》(节选,陶渊明)、《陋室铭》(刘禹锡)。这其中有许多作品已经入选语文教材,如《记承天寺夜游》(苏轼)、《小石潭记》(柳宗元)、《陋室铭》(刘禹锡)等,这里的重复是否必要也值得商榷。

还有如何安排学生学习国学的时间问题,我们既不能无限制地增加学生的学习时间用到国学的学习上,这样势必加重学生的学习负担,也不能占用学生用来学习语文、数学、自然科学等课程时间来学习国学,那么国学学习的时间从哪来,如何保证学生学习国学的时间,也是教材编写者应该考虑的问题。

其次是要求形式的当代化。教育部制定的语文课程标准要求语文教材的编写要充分利用和开发各种语文课程资源,"语文课程资源包括课堂教学资源和课外学习资源,例如:教科书、教学挂图、工具书、其他图书、报刊、电影、电视、广播、网络、报告会、演讲会、辩论会、研讨会、戏剧表演、图书馆、博物馆、纪念馆、展览馆、布告栏、报廊、各种标牌广告,等等。"[3]

---

[1] 桑哲:《国学"教材"编写热的反思》,中小学教材教学,2015年第5期,第68页。
[2] 《全日制义务教育语文课程标准》,北京师范大学出版社,2001,第14页。
[3] 《全日制义务教育语文课程标准》,北京师范大学出版社,2001,第14页。

当前国学教材的形式普遍存在单一化、模式化的问题。其最为常见的形式是国学经典原文、注释、翻译、讲解和练习。如育灵童教育研究院编著的《小学国学经典教材——国学》共12册，第一册全文选入清朝李毓秀的《弟子规》，分五个单元编排。每个单元的编排方法是：引言、《弟子规》原文、神奇汉字、日积月累、诗歌赏读、巩固练习（包括填一填、画一画、说一说、读一读、连一连、议一议）。这种编著形式的优点是深入浅出，简明易懂。但其后的每一册基本采用这一形式编写，难免显得单一和僵化，缺少多样形式的灵动、活泼。

目前市场上出现了一种"国学教材嫁接动漫"书籍，就是国学教材形式多样化的一种尝试。据报道，"台湾著名学者、漫画家蔡志忠先生国学系列漫画精彩作品，将被引入人教版中小学国学实验课本。此举将使'枯燥难懂'的国学课，变成受学生们喜欢的课程。"[1]我们希望有更多形式生动活泼的国学教材出版。

总而言之，国学教材的建设是一个庞大系统的工程，也是一个动态变化的工程，它需要广大教育工作者的不懈努力，不是一蹴而就的。国学教材的建设没有最好，只有更好。我们期待国学教育专家不断为它输送新鲜血液，为它增砖添瓦，编写出更多国学教材精品。

---

[1] 章红雨：《国学教材嫁接动漫或成时尚》，《中国新闻出版报》2013年7月15日第5版。

第三编

教法提炼与实践

第十章　国学教育的基本原则和常用方法

第一节　中小学国学教育的基本原则

我们在这里论述的"国学教育",主要是指在中小学里,学校、老师有意识、有目的、有计划地以传统国学为主要教学内容对学生进行教育而展开的一切活动,它包含课堂教学,也包含课堂之外的通过传统国学来教育学生的其他活动。因此,在这里论述的国学教育的基本原则和常用方法,是针对这一切活动的。

教育是个比较大而且宽泛的概念,在现实生活中,尤其是在中小学的教育活动中,它往往具体化为实践性的"教学"。因此,教育原则很多时候等同于教学原则。

什么是教学原则呢?关于教学原则的界定,有不同的表述:有学者认为教学原则是"根据一定的教学目的任务,遵循教学过程的规律而制定的对教学的基本要求,是指导教学活动的一般原理"[1];有学者把教学原则表述为"根据教育、教学目的,反映教学规律而制定的指导教学工作的基本要求"[2];还有研究者认为,"教学原则是为了提高教学质量,根据教学规律、教学目的和教学实践提出的对教师的教与学生的学具有指导作用的基本要求"[3]。这些界定,都突出了教学原则对教学活动的"指导"价值和意义。

在人类漫长而悠久的教育发展历程中,产生了一些超越具体学科的一般性的教学原则和方法。就教育(教学)原则而言,有孔子提出来的"因材施教""启发诱导""学思结合""温故知新""学以致用"[4],有我国当代新课改以前提倡的"理论联系实际原则""循序渐进原则""师生协同原则""统一要求与因材施教相统一原则""启发创新原则"[5],等等。这些教学原则当然也适用于中小学的国学教育。

首都师范大学文学院2005级博士研究生张秀英在《三〈礼〉中所见的周代

---

[1] 李秉德主编:《教学论》,人民教育出版社,2001,第72页。
[2] 王策三:《教学论稿》,人民教育出版社,2005,第139页。
[3] 徐学福主编:《教学论》,人民教育出版社,2012,第139页。
[4] 林晖、周小蓬:《中国语文教育思想发展史》,北京大学出版社,2016,第11-13页。
[5] 徐学福主编:《教学论》,人民教育出版社,2012,第144-147页。

教育制度考论》中指出国学教育的"施教原则"是：

> 在大学教育中，以敬道启之，以官劝之，以所学顺之，以刑威之，优之柔之，教之诲之，察其志意，待其临事不惑，"离师辅而不反"（《礼记·学记》，卷三十六）则得成其教。除以上具体准则外，《礼记·王制》言"凡入学以齿"（卷十三），不用尊卑，故国学教育又取崇德尚贤之意为施教原则。①

从这段关于周代教育的论述中可以看出，中国古代教育已经践行了上述教育的基本原则。

但在今天，时代、社会、文化环境，以及中小学的学校育人环境已经发生了巨大变化，"国学教育"不是学校课程的唯一，它需与数学、英语、物理、化学、历史、地理等学科一起，成为学校教育内容的一部分；更重要的是，国学教育的内容，在文化典籍部分，多为文言文书写，与我们现在的学生从小所接受的口头语言，以及现代白话文的书面语言环境，有着霄壤之别。还有，新的时代，国家对国学教育也有不同于以往的目标和要求。所有这些，都决定了今天的国学教育应该有新的原则要求和新的方法，或者说在一般性的教育原则、方法里，展现出不同于以往的一些新的特质或内容。

（一）文化传承原则

国学教育尽管也是学校教育的一部分，但它具有不同于一般语文课、数学课、英语课、物理课、化学课等课程的使命，即它不偏重于知识教学（尽管知识教育是它的重要组成部分），它的目标是进行中华优秀传统文化的传承。也就是说，文化传承才是它的根本目标，这是中小学开展国学教育的宗旨，也是中小学开展国学教育必须深刻领悟，同时也必须深入贯彻的基本原则。

关于这一点，在教育部2014年3月26日印发的《完善中华优秀传统文化教育指导纲要》中做了细致、具体地论述：

> "中华优秀传统文化是中华民族语言习惯、文化传统、思想观念、情感认同的集中体现，凝聚着中华民族普遍认同和广泛接受的道德规范、思想品格和价值取向，具有极为丰富的思想内涵。加强对青少年学生的中华优秀传统文化教育，要以弘扬爱国主义精神为核心，以家国情怀教育、社会关爱教育和人格修养教育为重点，着力完善青少年学生的道德品质，培育理想人格，提升政治素养。"

---

① 原题为《国学教育的内容与施教原则》，载《中国社会科学院研究生院学报》2007年第6期"观点选粹"栏。

在这个纲要第三部分"分学段有序推进中华优秀传统文化教育"中，提出文化传承"有序推进"的具体方法——

"小学低年级，以培育学生对中华优秀传统文化的亲切感为重点，开展启蒙教育，培养学生热爱中华优秀传统文化的感情。"

"小学高年级，以提高学生对中华优秀传统文化的感受力为重点，开展认知教育，了解中华优秀传统文化的丰富多彩。"

"初中阶段，以增强学生对中华优秀传统文化的理解力为重点，提高对中华优秀传统文化的认同度，引导学生认识我国统一多民族国家的文化传统和基本国情。"

"高中阶段，以增强学生对中华优秀传统文化的理性认识为重点，引导学生感悟中华优秀传统文化的精神内涵，增强学生对中华优秀传统文化的自信心。"

"大学阶段，以提高学生对中华优秀传统文化的自主学习和探究能力为重点，培养学生的文化创新意识，增强学生传承弘扬中华优秀传统文化的责任感和使命感。"

在另一个规格更高的文件，即"两办"2017年1月25日印发的《关于实施中华优秀传统文化传承发展工程的意见》中，更是以几个"迫切"指明在今天推进国学教育的重要性：

"同时要看到，随着我国经济社会深刻变革、对外开放日益扩大、互联网技术和新媒体快速发展，各种思想文化交流交融交锋更加频繁，迫切需要深化对中华优秀传统文化重要性的认识，进一步增强文化自觉和文化自信；迫切需要深入挖掘中华优秀传统文化价值内涵，进一步激发中华优秀传统文化的生机与活力；迫切需要加强政策支持，着力构建中华优秀传统文化传承发展体系。"

这个"迫切"的任务，在今天各地的教育实践中，就自然地落在了"国学教育"上。

因此，国学教育的目标不在语言（尽管要以语言为依托）、不在一般的文学知识或常识，也不在于一般性的知识学习、审美熏陶或技艺学习，而在于对中国优秀传统文化的继承与发展，其落脚点在文化。北京师范大学国学经典教育研究中心主任徐梓先生说:"国学教育的目的,从最根本上说,是要使教育的对象,从一个自然的、生物学意义上的中国人,变成一个自觉的、文化意义上的中国人,成为一个既有知识、又有文化的现代中国人,成为一个有良好文化素养的'君子'。"① 陕西师范大学国学研究院院长曹胜高先生说:"我们的传统文化教育希冀的是'阅读国学经典篇目,学习传统文化精髓,完成博雅人格教育'。现在民间有很多私塾、学堂、读经班。无论是带领孩子读《三字经》《弟子规》《蒙求》之类的蒙学读物,还是读《论语》《孟子》《道德经》之类的经典,或者进行琴、棋、书、画等方面的教育,除了要帮助孩子们获取知识,更多的是要让他们体会文化意味——通过言传身教、心性引导,培养具有内在道德要求的君子品性。"②

因此,国学课堂中的经典传授,不在于一般性的语言学习(如文言文的学习),也不在于一般性的古代知识的学习,而在于文言文、古代知识的背后的优秀文化思想。它能够影响现代人的思想和灵魂,对现代人进行一种人格的熏陶,从而影响、雕塑一个人在现实生活中的行为。这也是文化这一精神产品自身的规定性要求:文化的特点是"知行合一",在于实践。国学关涉的是国人生命素养的根基之学,正如朱自清先生在《经典常谈》谈到的:"经典训练的价值不在实用,而在文化。"③这也就是说,国学课堂的教育目标是文化的传承,而文化的传承中,最重要的是做到"知行合一",要求学生联系自己的实际生活,去践行优秀传统文化中的思想、理念。

中国优秀传统文化中天然含有这种"知行合一"的基因。子曰:"兴于诗,立于礼,成于乐。"(《论语·泰伯》)(孔子说:"人的修养开始于学《诗经》,自立于学礼,完成于学乐。")在孔子那里,学习文化与人格修养、行为规训是合二为一的。中国人民大学国学院教授袁济喜表示,古代经典诗文既是德育、智育、美育的载体,同时也是本体:以《诗经》为例,它不仅是文学的范畴——形式上表现为古诗词,同时也凝聚着"仁义礼智"的内涵——这就超越了技巧,达到了人格范畴。④所以,我们国学课堂的经典教育,与其说是一种知识的积累、技能的训练,不如说是一种文化人格、文化生活的养成。

因此,我们的国学课堂不仅要学生"读国学",更要教学生"用国学",要告诉学生怎样生活、怎样处理人与人之间、人与自然之间的关系,实现学用结合。要把学生浸润于优秀传统文化中,优秀传统文化也要在学生的身上、生活里成为

---

① 徐梓:《国学教育的乱象及治理》,《光明日报》2014年7月1日第15版。
② 曹胜高:《国学教育重在文化内核》,《当代教育家》2017年第7期。
③ 朱自清:《经典常谈·序》,载赵志伟编著《旧文重读——大家谈语文教育》,华东师范大学出版社,2007,第1页。
④ 转引自魏哲哲、郑海鸥:《把经典嵌在学生脑子里》,《人民日报(海外版)》2014年9月18日第17版。

一种"活的存在",这样方能有真正的传承与发展。

国学课与一般语文课还有其他区别,简要列表如下:

	国学课	语文课
目标定位	文化	工具性、人文性
教学内容	国学经典(经史子集);经世致用	语言,文学(多为集部);字词章句
方法	诵读,讲解,实行	讲,练,考
教师要求	通经史子集	偏重语言、文学
学生习得方式	内化,浸润	知识记忆,反复练习
文言文学习	学习其思想文化	学会古汉语,读懂文言文
与东西文化的关系	与传统文化密切融合	除中国语言、文学外,西方语言学、文学多有渗透

(二)经典育人原则

学校毕竟是育人的场所,传承文化的目的,也是希望中小学生在优秀传统文化的浸润之中成人、成才。相较于前些年的"成才"是重要甚至唯一目标(有些时候,升学率是某些学校的唯一目标),国学教育更重视的是"成人"教育。国学教育要充分挖掘国学经典中的育人因素,并以好的形式、学生喜欢的活动,来完成经典学习中的育人目的。

古人极为重视利用学校的经典教育来培育学生的品行、人格:

> 古者小学,教人以洒扫,应对,进退之节;爱亲、敬长、隆师、亲友之道。皆所以为修身,齐家,治国,平天下之本,而必使其讲而习之于幼稚之时。欲其习与智长,化与心成,而无扞格不胜之患也。(朱熹《小学·序》)

> 今教童子,惟当以孝弟忠信礼义廉耻为专务;其栽培涵养之方,则宜诱之歌诗以发其志意,导之习礼以肃其威仪,讽之读书以开其知觉。(王阳明《训蒙大意示教读》)

而近些年来,中国的青少年儿童教育出现了很大的问题,青少年犯罪率居高不下,这当中的原因很复杂,对优秀传统文化的忽视是其中的一个重要原因。德国学者约翰内斯·贝克曼曾经撰文指出:"此外,许多中国问题专家认为,中国青少年道德问题是否定传统价值教育的必然结果。要从根本上解决问题,需要回归到传统价值的教育中。只有这样,青少年才会从内心要求做一个遵守道德的人，许多由道德败坏引发的社会问题才能迎刃而解"，"去年，国际社会曾同中国有关机构进行了一项'青少年传统价值与思想品德教育'的调查研究，结果发现，中国传统价值对青少年的品德教育有很大的正面影响。传统价值教育除了可以提升青少年道德水平外，还可以增强社会责任感和对社会活动的参与，更有助于增强社会凝聚力及处理社会危机的能力。研究同时发现，对传统价值认同越多，面对挫折的承受力就越强，更能使青少年养成健康的生活方式。可见，传统价值教育是良好的品德教育的基础。"①

古人云："建国君民，教学为先。"（《礼记·学记》）钱基博在《国学必读》一书提出"发国性之自觉，而纳人生于正轨"。徐建顺先生指出："中华雅文化，有儒释道，国学以儒学为主体。我们学习国学，是因大道而学之，不是因为血统而学习的。国学教育不仅仅是对国学知识的传承，还包括对传统技艺的传承，其目标是文化精神的传承。因此，国学教育重在品性培养。"②这些都指明了国学经典教育之于儿童品行、道德、人格养成的重要意义。

国学教育的核心在经典学习，而中国文化经典的核心在儒家经典。儒家的标志性人物孔子也是大教育家，他进行教育的目的是培养"士"，而"士"的标准就是"君子"或"君子儒"。孔子要求的"君子"具有什么样的特点呢？

> 子路问君子。子曰："修己以敬。"曰："如斯而已乎？"曰："修己以安人。"曰："如斯而已乎？"曰："修己以安百姓。修己以安百姓，尧、舜其犹病诸？"
>
> ——《论语宪问》

【译文】子路问什么叫君子。孔子说："修养自己，保持严肃恭敬的态度。"子路说："这样就够了吗？"孔子说："修养自己，使周围的人们安乐。"子路说："这样就够了吗？"孔子说："修养自己，使所有百姓都安乐。修养自己使所有百姓都安乐，尧舜还怕难于做到呢？"

可见孔子眼中的"君子"需要满足两个条件：第一，"君子"要注重自己的道德修养，即修养自己；第二，"君子"要使老百姓都得到安乐，即有治国安民之术。第一点讲的是"德"，第二点讲的是"才"，孔子要求的"君子"是德才兼备，而以德为主。

---

① 约翰内斯·贝克曼：《中国青少年道德问题是否定传统价值教育的必然结果》，青木译。原文摘自德国《青少年世界周刊》，译文见于《环球时报》(2004年9月3日第23版)。
② 徐建顺：《国学教育应该成为传统文化教育的主体》，《北京教育》2016年第2期。

在此教育目标下，孔子在《论语》中提出了许多关于培养"君子"的教学内容、教学手段和教学方法：

"子以四教：文、行、忠、信。"（《述而》）

"弟子入则孝，出则弟，谨而信，泛爱众，而亲仁，行有余力，则以学文。"（《学而》）

孔子强调道德教育，他认为具有高尚的道德品质是成为圣贤君子的首要条件。他说："君子怀德。"（《里仁》）君子经常想的是道德，道德教育与道德修养是一个人的根本问题，"君子务本，本立而道生"（《学而》）。

孔子的这些观点，深深地影响了中国传统文化，中国优秀传统文化宝库中有很多与"君子之道"密切相关的经典作品。我国的教育一直有"幼儿养性，童蒙养正，少年养志，成年养德"之说，在受教育者的人格养成方面有非常宝贵的经验。历代教育者都认为，国学经典在"君子"养成上有非常重要的独特作用。在今天我们中小学的国学教育，要善于挖掘这些国学经典的育人价值，并加以充分利用，以培养具有高尚道德品质的现代"君子"。

现代心理学认为，道德品质的形成是一个知、情、意、行的过程，我们在借助经典教育以养成中小学生的品行、人格时也要遵循这一心理过程。

所谓"知"，即道德、品行教育的认识阶段，首先要通过国学经典的学习，知道什么是好的道德规范。孔子强调学生要"知德""知仁""知礼""知道""适道"等，还说过"有德者必有言"（《宪问》），说明能言者必先能知，必先对道德规范有所认识。

所谓"情"，即道德教育的情感阶段，要在国学教育中唤醒学生的情感。孔子说："唯仁者能好人，能恶人。"（《里仁》）知道爱什么人、恨什么人，才能够成为"君子"，才能够有正确的价值观。

所谓"意"即道德品行教育的意志阶段。孔子强调学生要"志于仁""志于道"，"三军可夺帅也，匹夫不可夺志也"（《子罕》），突出了道德意志的重要性。"苟志于仁矣，无恶也"（《里仁》），立志实行仁德，就不会去做坏事。"我欲仁，斯仁至矣"（《述而》），只要自己实行仁德，仁德就可以达到，充分表现了孔子对实行仁德的信心。"为人由己，而由人乎哉？"（《颜渊》）实践仁德，完全由我自己，难道还需要凭别人吗？"知及之，仁不能守之；虽得之，必失之"（《卫灵公》），孔子的意思是如果认识到了什么是好的道德，但如果不能坚守它，那么你迟早也必然会失去它。在这里，孔子再次强调了道德认识、道德情感必须转化为一个人的道德信念、道德意志，否则就会失去对人的行为的规范与制约，最终也将丧失美好的品德。这启示我们今天的国学教育要重视中小学生道德意志的养成，在国学经典的学习中要意识到道德意志的重要意义。

所谓"行"，即道德品行的实践阶段，上文提到的"知行合一"也指一个人有了道德认识、道德情感、道德意志之后，还必须转化为一个人的实际行为。至此，经典教育的育人价值才告实现。"君子耻其言而过其行"（《宪问》），说得多而做得少，君子以为耻，要"听其言而观其行"（《公冶长》）。孔子说志士仁人必须随时随地"克己复礼"（《颜渊》），各种行为都要符合道德规范，"造次必于是，颠沛必于是"（《里仁》），就是在匆忙仓促、颠沛流离的时候也如此。知与行不能形成一致，良好的品行道德是难以形成的。

（三）课程意识原则

国学教育在中小学要有效地推进、开展，我们的教育主管部门、学校、教师，要有明确的"课程意识"。

现代"课程"的概念，从不同的视角，不同的学者有不同的认识。施良方对有代表性的课程定义加以归类[①]，分为六种类型：①课程即教学科目；②课程即有计划的教学活动；③课程即预期的学习结果；④课程即学习经验；⑤课程即社会文化的再生产；⑥课程即社会改造。这些定义都在一定程度上揭示了课程的本质，都肯定了课程的学科教学内容及其进程的含义，只不过侧重点不同，有的侧重教的角度，有的从学的角度，有的从社会文化的视角。新世纪课程改革以来，人们在更广阔的视野下，审视"课程"，赋予课程更为宽泛的涵义。

现代课程论理论奠基者、美国的泰勒（R.W.Tyler）建构了课程理论的基本构架。他认为，课程理论应该围绕这四个基本问题运作[②]：

（1）学校应该达到哪些教育目标？

（2）提供哪些教育经验才能实现这些目标？

（3）怎样才能有效地组织这些教育经验？

（4）我们怎样才能确定这些目标正在得到实现？

（1）指向课程的"目标"，（2）指向课程的"内容"，（3）指向课程的"呈现"，即实施的过程，（4）指向课程的评价。可见，课程是指一种有明确的教育目的，并且有计划地去实施、同时也需要就教育效果展开测评的教育活动。

从课程理论的角度，钟启泉先生指出："当代课程研究事实上含括了不可分割的三个层面问题的研究，这就是：①课程政策研究；②学校课程设计的研究；③每个教师的课程实施问题的研究。"[③] 就国学教育来说，我们已经有了教育部

[①] 施良方：《课程理论——课程的基础原理与问题》，教育科学出版社，1996，第3-6页。
[②] 泰勒：《课程与教学的基本原理》，施良方译，瞿葆奎校，人民教育出版社，1994，第2页。
[③] 钟启泉：《当代中小学课程研究丛书·总序》，载钟启泉、李雁冰主编《课程设计基础》，山东教育出版社，2000，第8页。

2014年3月26日印发的《完善中华优秀传统文化教育指导纲要》和中共中央办公厅、国务院办公厅2017年1月25日印发的《关于实施中华优秀传统文化传承发展工程的意见》两个重要政策文件，各地的教育主管部门相应的更为具体的文件正在陆续推出中，因此，这个"课程政策问题"我们暂时不予阐述。"每个教师的课程实施问题的研究"我们放在后面"国学教育的常用方法"中去讨论。我们这里重点讨论第二个问题，即"学校课程设计"问题。

在当前中小学国学教育的推进、开展中，因为顶层设计还缺乏具体、明确的规定与计划，导致中小学的国学教育很多时候表现出一种散乱、随意、无序、无检测考评的状态，其效果可想而知。说到底，是缺乏一种明确的"课程意识"。有了明确的课程意识，中小学校就不会觉得国学教育可有可无，就不会随意地去开设国学课程，不会随意地去设置教学内容，不会把国学教育作为其他课程教学的补充，或者是学校各种教育活动中的一个点缀，或者是学校进行文化建设的一个工具、梯子。

有部分学校认为：不需要独立的国学教育课程，在其他学科课程中"渗透"国学教育内容就可以了。关于这一点，北京师范大学国学经典教育研究中心主任徐梓先生认为，在中小学仅仅依靠在其他学科教学中"渗透"传统文化内容的做法，"虽用心良苦，也会发挥一定的作用，但不过聊胜于无而已，依然达不到传统文化教育的目的"，他主张"将中华传统文化纳入国家课程，不仅必要，而且非常紧切"，"因此，中小学的传统文化教育设置成独立的必修科目，其最大的好处在于：基于课程和教学的系统性，能够进行整体擘画，全局组织，教学的是系统的而非支离破碎的知识，能确保传统文化教育目的的实现"。[①]

基于前面的文化传承原则、经典育人原则，我们意识到国学教育是中小学很重要的一门课程，有自己独特的价值和意义，它自己就是"**本体**"（绝不是其他课程的工具或手段），有自己相应的规定性：一定的教学目标，一定的教学内容，一定的教学实施手段，一定的效果测评方法……因此，我们赞成在中小学把国学教育设置成为一门独立、完整、成体系的课程，它要有一定的课时、一定的教材和一定的教学内容、教学计划、教学测评体系。

从教材、教学内容、教学计划上来说，要遵循"循序渐进原则"，要选取经典的国学教育书目，关于这一点，已有很多经验可以供我们借鉴：

2012年9月28日孔子2653年诞辰日，人民教育出版社出版发行了一套《中国传统文化教育全国中小学实验教材》，其目录如下：

[①] 徐梓：《将中华传统文化纳入国家课程建设的思考》，《中国教师》2017年8月下半月刊。

序号	书名	适用学段	附加传统文化教学模块
1	《弟子规》	一年级	中国传统历法与节日
2	《三字经》	二年级	中医与儿童保健
3	《千字文》	三年级	中华民俗文化
4	《声律启蒙》	四年级	中国传统音乐欣赏
5	《论语》上	五年级上学期	中国书法艺术欣赏
6	《论语》下	五年级下学期	中国书法艺术欣赏
7	《孟子》上	六年级上学期	中国绘画艺术欣赏
8	《孟子》下	六年级下学期	中国绘画艺术欣赏
9	《孙子兵法》上	七年级上学期	中国古建筑美学欣赏
10	《孙子兵法》下	七年级下学期	中国古建筑美学欣赏
11	《大学 中庸》	八年级	中国瓷文化欣赏
12	《古文观止》上	高一年级上学期	中国传统曲艺欣赏
13	《古文观止》下	高一年级下学期	中国传统曲艺欣赏
14	《道德经》上	高二年级上学期	中国玉文化欣赏
15	《道德经》下	高二年级下学期	中国玉文化欣赏
16	《中国古典诗词欣赏》（诗卷）	中年级选用教材	古典诗词·诗卷单行本
17	《中国古典诗词欣赏》（诗卷）	高年级选用教材	古典诗词·诗卷单行本

该套教材以"青少年完美人格"为传统文化教育的目标，课程结构经专家组反复研讨、论证，制定了不同年级应掌握的学习内容和学习深度。如小学低年级段以蒙学经典《三字经》《千字文》等为主；中年级段学习《声律启蒙》《中国古典诗词欣赏》等，为孩子们奠定诗词美学基础；高年级段开始学习儒家经典，如《论语》《孟子》《中庸》等；初中阶段则学习《孙子兵法》《古文观止》等经典，让孩子们能够接触到诸子百家的典籍和思想；高中阶段则进行传统文化通识教育。在国学教育内容的选择和编排上，它在一定程度上体现了国学教育作为"课程"在体系上的严密性和科学性。

由广东第二师范学院中小学国学课程实验教材编委会编写的一套小学国学教育教材（世界图书出版公司2016年出版），其选书目录则是：一年级上学期《弟子规》，一年级下学期《三字经》；二年级上学期《千字文》，二年级下学期《百家诗》；三年级上、下学期《论语》(选读)；四年级上、下学期《孟子》(选读)；五年级上、下学期《道德经》(译解)；六年级上学期《中庸》(译解)，六年级下学期《大学》(译解)。共计12册书，对应12个学期，每学期选择书目中的经典内容，由经典原文（及译文）、与原文内容密切相关的故事、古诗等组成单元，每学期四到五个单元、18到20课时即可上完（即每周1课时）。这套教材在内容编排充分考虑了现在小学生的接受能力，在教学上则充分考虑到要易于教师们开展课堂教学，体现出鲜明、严谨的课程意识。

随着国学教育在全国各地推开，还有其他众多中小学国学教材的编排体例，但无论是哪种，都应该在教学内容的选择上贯彻"古为今用""兼容并包"原则，即内容的选择要着眼于现代，并且不要"唯国学独尊"，要有现代眼光、全球意识，要勇敢吸纳、拥抱东西方的各种优秀文化，而不是在拥抱国学的同时，去排斥这个范围之外的其他优秀的东西。

另外，在国学教育效果的测评上，现在还缺乏研究，几乎是空白。从"课程意识"出发，我们要加强这方面的思考与研究，而不是在学习了国学之后，仅仅在学校里搞些国学朗诵、书法展示或国学汇报演出。

（四）系统实施原则

中国传统教育内容丰富，既有经典的学习，也有技艺、修身养性的学习。前文提到的首都师范大学文学院2005级博士研究生张秀英在《三〈礼〉中所见的周代教育制度考论》中，对《礼记》的有关资料逐一分析，结合《周礼·春官》所载，指出国学所教应包括：

（1）四教：《诗》，《书》，《礼》，《乐》。

（2）干戈羽籥之舞、春诵夏弦之技。

（3）行止仪法和"六艺"：礼、乐、射、驭、书、数。

简言，国学以四教、弦歌鼓舞与仪法践履之技以及六艺为教学内容。[①]

可见周代的教育内容不止于经典的学习，还同时进行舞乐、各项实用技艺的学习。礼、乐、射、驭、书、数合称"六艺"，分别指礼仪、音乐、射技、驾车、文字、算术等六门知识。中国古代教育为什么还要强调"六艺"的学习呢？子曰："志于道，据于德，依于仁，游于艺。"（《论语·述而》）朱熹《论语集注》对"游于艺"的注是："游者，玩物适情之谓。艺，则礼乐之文，射、御、书、数之法，皆至理所寓而日用之不可阙者也。"有论者结合朱熹的注分析孔子这句话的意思：

"此章是讲修身治学的次序。即由立志发端，以修身为基础，把仁德

[①] 原题为《国学教育的内容与施教原则》，载《中国社会科学院研究生院学报》2007年第6期"观点选粹"栏。

作为目标，通过六艺学习来涵养德行。六艺是孔子教育学生的六门知识，它们是礼（礼仪）、乐（音乐）、射（射技）、御（驾车）、书（文字）、数（算术）。儒家学者认为，这六门知识'皆至理所寓而日用之不可阙者也'，优游于六艺，不仅有助于德行，同时也使学生在闲暇时不致松懈。"①

这段文字清晰地指出，孔子教育学生学习"六艺"，其目的是"涵养德行"，是促进人的品性、人格的发展。可见，在孔子看来，一个人修养德行，从来就不是一个仅仅依靠学习德性本身（比如以涵养德性为核心目标的经典学习）就可以完成的事，它还需要与之配合的技艺等方面的学习。而技艺的学习，学会不是目的，关键是在学习技艺的过程中，去锻炼人，去修养身心，也是一个修炼的过程。子曰："兴于诗，立于礼，成于乐。"（《论语·泰伯》）孔子的这句话可以译为："以《诗经》来起步，以礼仪来立身，以音乐来完善。"《论语译注》指出："此章是说如何用《诗经》、礼仪、音乐来修身，同时，孔子所说的也是学习由浅入深的次序。"②如果说《诗经》是一种文学（情感）的话，则礼仪是一种制度（文化），音乐是一种艺术（审美），它们都是一个人修炼自己品行的需要。如果缺少这些训练，则人必然在修养自己的过程中遇到诸多困难，难以有大的进展。钱穆先生在论述孔子这句话的意旨时指出：

"本章见孔子之重诗教，又重礼乐之化。后世诗学既不尽正，而礼乐沦丧，几于无存，徒慕孔门之教于语言文字间，于是孔学遂不免有若为干枯，少活泼滋润之功，此亦来学者所当深体而细玩之。"③

作为国学大师的钱穆先生，看到了孔子这句话的深刻含义。他指出，人生的身心修养，不能仅停留在"语言文字间"，而应该与"礼乐"结合起来，这样互相配合，才能够收到"活泼滋润之功"，有良好的效果。我们今天在中小学开展国学教育，也不能够仅仅停留在以"语言文字"为基础的经典的学习上，也要有与其配合的一套"礼乐"的东西，比如：音乐、歌舞、太极、茶道、书法、中药、武术、围棋、绘画……我们要把这些作为一个"有机的系统"来建设。要研究中小学自身的基础条件、学生身心发展的规律，以及经典学习的阶梯、进程，

---

① 金良年：《论语译注》，上海古籍出版社，2004，第69页。
② 金良年：《论语译注》，上海古籍出版社，2004，第85页。
③ 钱穆：《论语新解》，生活·读书·新知三联书店，2012，第189页。

课内课外的配合，在全面、深入思考的基础上，建立每个学校自己的"国学教育体系"。

粗略把这些课程分类的话，大致可分为：

（1）健康成长课程。健康成长课程包含对身体的了解、对自然的了解，如中医、武术、种植等课程，以"与四时合其序"。每所中小学，可以依据自己所处的地域、文化背景，以及师资情况，开设相应的以四时为序的主题化、体验式课程。

（2）经典诵读课程。经典诵读课程，应该是中小学国学教育课程体系中的核心课程，在诵读方法和手段上要灵活，要利用小朋友记忆力好的特点多读多记，不要求作过深的理解。近几年，各地中小学已经开展了大量"小朋友，跟我读"的诵读活动，"不求甚解"的做法避免了繁琐、枯燥的讲解与分析。在具体的诵读方法上，可以"听—读—指读—游戏—反复诵读—自然成诵"，还可以分组读、变奏读、接龙读、配乐唱、配手操等。至于诵读哪些经典，以及经典诵读的顺序，前文"课程意识原则"部分已有论述，也可参考《三字经》：

凡训蒙	须讲究	详训诂	名句读	为学者	必有初	小学终	至四书
论语者	二十篇	群弟子	记善言	孟子者	七篇止	讲道德	说仁义
作中庸	乃孔伋	中不偏	庸不易	作大学	乃曾子	自修齐	至平治
孝经通	四书熟	如六经	始可读	诗书易	礼春秋	号六经	当讲求
有连山	有归藏	有周易	三易详	有典谟	有训诰	有誓命	书之奥
我周公	作周礼	著六官	存治体	大小戴	注礼记	述圣言	礼乐备
曰国风	曰雅颂	号四诗	当讽咏	诗既亡	春秋作	寓褒贬	别善恶
三传者	有公羊	有左氏	有谷梁	经既明	方读子	撮其要	记其事
五子者	有荀扬	文中子	及老庄	经子通	读诸史	考世系	知终始

（3）生活德育课程。生活德育课程，强调人的身心协调发展，尤其是要养成好的行为习惯。在跟着老师、书本学习之后，还要身体力行，勤加练习，"学而时习之，不亦说乎"，这样自然能够形成好的生活习惯、行为习惯。朱熹的《童蒙须知》分衣服冠履、言语步趋、洒扫涓洁、读书楔子、杂细事宜等目，对儿童的行为习惯做了明确的规定："夫童蒙之学，始于衣服冠履，次及言语步趋，次及洒扫涓洁，次及读书写文字，及有杂细事宜，皆所当知。"《童蒙须知》的确在今天还有它的实用价值。另一部蒙学教材《弟子规》，也是今天小朋友学习良好行为规范的一个好的读本。"少成若天性，习惯成自然"，每日践行、自然浸润，

好的美德也就慢慢养成了。须注意的是，经典诵读课程和生活德育课程不可偏废，齐头并进，效果更好。

（4）传统艺术课程。中国古代优秀文化中，书法、国画、茶道、音乐、泥塑、手工等皆创造了很多辉煌，它们在今天不仅仍具实用价值，而且其学习、训练过程也有修养身心的巨大价值。这些不同种类的艺术，能够锻炼学生的动手能力，还能够进行艺术审美教育，"教育的目的是唤醒灵魂"。中小学校的这些艺术美育也是要培养丰富的灵魂，而不是灌输技巧。以书法为例，要求学生：第一，专注与兴趣；第二，持久练帖；第三，习得书法家的精神，养浩然正气。再比如音乐教育，在孔子那里，礼乐教育是人生的规范性与艺术性，内在性情和外在行为和谐统一的教育。今天也应如是。传统艺术教育课程也要与生活德育课程相互结合，比如孝道课程与书法体验结合，惜物课程与手工体验课程结合，形成一种育人的综合实践活动课程。

（5）人文历史课程。中国作为文明古国，历史典籍众多，神话传说、民俗风物、建筑园林也极其丰富。这些资源，也可以开发成生动的人文历史课程。比如，《三字经》中提到的历史与人物介绍，经典诵读课中穿插历史人物故事、神话传说故事，外出考察古迹文物、建筑，旅游体验民俗风物等，既开阔学生眼界，丰富他们的知识，也可以与经典诵读课中的某些内容紧密结合起来，成为提高学生修养品行的有效途径。

（6）启智开慧课程。传统国学中有关数学、历法、天文等的科技知识有不少，在这些方面可以适当开发一些课程，比如中国古代的洛书、二十八星宿、二十四节气、古代州郡分布等，都能够激发学生学习国学的热情，并在小朋友学习这些课程的过程中，培养其对中国传统文化的热爱。

这些课程当以经典诵读课程为核心，其他辅之、配合之，自然会形成好的国学教育氛围，并达致好的教育效果。至于这些课程的先后次序，钱穆先生在阐述孔子"志于道，据于德，依于仁，游于艺"时，有不同于上文金良年先生在《论语译注》中的看法：

"本章所举四端，孔门教学之条目。惟其次第轻重之间，则犹有说者。就小学言，先教书数，即游于艺。继教以孝弟礼让，乃及洒扫应对之策，及依于仁。自此以往，始知有德可据，有道可志。惟就大学言，孔子十五而志于学，即志于道。求道而有得，斯为德。仁者心德之大全，盖惟志道笃，故能德成于心。惟据德熟，始能仁显于性。故志道、据德、依仁三者，有先后无轻重。而三者之于游艺，则有轻重无先后，斯为大人之学。若教学者以从入之门，仍当先艺，使知实习，有真才。继学仁，使有美行。再望其有德，使其自反而知有真实心性可据。然后再望其能明道行道。苟单一先提志道大题目，使学者失其依据，无所游泳，亦其病。然则本章所举之四条目，其先后轻重之间，正贵教者学者之善为审处。颜渊称孔子循循然善诱人，固难定刻板之次序。"①

这段话论述透彻，指出"艺"与"道、德、仁"的密切关系，无论是"小学"还是"大学"，以"艺"入门，则另外三者自可得矣。我们在中小学建立国学教育体系，尤其是在低年级，更要注意经典诵读之外的其他课程的学习，以与经典诵读课程配合，达到立体、由外而内的良好育人效果。

第二节 中小学国学教育的常用方法

就教学方法而言，按教学活动的性质可将教学方法分为：①以教师活动为主的教学方法；②以学生活动为主的教学方法。以教师活动为主的教学方法有教授法、谈话法、演示法。以学生活动为主的教学方法有自学法、讨论法、发现法、练习法、复习法、实验法和实习作业法等。②

关于教学方法的界定，有研究者认为，教学方法的定义大体可归纳为重教轻学型、教学并重型、教学互动型三种。③"教学方法，是在教学过程中，教师和学生为实现教学目的、完成教学任务而采取的教与学相互作用的活动方式的总称"④，这一界定属于教学互动型，笔者比较认可这一定义，因为合适的教学方法、良好的教学效果，是离不开教学中教师、学生这两个主体的。一般的学科教学是这样，国学教育教学也是这样。

由上文所知，中小学国学教育是一个有机的系统工程，是多种课程互相配合的一个立体教育，因此其不同方面的课程也自有不同的教学方法。囿于篇幅，并且考虑到中小学国学教育的核心是国学经典教育，所以下面就重点分析国学经典教育中的国学课堂教学的常用方法。

---

① 钱穆：《论语新解》，生活·读书·新知三联书店，2012，第155页。
② 李定仁、徐继存主编：《教学论研究二十年》，人民教育出版社，2001，第205页。
③ 徐学福主编：《教学论》，人民教育出版社，2012，第167、168页。
④ 李秉德主编：《教学论》，人民教育出版社，2001，第183页。

（一）诵读+记忆

诵读作为一种传统的国学经典教育方法，是中国古代教育的精髓，在我国有着悠久的历史。什么是"诵读"？诵读是一种有腔调的读书背诵，讲究节奏、神气、韵律等，既能闻其声，又可知其意，是寓情于声、以声传情的阅读方法。早在先秦时代，《周礼·春官宗伯·大司乐》记载有"以乐语教国子，兴、道、讽、诵、言、语"的句子，其中的讽、诵，就是吟咏、诵读的意思。《墨子·公孟》中说儒者"诵《诗三百》，弦《诗三百》，歌《诗三百》，舞《诗三百》……"足见诵读在我国教育中的悠久历史。

语言是词汇、语法、语音三者的结合体，有如三足鼎立，但文章和书面语言是没有声调的，可声调在表达感情方面又非常重要，因此，必须重视文章的诵读。诵读能够使读者通过作品的语言的声调、腔调、抑扬、缓促来把握文气，进而体会到作品蕴含的思想感情。姚鼐说："大抵学古文者，必要放声疾读，又缓读，只久之自悟；若但能默看，即终身作外行也。"（《与陈硕士书》）我们的传统国学经典的语言符号多是文言文，它在文法上有自己的特色，如简洁，有一定的行文韵律，讲究对仗、并举，追求齐整等，容易上口诵读，所以诵读法是国学课堂教学中一种很重要的教学方法。而且，少年儿童有较强的记忆与模仿能力，而理解与逻辑思维能力还较弱，所以要在少年儿童时期练就诵读、背记等"童子功"。

在国学课堂中开展诵读教学要注意以下事项：①教师要进行示范，要教诵读的方法，如断句、划分节奏、打拍子读，甚至更高要求的吟诵方法；②开始要求要严，要求学生做到眼到、口到与心到，边诵读便理解、体味；③开始可以慢些，要求学生要吐字分明、清晰，待学生训练一段时间后，可以逐渐加快诵读的速度；④要进行目的不同的、多层次的诵读，如初见原文的熟悉性诵读、教师讲解后的理解性诵读、学生有了一定感悟后的吟诵乃至背诵，反复诵读以形成牢固的记忆，就自然内化为学生的一种文化血脉。

这里特别说说传统文化意义上的"吟诵"。

它不同于今天用普通话读白话文的"朗诵"，而是"带有音乐性的、有旋律的，并且符合汉语本身的特点及汉语文学自身声韵规律的汉诗文声音表达方式"[①]，"是一种介于诵读与歌唱之间的汉语古典文学作品口头表现艺术方式，既遵循语言的特点，又根据个人的理解，依循作品的平仄音韵，把诗中的喜怒哀乐、感情的起伏变化，通过自己抑扬顿挫的声调表现出来，突出其中的逻辑关

[①] 宋振锟：《基于吟诵采录的中华吟诵概念界定》，《名作欣赏》2017年第30期。

系、思想情感，比普通朗诵要深入、充分得多，是一种细读的、创造性的、回味式的读书方法和表达方式，是文学、音乐、语言的综合体，是我们中华民族宝贵的非物质文化遗产"①。

徐健顺先生说吟诵"是汉诗文的主要创作方式"，"是汉诗文的唯一诵读方式"，"是古代教育最基本的教学方法"；在深刻地认识吟诵的特征、意义的基础上，徐先生还总结了吟诵的规则：

> 关于吟诵的规则，我将其总结为"一本九法"。"一本"，就是吟诵的目的，是表达出作品的涵义，尤其是声韵涵义。"九法"，即依字行腔、依义行调、平长仄短、模进对称、文读语音、腔音唱法、入短韵长、虚字重长、平低仄高。创作时也是依此进行，所以一部分意义是用声音来表达的，声音的高低长短轻重缓急，都是有意义的。诵读的时候也就必须依法进行，才能还原声音的意义。阐释诗文，必从吟诵入手。②

几近失传的吟诵，在国内外有识之士的努力之下，已渐渐"热"起来，我们广大的国学教师。如果能够学会吟诵，自然在进行国学课堂教学时"如虎添翼"，取得更佳的教学效果。

吟诵不仅能够激发兴趣，而且有助于记忆，因为它能够以"声韵之美"刺激人的大脑，其抑扬顿挫、婉转变化的声音，较之默读、平淡的没有起伏的一般性的朗读，更容易留存于脑海之中。可以说，吟诵把我们今天相对忽略的汉语的"声音"给激活了。有了吟诵的帮助，我们可以鼓励少年儿童多多背记国学经典的原文。我们的文化传统多次证明：在吟诵的帮助下，一个传统文人是能够大量背记的。明清之际的大学者顾炎武能够完整地背诵十三经，清代的戴震也能完整地背诵十三经。他曾经对段玉裁说："余于疏不能尽记，经注则无不能倍（背）诵也。"③读过私塾的茅盾先生，甚至连《红楼梦》也能整回整回地背诵。

对少年儿童学习国学来说，特别强调多读多背。尽管有些国学经典在内容方面比较深奥，但只要思想是正确的、形式是美的，便于记诵，也可以先让学生背记下来。在国学经典的学习中，"积累大于理解"有时候是可以成立的，像陶渊

---

① 南开大学"中华吟诵的抢救整理与研究"课题组：《知音如见赏，雅调为君传——关于传统吟诵的调查与思考》，《光明日报》2013年5月28日第15版。
② 徐健顺：《吟诵——中国式读书法》，《中国教育报》2013年12月16日第9版。
③ 唐晓敏：《中国传统语文教育智慧》，广西师范大学出版社，2017，第101页。

明那样"好读书不求甚解"——只管像牛吃草那样先吃下去（记住），待日后慢慢反刍，自然内化为一种文化养分。有了一定量的积累，学生在潜移默化中就打下中华传统文化的根基。

中国古人在诵读、背书时，有一个非常好的传统，就是强调"遍数"。朱熹说：

> 凡读书，须整顿几案，令洁净端正，将书册齐整顿放。正身体，对书册，详缓看字，子（仔）细分明读之。须要读得字字响亮，不可误一字，不可少一字，不可多一字，不可倒一字，不可牵强暗记。只是要多诵遍数，自然上口，久远不忘。古人云："读书千遍，其义自见。"谓读得熟，则不待解说，自晓其义也。（《童蒙须知·读书写文字第四》）

又讲：

> 书须熟读，所谓只是一般然，读十遍时与读一遍时终别，读百遍时与读十遍又自不同也。（朱熹《朱子语类·读书法·上》）

近现代的传统教育也是这样。如唐文治就对学生提出读文需三十遍的要求，说道：

> 学者读文，务以精熟背诵，不差一字为主。其要法，每读一文，先以三十编为度。前十遍，求其线索之所在，画分段落，最为重要；次十遍，求其命意之所在，有虚意，有实意，有旁意，有正意，有言中之意，有言外之意；再读十遍，以求其神气，细玩其长短疾徐抑扬顿挫之致。三十遍后，自不知手之舞之足之蹈之也。①

这个优良传统在今天进行国学教育时仍然适用。我们要让少年儿童在一遍又一遍的吟诵、背记中，加深对国学经典的理解，找到一条合适的与古人对话的通道。

但在读、背时，要注意激发学生兴趣，要注意读、背的方法指导，切不可机械式地死记硬背。徐梓先生说："单纯地让儿童死记硬背，全然忽视理解，而且

---

① 王蘧常：《自传》，载陈引弛选编《学问之道》，浙江大学出版社，2008，第194页。

又不提供合适的背诵材料（比如句子短小、形式整齐、读起来朗朗上口、听起来铿锵悦耳、儿童喜闻乐道的蒙书、唐诗和宋词），严重败坏了孩子学习的兴趣。"① 这是教师在进行国学教学时特别需要注意的。

（二）精讲+讨论

国学经典的语言符号大多是文言文，而且内容深奥，因此教师的讲解就非常重要。但这种讲解，要与语文课上语文老师给学生讲解文言文的讲解法区别开来。语文课上的文言文讲解比较注重语言知识的学习，"这种以古典语言学习为中心的经典教育在教育实践中往往因解决语言学习上的障碍的需要，把语言的学习同思想的训练和文化的积淀割裂开来，执著于训诂考据，而忽视了义理与文化上的观照与省察。"②而国学课堂中的教师讲解，其立足点是进行文化传承，因此文言文知识不是教学的重点，学生只要弄通文意即可。所以，教师的讲解要：

（1）只讲重点、疑难的地方，一般不做全文贯通式讲解，能少讲就不多讲。

（2）要讲准确，但不要讲得太深，要多给学生自己思考、体悟的空间。在"如何教授国学"的问题上，关于讲得准确，著名的教育学家黄济先生有如下论述："……要回归原著和原意，不要任意发挥和臆测。'我注六经，六经注我'，是讲授国学的禁忌。教授国学常常会遇到对古文释义和解读的难题，出现见仁见智的问题，从古至今，不乏实例。为此，就需要力求回归原意，从多方面去寻求根据，从作者的整体思想去求得解答。"③如何把语意讲准确，的确需要我们的国学教师花些硬功夫、苦功夫。

（3）考虑到学生的接受问题，教师的讲尽量与学生的读结合起来，不要一味地讲，或者一味地读，"读讲结合"是提高学生兴趣、不容易倦怠的好办法。

（4）教师要尽量讲得有趣味，讲的过程中穿插一些国学故事就是好办法。例如，某老师讲解《笠翁对韵》中的"举杯邀月饮，骑马踏花归"，就用李白诗歌及宋徽宗考画院画家的故事来进行说明，学生都听得津津有味。当然，这些故事的选择，不仅要考虑趣味性，更要考虑内容的契合性，以及对文化传承的益处。

老师精讲之后，就是学生的理解问题。国学教育的根本目的，是进行文化传承，而文化的特质在于"知行合一"，要到生活里去践行，因此，学生对国学经典的理解，必须与他的生活实际联系起来，必须与当代社会实际联系起来。国学经典中传递的价值观，在现代社会生活中如何找到契合点，这是决定方兴未艾的

---

① 徐梓：《国学教育的乱象及治理》，《光明日报》2014年7月1日第15版。
② 潘庆玉：《全球化语境中的经典教育》，《当代教育科学》2003年第12期。
③ 黄济：《在中小学如何开展国学教育》，《课程·教材·教法》2015年第2期。

国学教育能否保持时代生命力的关键。

因国学的文化特性，以及它与今天时代的差异性，所以在课堂上组织学生讨论一些问题以明辨是非、深刻领悟，就非常有必要。这样的讨论，也能够凸显学生学习的主体性，符合今天教育的发展潮流。需要注意的是，在组织学生开展讨论时，一要设置真正有讨论价值的问题，二要注意古今结合，与当代社会、现实生活密切联系起来。如台湾《国学基本教材》中，在《论语》"言行篇"后，让学生讨论的问题是："现代社会讲究自我推销，这和孔子要求的'讷言敏行'是否矛盾？"在《孟子》"存理克欲篇"之后，提出的问题是："孟子主张养心寡欲，但发展经济必须刺激消费，如何在寡欲与刺激消费之间取得平衡呢？"这两个问题，都很有深度，能够刺激学生对《论语》《孟子》中的相关内容进行深入地辨析与思考，有助于他们把这些国学经典与现实生活中的问题密切联系起来。这是真正学习国学的方法，也是国学的生命力之所在。今天发展国学教育，就必须"用当代的理论、世界的眼光对国学重新定位，用现代的语言和现代的思维对中国传统文化进行系统的开发，而不是复古。"[1]

对于国学经典中的某一不易理解的观念，还可适当举例拓展，例子可历史可文学哲学，可古可今，可中可外，但要"切合"，并有一定的分析。如《论语·为政》："哀公问曰：'何为则民服？'孔子对曰：'举直错诸枉，则民服；举枉错诸直，则民不服。'"可联系学生身边的例子，如班级干部的选举与任用，以使他们明白在管理工作中要选贤任能的道理。

在现代中国社会语境下重振国学、普及国学教育要正视难度与阻力。有论者认为："国学的知识都是建立在传统农业社会和自然经济的基础上，和现代科学技术相比，许多知识缺少现代实证科学的检验。"[2]习近平总书记在系列讲话中谈到传统文化与现代中国的关系："中华优秀传统文化与社会主义市场经济、民主政治、先进文化、社会治理等还存在需要协调适应的地方。"[3]国学经典中传递的价值观，在现代社会生活中如何找到契合点，是检验今天国学教育成效的关键。老师带着学生就国学经典的观点展开讨论，以完成古为今用的转化，是其中非常关键的一环。

（三）抄写+表演

胡适先生当年在为即将出国留学的少年而拟的《一个最低限度的国学书目》

---

[1] 纪宝成：《新世纪更加重视人文社会科学》，《新华文摘》2001年第1期。
[2] 彭富春：《国学教育警惕虚火》，《团结报》2011年4月5日，第6版。
[3] 《习近平总书记系列重要讲话读本》，学习出版社，2016，第203页。

作"说明"时，说他的这个书目"不为国学有根底的人设想，只为普通青年人想得一点儿系统的国学知识的人设想"。他认为，"那些国学有成绩的人，大都是下死功夫笨干出来的"，"对初学人说法，须先引起他的真兴趣，然后他肯下死功夫"。①胡适先生的这个观点是颇有见地的，尤其是在中小学生学习国学普遍觉得比较困难的时候。现在的中小学生学习国学经典，困难之处在于：一是语言，现代口语、白话文相较于大多数国学典籍使用的文言文，是浅显、容易并且是使用习惯了的，文言文的词义、句式，特定的文化背景，都能够构成现在小孩子学习的障碍；二是国学经典的作者多为文化巨人，他们留下来的作品基本上是他们思想成熟期的产物，历经岁月淘洗、积淀，有后人不断地阐释、添加，凡此种种，均导致这些作品思想内容的高深、丰富，这些与现在的中小学生的年龄、阅历、思想的不成熟，形成了巨大的落差。因此，在我们在开展国学教学时，激发中小学生的"真兴趣"，便是国学教学方法的"第一要务"。上文的"诵读""讨论"等便含有"激发真兴趣"的目的。

在"诵读""讨论"之后，建议国学课堂教学时，在课内或课外，留点时间，让学生对国学经典的某些句子、语段，甚至篇幅不长的整篇文章，予以"抄写"。抄写，可以硬笔，也可以软笔。软笔抄写，就与书法练习结合起来，有条件做到这样，当然更好了。硬笔抄写时，要提出明确的要求（规定）：工整、清晰、准确，一字一格。抄写讲究日积月累，在一笔一画的书写中培养中小学生对中国文字的亲近感，并不断增加他们对国学经典的句子、段落、篇章的理解，实质上也是一种"浸润式"的学习。抄写，同前面的诵读、背记一样，也应该强调"遍数"。当然，遍数的多少，要视具体情况而定，不能一概而论。

古人说，抄书有三益：易于记诵，校正讹误，练笔习字。抄写的过程，也是磨性情、养习惯的训练。中国历代皆有因"抄写"而成为大学问家的人。南宋陈鹄所著的《西塘集耆旧续闻》记载了这样的逸事：苏轼在"乌台诗案"文字狱后被下放到如今的湖北省黄冈，当时叫黄州；一位名叫朱载上的诗友一日登门造访，而东坡移时不出，久之始出，愧谢久候之意，且言"适了些日课"。朱问："适来先生所谓日课者何？"坡云："抄《汉书》。"朱曰："以先生天才，开卷一览，可终身不忘，何用手抄耶？"东坡曰："不然，余读《汉书》，至此凡三经手抄矣。初则一段事抄三字为题，次则两字，今则一字。"朱请教东坡所抄之书，东坡曰："足下试举题一字。"公如其言。东坡应声辄诵数百言，无一字差缺。凡

---

① 刘兆祐、江弘毅等：《国学导读》，中国人民大学出版社，2009，第10页。

数挑皆然。朱归以语其子曰："东坡尚如此，中人之性，岂可不勤读书邪？"宋代苏轼，明代张溥，近代鲁迅、梁启超，现代叶圣陶，皆是如此。

抄写，既是激发"真兴趣"的好办法，也是学习国学经典的"笨功夫"。我们对中小学的抄写训练要循序渐进，从长远的习惯培养着眼，久之，中小学生自能够终生获益。

另一种增加中小学生学习国学经典兴趣的方法是表演法。表演法，是把深奥的国学内容，让学生以故事表演的形式来进行学习。陈鹤琴先生曾说："经书的文字古奥，叙事说理，多偏于政治道德方面。幼年儿童不易明白。只好选择其适合儿童心理之记述，改编作故事或戏剧的体裁，教他们阅读，教他们表演，他们自然就能明白了解，兴趣浓厚。"[1] 表演法尤其适合国学内容呈现为故事，或者有故事能够恰当地表现它的时候。当然，同其他在中小学流行的表演法一样，国学教育教学中的表演法要尽量做到：表演的形式力求灵活，多种多样；鼓励学生们积极参与，增加他们体验的丰富性和深度；可以适当引入家庭、社区、社会资源。这种表演，不重形式，重在传达出对国学内容的准确理解。

（四）传统+现代

传统中国教育，有许多很好的经验可供我们今天借鉴与参考，前文讲到的读、背、抄，以及注重"遍数"，都是中国传统教育的有益经验。从中国文字的特殊性来说，还有一个重要经验是：注重文字的学习，经典的学习必须以中国文字的学习为基础。

中国传统教育是"以小学通经学"，小学的功夫就是文字学、训诂学、音韵学，在传统国学中居于举足轻重的基础性地位。清代《四库全书》经部之下分易、书、诗、礼、春秋、孝经、五经总义、四书、乐、小学十类，小学入经部足见其地位。中国古人极为重视小学的训练，"欲通经史子集之学，必先通'小学'。不通'小学'，则不通'经学'。"近世国学大师章太炎在《国学概论》中说："所以研究国学，无论读古书或治文学、哲学，通小学都是一件紧要的事。"[2] 关于小学的作用，太炎先生在其《国故论衡·小学略说》里概括得很好，"盖小学者，国故之本，王教之端，上以推校先典，下以宜民便俗"。小学说到底就是从形音义三个方面来识读汉字，故"读书宜先识字"。顾炎武说："句读之不通而欲从事于九丘之书，真可谓千载笑端矣。"

---

[1] 陈鹤琴：《陈鹤琴先生的意见》，载龚鹏程主编《读经有什么用：现代七十二位名家论学生读经之是与非》，上海人民出版社，2008，第160页。
[2] 章太炎：《国学概论》，载王国维等著《跟大师学国学大全集》，中国华侨出版社，2011，第106页。

每一个汉字，都蕴含有丰富的文化信息，若教师在国学课堂上能够利用中国古人的教学、治学经验，由字入手，从字的形、音、义出发，引出其隐含的文化信息，这很能够吸引学生，可以收到良好的教学效果。讲《鸿门宴》"(范增)举所佩玦以示之者三"中的"玦"字时，可以讲讲古代用"环"(谐音"还")暗示回来，用"玦"(谐音"决")暗示做决断的故事，等等。"高山仰止，景行行止"(《诗经》)句中"景行"词典上解释为"大路，比喻行为正大光明"。可是学生还是似懂非懂，这就需要进一步溯源解释。景，从日京声，意思是"日光"，《岳阳楼记》中的"春和景明"一句也是此义。行，象形字，金文写作"￼"，是两条大路的十字交叉口，是供行走的大路。可见，"景行"的本义应是阳光灿烂的大路，以它比喻正大光明的品行，就好理解了。"爷娘妻子走相送，尘埃不见咸阳桥"(杜甫《兵车行》)，"走"的金文形状为"￼"，上部是摆动双臂，迈开双脚向前奔跑的人形，下部的"止"(脚)进一步加强了奔跑的意思。这个古文字本身就是对"走"字最准确、最生动的诠释，学生一看字形就懂。其他文言句子中的"走"也多是用其"跑"的本义，如"秦王还柱而走"(《荆轲刺秦王》)，"老臣病足，曾不能疾走"(《触龙说赵太后》)。图形、字义与诗文的讲解相结合，能够增加趣味，同时易懂、好记。

除了传统的教育方法之外，我们也可以广泛利用现代教育技术。现在已经进入互联网时代，现代教育技术的发展也日新月异，这为我们利用现代教育技术来促进国学课堂的教学提供了极大的方便。如利用多媒体教育平台，在国学课堂教学中引入图片、视频、歌曲，插入相关的知识链接，教学生利用互联网查找国学资料，等等，这些都是今天国学课堂建设的必然要求。今天，互联网已经为国学的传承与创新插上腾飞的翅膀，作为国学教师，自当好好利用这一有利条件。但必须注意的是，"对国学而言，任何媒介的更替归根到底还是工具性的延展，只是提供了一种'可能性和选择性'，对国学经典的深刻理解并且能够真正内化于心，才是国学教育在当下面临的最重要的任务与课题"[①]。

当然，国学课堂的教法还有很多，或者是以上教法的综合，在此就不一一赘述了。

掌握上述国学教育的基本原则和基本方法，能够使我们清楚地认识到国学教育的特殊之处，对于我们因时因地灵活、高效地开展国学教育工作，具有重要的意义：第一，有助于我们把握国学教育与其他教育的区别与联系，尤其是有助于

---

① 吕佳臻、赵婀娜：《"互联网+"如何助力国学教育》，《人民日报》2015年11月26日第17版。

我们认识在基础教育阶段国学教育内容与其他教育内容的区别与联系；第二，有助于我们掌握国学教育在教育原则和方法上的特殊性，帮助我们认识到国学教育的"专业"属性，认识到做好国学教育需要经过一定的"专业"训练；第三，有助于我们结合具体教育教学实践，结合不同的受教对象，开展有针对性的国学教育工作；第四，有助于我们认识国学教育的基本规律，使我们在独立或与其他教学活动结合起来开展时，能够做到科学而高效。

第十一章　国学经典教育的课堂教学模式

　　国学经典是传承华夏文明的关键载体，国学经典教育在中华优秀传统文化教育中占有核心的位置，因此，国学教育在中小学是否得到落实，最重要的指标就要看国学经典课堂教学这"最后一公里"的实施效果。国学经典课堂教学的意义可以用一句话来概括：构建学生身心成长与国学经典之间的亲密连接。目前，不少地方的国学经典教育尚停留在"小朋友跟我读"的阶段，缺乏深入的品读，国学经典与学生的身心成长之间就无法构建连接，国学教育就会流于形式，难以取得真切的效果。为了解决这"最后一公里"的问题，我们创建了"三元五场"课堂教学模式和"点融通"双语课堂教学模式。前者重点在融通古今，为广大中小学提供简便易行又直接有效的国学经典课堂教学解决方案；后者在"三元五场"课堂教学模式的基础上进一步融汇中西，培养学生跨文化交流的思维和能力，为讲好中国故事构建人类命运共同体提供助力。

第一节　"三元五场"国学经典课堂教学模式

　　有不少人对课堂教学创建"模式"持保留甚至反对的态度，他们认为课堂教学模式的创建容易造成课堂教学的机械化，从而影响以生为本的认知过程的真正落实，长期操作也会造成师生的认知惰性，甚至毁灭课堂弥足珍贵的趣味。这样的批评是有一定道理的，但是在国学经典教育长期缺失，教师和学生都不具备比较扎实的国学功底的情况下，一味求高只能使得国学经典教育长期束之高阁。我们认为，现阶段的国学经典教育应该解决从"无"到"有"的问题，将来我们才有可能进一步探索从"有"到"优"的问题。所以，国学经典课堂教学模式的创建很有必要。而我们创建的"三元五场"国学经典课堂教学模式就是解决从"无"到"有"的问题，跨文化视野下的"点融通"国学经典双语教学则是在进一步探索从"有"到"优"的问题。

一、研究背景

当前，大力弘扬中华优秀传统文化已经成为社会各界，尤其是教育界的共识，但是还有不少人质疑单独开设国学经典课程的必要性。在他们看来，国学经典教育就思想性而言目前的思政课完全可以胜任，就知识性而言目前的语文课在采用部编版教材之后也完全可以胜任。其实，这样的观点似是而非。首先，国学经典课程包含经典性、人文性和工具性三大特性，其中的经典性是首要属性，也是当前中小学课程体系所普遍缺乏的，没有经典性，课程教学就没有超越性，服务学生终身发展的必备品格和关键能力就很难建树起来。其次，思政课程虽然包含思想性、人文性，但是思政课带有鲜明的意识形态属性，因此其教学主题强调与时俱进，教学内容与形式也就常变常新，思政课因而处在一种"有道无经"的状态。再次，语文课虽然包含不少国学经典文本，但是语文课的经典选文是按照语文知识序列来安排的，知识性才是决定它们在教材中的地位的关键，因此经典在语文课中的存在是支离破碎的，经典就难免被误解、曲解。可以说，与思政课相反，语文课处于"有经无道"的状态。总之，国学经典课程的独立开设很有必要，相应的课堂教学模式的创设也就成了当务之急。

新世纪以来，随着中华优秀传统文化弘扬力度的逐渐增强，有关国学经典课堂教学模式的研究开始引发研究者的注意。根据中国知网提供的数据，截至2020年6月30日，公开发表的直接讨论中小学国学经典课堂教学模式的论文只有20多篇。这样的数据在意料之外，但又在情理之中。意料之外是因为这些年大力弘扬中华优秀传统文化已经成为时代的主旋律，声势这么大，国学经典教育的研讨成果不应该只是这么多；情理之中是因为专门的国学经典教育断层多年，当前的探索其实是重新开始，教师自身的国学素养又非朝夕之功所能成，所以国学经典课堂教学模式的创建很重要，但是事情并不容易，因此这20多篇论文也就弥足珍贵。

新世纪以来最早公开发表的研究成果是杨水旺的《"组结式"国学教学模式初探》。[1]这篇发表在《中国教育报》上的论文是中国知网上最早专题研究中小学国学经典课堂教学模式的文章。研究者提出的"组结式"国学教学模式的内涵包括两大块："组"和"结"。其所谓"组"分三个层次：组织材料、组合内容和组成主题。其所谓"结"有三层含义："情结""结点""结合"。从课堂教学环节角度看，"组"是课前准备阶段，"结"是课堂教学中挖掘文本潜在底蕴，寻找课堂教学和学生探究不断提升发展的推动力。应该说，"组结式"教学模式突出课前

---

[1] 杨水旺：《"组结式"国学教学模式初探》，《中国教育报》2011年7月13日第7版。

准备工作的重要意义，这对当前国学经典教育的师情和学情是有很强的针对性的。但是这个模式的课堂教学步骤还停留在"构想"上，具体实施可操作性不强。

目前，在国学经典课堂教学模式构建上公开发表的最为成熟的成果之一应该属于广州市天河区五山小学许凤英团队。许凤英先是发表了《国学经典"三环七步"课堂教学模式研究》[①]一文，其基本思路是让学生在教师的指导下用各种形式反复诵读，在流利诵读的基础上感悟经典文本中的道理，并指导学生培植正确的价值观，养成良好的行为习惯，最后再把经典文本熟读成诵。其中的"三环"指温故、知新、致用，七步指回顾、展示、熟读、悟意、博引、导行、成诵七个步骤。后来，许凤英团队又公开发表了《例说国学课堂》[②]一文，对"三环七步"有更深入的说明。应该说，此教学模式课堂教学步骤具体、全面，可操作性很强，是当前中小学国学经典教育中比较完备的教学模式了，不过也存在教学环节过多、灵活性不足等问题。

此外，杨智的《论中小学国学经典教学模式及其理性建构》[③]则是目前总结和提出"模式"最多的论文，该论文通过提炼与总结已有的中小学国学经典4种教学模式：诵读教学模式、"诵读—运用"教学模式、"环境—熏陶"教学模式、"联想—对应"教学模式；进一步提出5种教学模式："角色还原—评价"教学模式、"诵读—感悟"教学模式、"诵读—解释—实践"循环教学模式、文化熏陶教学模式以及媒体辅助教学模式。这种多模式研讨对于我们突破思维局限寻找更适合的校本模式有重要的启发意义，但是究竟什么是简便有效的国学经典课堂教学模式，这篇论文也没有明确的结论。

总之，目前已经公开发表的这些国学课堂教学模式为全国中小学开展国学课堂教育提供了较好的参考模式，而且大都能注意到文本的熟读、品悟、践行对于国学教育的重要意义，他们期待通过国学课堂教学，提升学生品德修养水平，提高立德树人的育成效果，这些都是难能可贵的。但是，以往的国学经典课堂教学模式普遍忽视学生、教师、经典三者在课堂生态系统中的常在的互动关系，或者把经典视为一个被动、固定的存在，而只是强调师生的互动关系，因而往往把教学过程视为单线的"步"，国学经典教育的独特品性无法凸显出来，国学经典课成了语文课或者思政课的翻版。另外，在学校教育教学任务繁重等诸多困难面前，有些国学课堂模式偏于繁琐、偏于理想化，容易在实践中流于形式。一句

---

① 许凤英：《国学经典"三环七步"课堂教学模式研究》，《广东教育综合》2013年第5期。
② 许凤英：《例说国学课堂》，《中国教师》，2016年第11期。
③ 杨智：《论中小学国学经典教学模式及其理性建构》，《教学与管理》2014年第9期。

话，没有注重课堂教学模式的简便易行，国学经典课堂教学的普及推广就十分困难。为此，我们在多年教学实践基础上于2015年正式提出"三元五场"国学经典课堂教学模式，并且组织公开课连续在2015至2019年每个年度的"岭南国学教育论坛"上进行成功的展示。同时，我们根据这个教学模式在2016年正式出版了一套实验教材，2017年和2018年又在我们承办的首届和第二届广东省"中华经典文化诵写讲骨干教师培训班"上进行推广，产生了广泛的影响。目前，"三元五场"已经发展成为一个体系完备、应用广泛的国学经典课堂教学模式，为广东省中小学国学教育的普及推广做出积极的贡献。

二、创建理念

任何教学模式的创建都是基于一定的育人理念提出来的，而且任何课堂教学模式的创建也都是在构建一个教与学的生态系统，这个生态系统由三大基本元素构成：学生、教师、教材。对这三者关系的不同理解就产生了不同的课堂教学理念和课堂教学模式。同时，不同的课程内容也需要不同的课程教学理念和不同的课程教学模式。那么，如何理解在国学经典课堂教学的生态系统中学生、教师、教材三者的关系？又该如何创建适用这种课程内容的特定课堂教学模式呢？

我们通常认为，学生是学习主体，教师是主导，教材是载体。三者当中学生因素居首要地位，所以要围绕学生来组织教学，这是生本教育的基本理念。但是，对学生因素的过分强调往往就会忽视教师在课堂教学生态系统中的决定性作用。真实情况是，学生在课堂上学什么、怎样学、学习效果如何在很大程度上其实是由教师决定的，尤其在中小学阶段学生学习的自主意识和主体能力尚未养成，这种被决定的情况就更为明显。由此，我们可以说，学生的成长往往要基于教师的成长，单纯以生为本来思考课堂教学模式的创建就会显得动能不足。

另外，国学经典教育不同于一般的课程教学，一般课程教学使用的教材是先有知识理念体系然后才有教学文本，是一种典型的理念先行学习方式，教学文本的读解方向是被事先限定了的。而国学经典教育使用的教材是先有经典后有教学，经典在前，教学理念在后，因此经典文本的读解可以是多维、开放的。因为多维和开放，国学经典一方面可以与教师和学生的身心成长发生密切的契合与融通，从而无论是教师还是学生都可以在经典读解中得到启迪和滋养；另一方面，经典的意涵也因为师生个体的成长体验而不断在丰富、不断在成长。所以国学经典在课堂教学生态系统中不是一种被动的固定的存在，而是一个有温度、有能量的活态要素，是可以和师生进行充分互动的。

如此一来，我们就会发现：一个完整、运作良好的国学经典课堂教学生态系统中，学生、教师、经典三元都有很强的成长性，都具备影响其他两个要素的重要力量，因此必须把它们看作地位权重相当、相互促进、一起成长的关系。由此，我们提出"三元互动"的核心理念。有了这个理念，我们还需要一个微观的具体的达成策略，这时候"五场联通"就被提出来了。

基于"三元互动"的认知，课堂教学进程就必须是一个学生、教师、经典始终同在、相互作用的"场"，而不是单一要素单线推进的"步"。当然，伴随认知过程的展开，"场"也在不断发生变化，就在"场"中的任一要素而言，随着"场"的变化，"它"也在认知的进程中一步步前行，因此，从单一要素来说也可以把认知过程视为"步"，但就课堂教学生态系统来说其实是多要素的"共步"，所以导入"场"的理论比仅仅停留在"步"的认知更契合这个生态系统的实际情况。那么怎样来定义或者命名这些"场"呢？

首先，我们要把课堂教学的生态流程确定下来，也就是要明确在一个基本的课堂教学生态流程中究竟应该包含几个"场"。在我们看来，不管是问题导向式、任务式还是其他什么方式展开的课堂，一个最基本的课堂教学流程起码应该包括：课堂导入、熟悉文本、理解文本、拓展致用、总结回顾五个环节。当然，我们可以在这个基础上增加其他一些模块和环节，这五个环节每一个的时间和空间都可以根据实际教学需要做调整。因此，我们最终确定了五个"场"作为国学经典课堂教学的生态流程。对这五个"场"的命名我们借用中国传统园林的空间命名方法，同时也参照这些传统空间的特性与课堂教学生态流程的契合度来最终确定。最后，我们把课堂导入环节命名为"导趣屋"，以"屋"相对封闭，因隐秘而有神；熟悉文本环节命名为"乐读斋"，以"斋"别具格调，可纵情而抒怀；理解文本环节命名为"善品堂"，以"堂"汇聚众声，因审辩而明理；拓展致用环节命名为"开悟轩"，以"轩"光明敞亮，可博接而能行；总结回顾环节命名为"回味阁"，以"阁"超拔伦常，因概览而有得。如此，屋、斋、堂、轩、阁步移景换、渐次深入，师、生、经场场互动。

三、教学任务

教学模式的理念框架创设完备之后，紧接着就是教学任务的明确了。一般而言，在教师团队稳定、对象学生固定、教学内容恒定的情况下，教学任务的明确一般要考虑的重点在于课时容量和教材编选这两个因素，也就是通常所说的"有多少课时""教什么"的问题。课时容量决定了我们的教学空间，教材编选决定了我们的教学内容，明确了这两项教学任务也就明确了。

（一）课时容量

目前，国学经典教育还没有成为正式的国家课程，具体操作层面通常是放在校本课程时间里实施，而校本课程总课时非常有限，要对口的任务又比较多，真正能够用来独立操作国学经典课堂教学的课时每周一般也就是1—2节。再考虑节假日和学校其他活动的侵占，每学期能扎实开展的打底课时也就在15节以上。15节课时的容量是非常窘迫的，这是我们当前开展中小学国学经典教育最客观也是最"硬核"的制约，这也就决定了我们的国学经典课堂教学一方面不可能一味求高、求深，另一方面要多条腿走路另辟课堂空间。为此，不少实验学校采取"5+1"的模式来满足国学经典课时需求。具体来说，就是每周1节国学经典品读课，这节课是标准时长的课堂；另外，每天利用早读或者午读的时间再安排10分钟诵读小课，这样每周5天小课总时长其实已经超过1节标准课。如此"读""品"结合就可以确保国学经典教育的教学质量有一个打底的基础。当然，也有的实验学校更进一步采用"5+2"的课时模式，具体来说，就是在"5+1"的基础上每周录增加1节拓展课，每学期就有15节以上的拓展课时。这15节拓展课时可以用来做诵读指导、专题分享、综合拓展，这样的国学经典教育内涵就更深博了。实事求是来看，大多数实验学校能够确保"5+1"模式，能够保证每学期有15课时专门的国学经典教学课时就很不错了。如此，有了明确的课时容量意识，我们的能力边界的问题也就解决了，确定教学任务就会清晰很多。

（二）教材编选

国学经典教育不是简单地把国学经典原文照抄照录转给孩子们就行了，国学经典进入中小学课堂一定要经过重新编辑才能够贴合实际教学需要与可能，所以选择或者开发合适的教材就至关重要。但是，对多数实验学校来说，开发教材的难度太大了，采用现有的教材就成为首选，而在选择教材时需要考虑的首要问题是：教材是否体现了一定的教法，只有有教法的教材才能明确为具体的教学任务。

目前，公开出版的国学经典教材品类繁多，编选的角度各异，选文的方式悬殊也较大，不过选文的对象还是比较集中在五个类型上，每个类型又都有一些重点聚焦的书目：一是蒙学类，重点是传统的"三百千千"；二是经学类，重点是四书和五经，而以四书为主；三是子学类，重点是老庄；四是集部类，重点是《古文观止》和唐诗宋词；五是史学类，重点在前四史，这一类因为体量庞大，所以目前中小学国学经典教材选录多是《古文观止》的手法，无法真正体现史学思维。选文对象的聚焦也就决定了这些教材最终的区别必须体现在教法上。但是，目前能够完整配套教法系统进而能够提供完整教学参考资料（包括教案、课件等）的教材并不多。①

教材编选如何体现教法呢？我们主要抓住两个方面下功夫。

第一，教材必须源于经典。也就是说，教材编选的时候尽量要保留或者体现经典的原始精神风貌，不要断章取义，能全文录入的尽量全文录入，不能全文录入的一定要在保持原文脉络完整的情况下选编。例如，我们编选的教材对蒙学经典《弟子规》《三字经》《千字文》和经学经典《道德经》《中庸》《大学》等篇幅适中的著作就采用了全文照录的方法；对《论语》《孟子》等篇幅较大的经典则采用选录的方法，但在选录时候尽量体现原著风貌。例如，对《论语》的处理我们就根据原著脉络提炼了10个单元教学主题。分别是：为学、为政、孝悌、仁智、好礼、忠信、廉耻、尚义、交友、君子。这样的处理就基本确保学生在使用教材的时候可以同步对《论语》全文进行品读，而不是完全以我们的意志"主题先行"打乱原著的顺序随意编选。

第二，教材必须"优于"经典。"优于"的意义是在教法上来说的，也就是说编选后的教材必须好读、好教。这时候，单元教学结构的设计就至关重要了。例如，我们在三年级以上学段的教材每个单元设计了四个模块。一是"乐读斋"。对经典原文全录或选录，同时搭配注音、注释、白话文翻译，确保学生能读通。二是"善品堂"。一般根据单元教学需要安排2-3课时，每课时1个小主题，主要是对经典原文进行主题串讲，揭示经典文本的义理内涵，确保学生能读懂。三是"故事会"。对《论语》《孟子》这两部叙事素材丰富的经典则选择经典文本中与本单元教学主题相关的趣味性、故事性强的篇章进行经典趣读，帮助学生领略经典活色生香的一面；对《道德经》《中庸》这两部以义理阐发为主的经典则分别从《庄子》《孟子》中选择与单元教学主题相关的故事性篇章参与单元教学；对《大学》这部整合性很强的经典，我们把它安排在六年级下学期，让它成为整个小学阶段国学经典教学的总结性环节。总结性环节重要的是"学以致用"，所以我们虚拟了"木哥""火弟"两个人物编写系列串讲文章。四是"笔耕录"。要求学生在品读完本单元文本之后记录品读经典的成长足迹，最终构建国学经典与自身身心成长的亲密连接。如此，"乐读斋"重在熟读，"善品堂一"重在举一，"善品堂二"重在反三，"故事会"重在拓展，"笔耕录"重在固化，四大模块就展现出一个完整的"教法"来。如我们的《道德经（上）》第一单元核心主题为"有

---

① 我们团队主编的"师范院校与中小学国学课程协同开发与建设实验教材"——《国学》就是其中之一。这套教材已经于2016年由世界图书出版广东有限公司正式出版发行，目前主要针对小学段在开展实验。

无之道",善品堂主题第一个是"有无相生",第二个是"无之用",第三个是"天长地久",这三个主题教学基本上把老子的"有无"思想关键给抓住了,然后我们在故事会中选择《庄子》的"大瓠之种"来帮助学生领悟"无"和"有"在生活中的妙用。有了这个故事,经典文本与现实生活的连接就更亲切、有趣了。

四、教学方法

新课程教学理念倡导"重过程、重体验、重探究",主张用自主、合作、探究的学习方式替代灌输式教学,这在我们的"五场联通"策略中得到充分的落实。我们的"五场联通"策略以"场"提供师生互动成长的空间,让师生在师生互动、生生互动、师生与经典互动的开放空间中去体验和探究。这样的安排重过程体验,而不是认知结果,尊重学生在课堂阅读中渐次生成的感受,而不是被动接受教师或者同学的结论;重问题探究,而不是文本识读,联系生活实际以真实的问题带入对经典的品读,激发学生把经典义理与生活历练结合起来,而不是束之高阁、存而不用。

1. 导趣屋

孔子说过:"知之者不如好之者,好之者不如乐之者"。简单来说就是:"兴趣是最好的老师"。导趣屋是国学经典课堂教学的第一个环节,"导"是它的首要使命,"趣"是它的必然要求,"屋"是它的时空规范。没有"导","趣"就没有方向,课堂看上去热热闹闹,其实内涵却是空虚的;没有"趣","导"就无法打动人心,学生的学习积极性就难以被调动起来;没有"屋",导入环节就很容易拖沓冗长,甚至喧宾夺主。总之,"导趣屋"就是要用能够激发学生兴趣的教学内容快速有效聚焦他们的注意力,让他们在好奇、愉悦的情感中产生求知探索的内驱力,为下一场的学习做好心理蓄势和知识蓄势。

日常教学中,"导趣"的方法概括起来不外乎三类:以理导趣、以事导趣、以情导趣。但激发学生学习兴趣的具体形式却可以多种多样,这些方法的运用只要能够突出趣味性,就可以激发学生对课堂教学主题的兴趣。我们常用的有故事导入法、游戏导入法、音乐导入法、图画导入法和情景感染激励法等很多种方法。除此以外,根据从经典文本关键词切入开展品读的经验,我们还可以充分利用汉字形意一体的特色采用文字解剖导入法来进行导趣。这一方法其实就是借助甲骨文或篆书到造型来猜测文字的原初字义、字理,再通过字理分析导入课堂教学主题。例如,我们在教授《论语·以孝为本》这一课时的时候,老师就先分别出示了甲骨文、小篆文的"老""子""孝"三个字,再引导学生根据汉字象形会意的特点玩猜字游戏，并说明判断依据。遇到像甲骨文"老"字学生猜不出字意的时候，老师就可以引导说："上面像弯腰驼背的人，关键是额头上还有很多皱纹，下面部分像支撑这个人的拐杖，这个字表现出有些人到一定年龄的身体及行为特点。能猜出是什么字来了吗？"有学生回答："老！"老师马上给予肯定，并出示甲骨文"子"，引导学生猜："圆圆的脑袋，活蹦又乱跳。请结合字形猜猜这是什么字？"学生很快猜出来，课堂学习的兴趣高涨起来了。老师这时又出示甲骨文"孝"字，引导学生认识到"孝"包含了"老"和"子"的意涵，它的原意就是子女敬老、养老的意思。从而顺利引入本课主题"以孝为本"的学习。

2. 乐读斋

乐读斋的目的是尽可能通过有趣、有韵律的各种形式的读，使学生快乐读、主动读，以读带"知"，以读带"思"。这个"场"讲究读的形式新颖好听，渗透学生喜闻乐见的形式，为了保留"乐读"的"新鲜感"，我们在实践中具体的乐读形式也是多种多样的，既有常规的齐读、快读、慢读、默读、男女生比赛读、小组比赛读、"小老师"带读、师生合作读、角色扮演读、配乐读、配图读、情境读、伴舞读、手舞足蹈读，更有针对国学课的标点变化读、字体变化读、打节拍读、吟诵、歌咏、填曲唱读等。总之，要通过诵读形式的不同变化使学生能感受读的愉悦，从而积极主动地，甚至创意十足地读。这当中"填曲唱读"方法是我们在实践中特别有体会的。

孔子说："兴于诗，立于礼，成于乐。"可以说，音乐教育是传统教育最高的教育形态。我们在实践中也发现以音乐，尤其是孩子们耳熟能详的旋律和经典文本的搭配可以很好地提升学生学习的兴趣，降低学习的难度，提升学习的深度和宽度。例如，三年级的孩子学习《论语》，这是他们第一次学习文言文，这对他们来说是一种很陌生的语感阅历。为了尽快打破学生的陌生感和排斥感，在2014年公益岭南国学夏令营中我们首先用《论语》"学而篇"的"学而时习之"章填入儿歌《数鸭子》轻快的旋律中，并利用"酷狗"APP的"歌词关联"功能制作成"卡拉OK"版，结果孩子们在欢快的音乐中不到5分钟就记住了歌词。这次实验让我们找到一个克服语感陌生的重要方法，随后，我们按照每个单元最少填曲唱读一章的形式安排欢乐诵读环节，然后再从每册书这几首"填曲唱读"的歌曲中挑选一首出来排上舞蹈变成一个展演节目参加各种演出，如此就构成了一个"读—唱—演"的乐读系统，孩子们的学习兴趣提升了，对经典的品读和领悟程度也大大深化了，而且这种"读—唱—演"的乐读系统也成为我们每届公益岭南国学夏令营的标配。

另外，在常规诵读方法中我们也特别强调"慢读"和默读，而且诵读安排也不局限于乐读斋这个时间段。目前小学生诵读经典最普遍的问题就是读得很"溜"，因为他们多数情况下是不求甚解的"素读"，结果经典中的文字对他们而言不过是一个又一个的拼音组合，所以诵读起来过口不过脑更遑论入心，读多了只能越来越"溜"。我们强调以"读"带"知"、以"读"带"思"，进而以"读"带"品"，经典文本必须借助诵读去接通品读，逐步还原为血肉丰满、骨立神完的意义系统。因此，"三元五场"课堂教学模式的诵读安排并不局限于"乐读斋"这个"场"，而是在乐读斋环节之后，"善品堂""开悟轩"每次完成我们都要安排一次"慢读"：让学生在慢读中把文本的意涵渗入到头脑中去。到了"回味阁"环节我们还会安排学生配合"闭眼""合掌""抱拳"等一些肢体动作的"默读"——把经典的意涵借助正念静心的动作深入心灵，最终达到孔子所说的"默而识之"的效果。

3. 善品堂

孔子说："学而不思则罔，思而不学则殆。"善品堂是"三元五场"课堂教学模式中"学""思"结合的关键环节。在国学经典教育活动中有不少人提倡"小朋友跟我读"，相信"书读百遍，其义自见"，认为随着年龄、知识、阅历增长，有一天学生自然就能顿悟经典中的道理。这样的认知有一定道理，所以我们也鼓励学生多读多背。但毕竟这种教学模式只是主动"学"却不主动"思"，国学经典与学生身心成长之间仅仅依靠自发形成的连接就很脆弱。而且学生机械模仿，很难培养出亲切感，更难以形成自主学习的兴趣和动力。当然，也有人担心教师素养不足，讲解不仅没讲好，还容易把经"念歪"了。这其实要从两方面来认识。一方面，老师讲解不好有一个师资培训和教师能力发展的问题，这个问题只能在发展中寻找解决办法而不可能在回避问题中去解决问题；另一方面，不讲解不等于就安全了，因为老师可能把经"念歪"了，学生也可能把经"想歪"了。总之，不讲解也有"歪"的风险，讲解了才有纠偏的可能，所以品读经典是国学经典教育中必不可少的一环。具体来说，善品堂的操作要注意四个问题。

一是因地制宜把握品读的适度性。从学生终身发展的角度来看，经典文本的品读是一个超越课堂时空的无限时空的动作，它需要开启，但不会结束，课堂教学提供的就是一个"开启"。明确这是"开启"，教师就可以树立信心，也可以对学生的学习有更多的耐心。教师可以根据学生的接受能力和自己对经典的把握程度确定一个合适的品读深度，没有可能也不必要求深求全。例如，"学而时习之"的"习"可以简单理解为"复习"，也可以进一步理解为"践行"，甚至"践行"

也不是终极的理解,我们分别把它们称为"1.0版本"、"2.0版本"和"3.0版本"。"3.0版本"之于"1.0版本"没有对错之分,只有深浅之别,因此程度的把握就可以由教师因地制宜。

二是抓住重点突出品读的人文性。善品堂离不开字词串讲,但要抓住关键,重在义理,突出人文性。在"善品堂"这一场中,对难懂字词可作一定解释,但不必要求字字落实,只要学生对于句子能领会出大体意思就行。如在《论语》第三单元"以孝悌为本"的善品堂中,我们的教材选文包括"为政"篇的"孟武伯问孝"章、"为学"篇的"君子务本"章和"弟子入则孝"章,我们就只解释了"唯""其""务本"等字词的意思,其余则让学生对照译文串讲一通就行了。而且在"唯""其""务本"三个字词的讲解中,我们又以"本"字的讲解为重点。我们在解说完什么是"孝"之后,重点解说孝为什么是为人的根本。我们通过展示古汉字"本"的字形,阐释"本"的含义,并用树木扎根深浅不同结果在同样遭受台风之后不同情状的照片形象地说明:没有根"本",或者根"本"不深,树木的成长就不可能有旺盛的生命力,台风一来就难免有倾覆的危险。由此引申到人,人没有了"孝"为根"本",就得不到长辈心智的滋养,心智也就不可能健康成长,面临生命历程上的困难和挑战很可能会有倾覆的危险,所以"孝"为人本!这样的字词串讲侧重义理的阐发,而不在语法上纠缠,凸显了国学经典教育的人文性,而把工具性的学习相对让渡给了语文学科。

三是经史互参凸显品读的趣味性。经典文本的义理往往是抽象的,抽象的道理如果只是停留在字词训诂上,给学生的感觉就依然是抽象的,而且趣味性相对欠缺,没有了趣味性,品读很容易变得味同嚼蜡。所以,我们用"经史互参"的办法来解决义理阐发的趣味性问题。例如,《孟子》第六单元第一课时主题是"人有不为",选文就包括"孟子曰:'仲尼不为已甚者。'"以小学生的阅历,这句话很不好理解。我们就用范蠡和韩信在成功之后的不同选择的故事告诉孩子们"甚(过)"与"不甚(不过)"的命运差别。两个人物的命运的传奇性和对比性深深震撼了孩子们的心灵,这比单纯的训诂要高妙得多了。当然,由于课堂空间有限,我们在善品堂使用故事来阐发义理的时候也会突出重点,每节课善品堂的故事数量会控制在3个以内,多了没有时间展开,故事和义理之间的关系就无法讲解透彻。而且我们通常的处理是这些故事会有一个是新鲜的,其他就尽量用学生已经学过的语文或者道德与法治课教材上的故事,这样就既不用花太多时间展开,学生又能比较快理解义理。

四是梳理文本还原义理逻辑。由于教学课时的限制和现实条件的制约,国学经典的文本品读不可能全文逐句过关，这就决定了善品堂所品读的文本通常是节选的内容，如何在节选内容的基础上还原经典本身的义理逻辑就成为善品堂这一个"场"的高阶纲领了。例如，我们编选的三年级《论语》第二单元第二课时"为政之道"我们一共选录了4章，分别是：

1·5 子曰："道千乘之国，敬事而信，节用而爱人，使民以时。"

2·3 子曰："道之以政，齐之以刑，民免而无耻；道之以德，齐之以礼，有耻且格。"

2·19 哀公问曰："何为则民服？"孔子对曰："举直错诸枉，则民服；举枉错诸直，则民不服。"

13·6 子曰："其身正，不令而行；其身不正，虽令不从。"

如果只是把这4则文本简单罗列，学生肯定无法对"为政之道"有一个相对完整的认识。而事实上，我们在编选这4章文本的时候就已经考虑到如何在孔子讨论为政之道的相关文本中挑选出一些足以构建相对完整义理逻辑的文本来。最后，我们选录的这4章其实是从四个方面探讨了"为政之道"的问题，概括起来就是："基本原则（五个关键：敬、信、节用、爱人、时）"、"管理制度（两个层次：政+刑 VS 德+礼）"、"人事安排（一个标准：举直错诸枉）"、"执行策略（从我做起：其身正）"经过这样的概括和揭示，学生虽然没有通读《论语》全文，但已经可以大致了解孔子为政之道的基本思想了。

总之，通过品读挖掘出经典文本的独特思想与艺术魅力，激发了学生学习的兴趣，培养了学生对国学经典的亲切感，这是单纯的"素读"所不能达到的。

4. 开悟轩

开悟轩这个"场"是在学生已经理解了文本义理之后学以致用的环节，所以一定要把经典文本的义理和学生的现实生活结合起来。这一场我们主要做两个方面的工作。

一方面通过联系生活实际，拓展义理运用的时间和空间。例如，在四年级《孟子》"人有不为"这一课时的"开悟轩"环节，教师为了让学生理解"可以取，可以无取，取伤廉"的道理，我们播放了2006年广州青年许某遇到银行自动柜员机故障多取十几万元的案例，让学生讨论一下这钱可不可以拿，理由是什么。又比如在六年级《大学》第四单元第一课时"摒弃偏私"的开悟轩环节，为了帮助学生理解偏私会影响对事物的公正评判，所以要在生活中学会摒弃偏私的道理，教师联系学生的生活实际提问："假如你是班长，小明和小红是你的同学。小明曾在各种朗诵比赛中获奖，但他和你关系不好；小红朗读水平没有小明高，但她是你的好朋友。现在老师需要你在小明和小红间推荐一位领读员，你会推荐谁？"通过这样把经典义理和学生身边的生活实际联系起来，学生逐渐产生学以致用的思维习惯，从而在"晓之以理"中构建起经典与学生身心成长的亲密连接。

另一方面也通过创设运用情境，加深学生的情感体验，深化学生的义理认知。如在《论语》"以孝为本"这一课中，我们在解读完文本后，播放动画视频《时间都去哪儿了》，看着视频中的小女孩从出生到儿童期、叛逆期、成人结婚，父母付出了关爱与操劳，腰背渐渐直不起来时，学生们表情逐渐凝重起来，表明他们的心灵受到不小的震撼。看完视频，教师导引："父母陪伴我们走过春夏秋冬，走过喜怒哀乐，陪着我们从小到大，等到有一天，我们看着他们额头上的皱纹多了一条又一条，他们的背渐渐直不起来，我们才会感叹时间都去哪儿了！能说说哪个画面让你感触最深吗？"学生纷纷发言，感叹父母的操劳与不易；教师进一步引导学生分享在生活中怎样减少父母的操劳，让学生明白减少父母的操劳其实也是一种行孝。通过生活情景的创设，学生走入一个国学经典义理践行的虚拟空间，从而在"动之以情"中构建起经典与自身身心成长的亲密连接。

5. 回味阁

"回味阁"是国学经典课堂教学模式中最后一个"场"，自然要带有温习、巩固、总结课堂所学内容和回扣课堂教学主题的使命。如果说善品堂和开悟轩是扩展性的学习探究活动的话，回味阁则是内敛性的认知固化或者深化、升华的学习活动。

首先是固化。目的是帮助学生回味、温习课堂的学习内容，最常用的教学方法是背诵、抄写。因为课堂教学空间有限，所以不要求全部背诵和抄写，而是把精力放在关键信息上。我们在实践操作中采用较多的是"镂空背诵竞赛"游戏。这种游戏适用于各个年级，把课堂所学内容的关键信息镂空，做成幻灯片题目，让学生分组进行竞赛，形式虽简单，但如果组织得当，学生常玩常新，兴趣还是比较高的。

其次是深化和升华。和语文课的现代文教学必须读写结合一样，国学经典教学也需要"读写结合"，没有"写"，"读"就很难深化或者升华，所以在教材编选的时候我们就设计了"笔耕录"：让学生在每节课结束之前用笔写下一句话、一段话或者画一幅画来表达他对课堂教学内容的认识，并且把这种记录直接写在教材配套的板块上，这样就等于在教材中留下了学生身心成长的一串串脚印，这些脚印不仅是对当时课堂教学的"回味"，一段时间后学生再次翻阅教材，这些文字或图画也会成为他们身心成长的永久"回味"。

综上所述，国学经典"三元五场"课堂教学模式根据对经典、教师、学生三方在课堂教学中关系的再认识，通过多年的实践摸索已经形成比较成熟的理念和方法系统，具有很强的可操作性，符合当前中小学（尤其是小学）国学经典教育需求，值得大家踊跃尝试、积极推广。

第二节 跨文化视野下的小学国学经典"点融通"教学研究

讲好中国故事为民族复兴营造良好的国际文化氛围是当代中国文化教育领域必须完成的使命任务。而国学经典凝聚着中华优秀传统文化的精髓，是我们对外文化交流的重要内容，由此加强跨文化视野下的国学经典教育就成为一项重要的基础性工程。在小学生开始接触核心国学经典的时候同步开展这样的工作就是帮助学生从小养成跨文化思维的习惯，让学生学会站在人类文明发展的高度审视东西方文化，从而培植中华文化更加宏阔的胸襟，树立更加牢固的文化自信。当然，小学生囿于自身的文化基础与学习能力又不可能对中西方文化进行全面的比较性研究，为此，我们在实践中采用"点融通"的教学策略来解决问题。我们以小学三年级《论语》关键词的双语教学为切入"点"，开启融通中西方文化的教学，进而逐步扩展到四年级到六年级的《孟子》《道德经》《中庸》《大学》等中华文化核心典籍，构建了一个小学国学经典的跨文化教学体系，取得了比较理想的教学效果。本节内容我们将以三年级《论语》关键词双语教学为中心例证来探讨相关问题。

一、国学经典"点融通"教学研究背景

在传统的"西方中心主义"的语境下，"西学东渐"是过去一百多年来的文化交流常态，文化的单向度输入造成国人对自身传统文化自觉或者不自觉的矮化心态，也反向造成西方民众对中国文化或多或少的陌生和排斥。如今，随着中华文化的复兴，文化的单向度接收越来越与现实需要不相符合；相应地，由"西学东渐"到"东学西渐"，最终实现东西方文化的化合开新就显得格外重要。而这样的化合开新需要有一个融通的"元点"。《论语》既是中国人立身处世的经典，

也是西方人了解、学习中华文化的窗口，由其所派生的儒家文化从根本上影响了华夏文明长达两千多年之久，所以要想深度了解中国文化就要从孔子开始，而要了解孔子则必以研读《论语》为先。而且《论语》在欧洲传播的历史悠久，前有1593年利玛窦等人把《论语》翻译成了拉丁文，后有英国著名汉学家理雅各（James Legge）在1861年出版了《论语》英文全译本 *Confucian Analects*[①]，这些著作都对欧美社会产生了广泛的影响。目前在学术界（译界）、海外传播界以及全球文化生活中，《论语》已然成为"中华传统典籍文化译介与传播"的标志性典籍，是反映中华文化"海外传播"的一面镜子。对《论语》进行跨文化解读有强大的历史和现实需求，因此，把《论语》当成我们"点融通"教学的"元点"是恰如其分的。

诚然，把诸如《论语》这样的国学经典进行跨文化推广有非常高的专业要求。光是文本的翻译实际上就要经历两个步骤：从古汉语到现代汉语的内文化翻译以及从现代汉语到英语的跨文化翻译。而且更遗憾的是，当前国内高校的人才培养模式却决定了精通古代汉语到现代汉语内文化翻译的人和精通现代汉语到英语跨文化翻译的人分别分布在汉语专业和英语专业，基本上是井水不犯河水的两拨人。真正能够两边精通的人其实是凤毛麟角的。这就造成了目前跨文化视野下的双语《论语》课程教育，主要局限在大学课程。例如，甘筱青等人基于文化对比的视角进行跨文化解读，在《论语》双语教学中提出"公理化阐释"的观点，即以《论语》关键词为基本要素推导证明众多蕴含在《论语》中的客观命题，培养学生跨文化思维和视野。[②] "公理化诠释"重视对《论语》"关键词"的推理辨析，思辨性较高，趣味性较低，并不适宜中小学、特别是小学阶段的教学。但是，在跨文化教学中重视"关键词"，其实也就抓住了文化融通的"元点"，这样的做法是值得肯定的，尤其是在小学阶段。

目前，小学阶段开展跨文化国学经典教学的课程还很少，已经开展的也基本上局限在语音、语法等工具性内容的训练学习上，能够在小学国学经典双语教学中有清晰的文化融通意识的教学实践还没有被看到。而小学三、四年级是一个非常重要的学段，在这个学段小学生的英语经过两三年的学习已经有了初步的积累，母语学习也由低年级段的字词认知为主逐步进入到文化习得的阶段上来。因此，从三年级开始，从《论语》的关键词切入进行跨文化的"点融通"教学就成为可能。而且异质文化的对读还可以帮助学生更好认识自我，树立文化自觉，培

[①] [苏格兰] 理雅各：《论语》，辽宁人民出版社，2016。
[②] 甘筱青、李宁宁：《〈论语〉的系统分析与公理化诠释》，《系统科学学报》2013年第3期。

养文化自信，形成跨文化交流的思维习惯和能力，这在今天中国日益走向国际舞台中心的形势下显得更加迫切和重要，也由此，这种国学经典跨文化的"点融通"教学在今天就显得尤为必要。

二、"点融通"教学的系统性原则

跨文化视野下的"点融通"教学不是一个又一个"点"的简单叠加，而是一个又一个"点"的有意义勾连，因此"点"的选择必须始终注意系统性的原则。系统性原则不仅让这些"点"可以连接成线，从而使得教学工作能够持续推进；系统性原则还要让这些"点"不仅仅局限在某一条"线"上，而是可以上下左右拓展，从而构建成为一个有意义的整体，由此跨文化视野下的国学经典教育才可能由点融通指向最后的文化整体融通。因此，怎么样在"点融通"教学中去落实这种系统性就成为国学经典跨文化教学成败的首要关键。为此，我们在微观的课堂环节上注重层层相因，在中观的单元教学设计上注重整体协调，在宏观的年级课程开发上注重有序性和整体性，从而在微观、中观、宏观三个层面上落实"点融通"教学循序渐进、整体协调的系统性原则。

第一，注重课堂教学环节的层层相因。前些年有老师片面强调以生为本的教学模式，相对忽视了教师和经典在课堂教学中的地位，由此造成课堂教学的浅俗化和碎片化。而且对于国学经典教育来说，经典处在一个相当重要的位置不能随意偏置，因此我们在实践中摸索出"教师、学生、经典三元互动，导趣屋、乐读斋、善品堂、开悟轩、回味阁场场联通"的"三元五场"课堂教学模式。三元互动把师、生、经放在同一系统内、同一权重上进行互动，强调了经典品读的生成性，为点融通教学的开展提供了理论可能。而导趣屋、乐读斋、善品堂、开悟轩、回味阁五个场次既前后互通又层层相因构建了一个渐次推进的"点融通"微观课堂生态。其中"善品堂"以内文化融通为主，重点在融汇古今；"开悟轩"则是以跨文化融通为主，重点在贯通中西。如此，从内文化融通到跨文化融通就构建起国学经典"点融通"教学的基本理论，帮助学生既掌握系统国学知识，又能体会中西文化的异曲同工。可以说，"三元互动"强调整体协调的系统性，"五场联通"在照顾课堂生成的循序渐进的阶段性的同时也以"场"的联通实现了系统性的协同与整合。

第二，注重单元教学设计的整体协调，在协调中逐步推进。目前，跨文化视野下的国学经典教学尚处于探索阶段，我们在实践中每周通常只有1节课的完整时间，因此单元教学的整体协调要求就很高。以《论语》第一单元"为学"篇为例。第一单元第一课时教学内容是《论语》第一章:"子曰:'学而时习之,不亦说乎?有朋自远方来,不亦乐乎?人不知而不愠,不亦君子乎?'"这一章学习的重点就是"学"和"习"。我们在关键词双语教学中选择了"学",围绕"学",我们又在英译名著中分别选取"learn"和"study"两种译法的例句,通过引领孩子们比较"learn"和"study"两个词在英语语境下的差异来丰富学生对"学"的内涵的丰富性认知。第二课时教学内容有三章,重点是《论语》"学而"篇第四章:"曾子曰:'吾日三省吾身:为人谋而不忠乎?与朋友交而不信乎?传不习乎?'"此间"三省"其实包含了三个反思动作,为配合第一课时教学,我们选择了"习"。围绕"习",则选取"review"进行对译。通过讲解"re"和"view"两个词根的意思帮助学生理解"习"所包含的反思、内审、反复的意义。第三课时是本单元的"故事会"环节,目的是在前两个课时的义理阐发基础上做一些趣味性的拓展。教学内容是《论语》"述而"篇第十九章:"叶公问孔子于子路,子路不对。子曰:'女奚不曰:其为人也,发愤忘食,乐以忘忧,不知老之将至云尔。'"教学中我们抓住"乐以忘忧"进行深入探讨,同时选择"pleasant"与"乐"进行互释,还将3个课时选出的3个关键词串联成句,体现这一单元主旨:"It is not pleasant to learn with constant review?"("学而时习之,不亦说乎?")如此,一方面,第一课时"学"、第二课时"习"构成两个核心关键的"点",第三课时"乐"把相关的"点"联通成线,组成了"学习乐"的中文核心意义群;另一方面,"It is not pleasant to learn with constant review?"则是学生在理解了"learn"、"review"和"pleasant"的基础上连缀成句,也构成了一个英文核心意义群;这两个核心意义群与《论语》原典又构成了良好的融通关系,这就是我们"点融通"教学的关键。从这样的单元教学思路中我们也可以看到从点到线化合融通的系统性原则。

第三,注重年级课程开发的有序性以及教学内容的完整性。我们在确定国学经典品读教材编写的整体架构的时候就特别注意这个问题。例如,从三年级到六年级的国学经典品读单位选择上,我们就安排了从《论语》的"句"到《孟子》的"段",再到《道德经》的"章",最后到《中庸》《大学》的"篇"这样逐步扩展品读容量,由此构建出良好的内文化融通的阶段性系统,也为跨文化融通的阶段性系统奠定稳健的根基。具体到每一部经典的教材设计我们又特别重视整体框架的系统性和完整性。例如,我们不仅按照《论语》文本顺序安排了十个教学单元,而且十个单元的教学主题还必须相对完整呈现《论语》的核心思想。为此,我们在上册根据文本顺序把《论语》20篇中的每1—3个相邻篇章组成一个教学单元，再根据这些篇章的主要内容提炼出了为学、为政、孝悌、仁智、好礼、忠信、廉耻、尚义、交友、君子等10个单元教学主题。这十个教学单元主题的选择一方面完整呈现了"孝、悌、忠、信、礼、义、廉、耻"的儒家"八德"，另一方面又严格遵照《论语》文本的逻辑理路，即"为学"是知，"为政"是行，"孝悌"是本，"仁智"是根，"好礼"是干，"忠信"是肉，"廉耻"是皮，"尚义"是花，"交友"是叶，"君子"是果。有了这样的内文化融通的系统框架，再来开展跨文化融通教学才可能构建出一个系统性的融通体系出来。

三、"点融通"教学的渐进性思路

不必讳言，中西方文化的融通是一个相当宏大的命题，所以跨文化视野下的国学经典教学绝不会是一蹴而就的事情。而小学段的国学经典跨文化教学是中西方文化融通的基础性教育工程，更需要我们倍加重视，细心呵护。为此，我们把渐进性确定为"点融通"教学的发展思路，根据跨文化视野下的国学经典教学的难度将国学经典关键词双语教学大致划分出对接、扩展、融合三个阶段，以循序渐进的策略逐步引导学生实现跨文化思维的发展、学习能力的提高。但在三个阶段中又都包含有对接、扩展、融合。在每一个阶段中的对接、扩展、融合，我们在前文对课堂微观生态和单元教学设计中已经做了展现。下面重点探讨在小学国学经典跨文化教学三个阶段中的对接、扩展、融合。

三年级和四年级的重点在于从对接到扩展上。这两个年级我们安排的国学经典是三年级的《论语》和四年级的《孟子》。因为学生刚刚接触《论语》《孟子》这样的核心国学经典，也刚刚接触双语国学教学模式，所以课程开发上侧重在"点"的对接，同时也适当做一些"线"的扩展，目的就是致力于构建中西跨文化融通的接口。在这个阶段我们的对接主要基于关键词字形结构、意义对比而进行的单个"字词解读"，尤其是在三年级；在四年级，我们除了单个的"字词解读"还会陆续增加一些"短语解读"的对接，以此逐渐增加学习强度。同时，《论语》和《孟子》的关键词双语教学我们通常限定在课堂教学中的"开悟轩"环节完成，不过度拔高教学要求，这样处理无论对学生的接受强度和教师的教学强度来说都比较适合。

五年级的重点在于扩展。五年级我们安排的国学经典是《道德经》，这样的安排在中华传统文化体系内本身就有一个由儒家向道家的扩展。而在跨文化教学中，我们则以从单个"字词解读"为主向以"短语解读"为主的扩展，甚至也进行了个别的"整句解读"的扩展。例如，"上善若水。"（《道德经》第八章）我们采用英国著名汉学家亚瑟·韦利（Arthur Waley）的翻译"The highest good is like that of water."[①] 我们通过引导学生理解"上善"和"the highest good"这两个短语的对译，帮助学生认识到此处译本采用直译的手法与原文隐喻相比，具有异曲同工之妙，既保留了原文的隐喻特征，又接通了关联文化的内涵。在这个阶段，我们基于关键词"短语"进行《道德经》"整句解读"。将关键词放入原文，以"短语"的理解带动以"句"为单位的跨文化解读。而且经典文本一旦进入"整句解读"的跨文化对读层面，文化融通相对完整的"微环境"就初步具备了。与前一阶段相比，扩展阶段双语教学比重增加，逐渐在"善品堂"教学环节就陆续导入关键词短语双语教学的内容，而且教学形式也更加丰富了。不过，我们把"整句解读"通常限定在短句上以便控制教学难度，保证教学的顺利实施。而且，我们在教学参考文献上以湖南人民出版社1999年版的"大中华文库"汉英对照《老子》为主要参考资料，该书编入一个"索引"环节，将书中所涉及的重要概念以汉英对照方式收录，收录的内容大部分就是短语，这给我们的教学提供了极大的方便。

六年级的重点在于融合。首先是国学经典教育自身系统的内文化融合。六年级我们安排的国学经典是《中庸》和《大学》，目的在于以《中庸》帮助学生实现思维的升华，以《大学》帮助学生实现国学知识初步的结构性总结。因此，从文本安排来看，有一个国学经典内文化融通的目标。其次是跨文化融通的"点"渐次扩展。从三、四年级的单个字词和短语到五年级的短语和短句，再到六年级的句子和短章，跨文化视野下的国学经典"点融通"教学的"点"在渐次扩展。而且经过前面三年时间的学习之后，师生在"三元五场"课堂教学中已经可以不再局限于特定环节，能自然将跨文化因素融入国学经典讲解之中。最后是同题文本"对读互品"促进跨文化的深度融通。我们在融合阶段致力于实现中西跨文化思维的比较顺畅的切换，已经不再满足于简单的双语对译，而是采用同一母题下寻找相似的中英文文本开展"对读互品"。例如，我们在《大学》第一单元第二课时"修身方法"教学的时候就把本课时的中文文本和英国的威斯敏斯特大教堂无名碑碑文进行跨文化的文本对读。

1. 中文文本

"古之欲明明德于天下者，先治其国；欲治其国者，先齐其家；欲齐其家者，先修其身；欲修其身者，先正其心；欲正其心者，先诚其意；欲诚其意者，先致其知。致知在格物。物格而后知至，知至而后意诚，意诚而后心正，心正而后身修，身修而后家齐，家齐而后国治，国治而后天下平。自天子以至于庶人，壹是皆以修身为本。"

---

① 《老子》，韦利英译，湖南人民出版社，1999，第17页。

2. 英文文本

When I was young and free and my imagination had no limits, I dreamed of changing the world.

As I grew older and wiser, I discovered the world would not change, so I shortened my sights somewhat and decided to change only my country. But it, too, seemed immovable.

As I grew into my twilight years, in one last desperate attempt, I settled for changing only my family, those closest to me, but alas, they would have none of it.

And now, as I lie on my death bed, I suddenly realize:

If I had only changed myself first, then by example I would have changed my family. From their inspiration and encouragement, I would then have been able to better my country, and who knows, I may have even changed the world.

我们引导学生对读两个文本，帮助他们认识到：以上这两个文本，一个是从平天下到格物致知，一个是从改变世界到改变自己，他们虽然山川异域、时光迥殊，但对生命的认识却有如此深刻的共鸣，这就是"融通"！而且《大学》并没有从平天下（改变世界）到修身（改变自己）就停止了，而是逐步深入进行"正心""诚意""致知""格物"，这些"内圣"的功夫正是无名碑所欠缺的，这正是华夏文明不同于西方文明的独特价值。这样的对读，既看到"同"，认识了普世价值，也看到了"异"，认识了独特价值，由此建立起来的文化自信才有扎实、稳健的根基。"点融通"教学渐次推进到这个层次基本上就完全实现了小学阶段国学经典跨文化教学目标。而且，我们始终把这种融通限定在"句"、在"短章"，这也就控制了教学难度，使得"点融通"教学能够始终行之有效。

四、"点融通"教学的执教方法

有了系统性的教学原则和渐进性的思路，我们已经对"点融通"教学有了整体性的把握，但是"点融通教学"仍然存在"最后一公里"的问题，那就是具体的执教方法问题，这个问题解决了，点融通教学模式才能真正确立起来。而具体的教学方法始终离不开"教什么"和"怎样教"这两个具体的问题，下面我们就以三年级《论语》关键词双语教学为例来加以探讨。

(一)《论语》关键词的选择原则

选择什么样的关键词就是要解决"教什么"的问题,在这个方面我们主要做了三个方面的探索。

1. 精选译本,开拓跨文化视野

对跨文化教学来说,译本的选择毋庸置疑是关键中的关键,而如何选择译本呢?我们的原则一方面是"不怕不识货,就怕货比货"——不拘泥于某一个具体文本,而是多角度选择英译著作,力求优势互补;另一方面是但求其精、不求其多——在有限的时间、精力中相对锁定两三个经典译本。

关于《论语》,国内外已有多个版本的译本公开出版。其中,国外译者比较著名的有柯大卫(David Collie)、理雅各(James Legge)、苏慧廉(William Edward Soothill)、亚瑟·韦利(Arthur Waley)、安乐哲(Roger T. Ames)等,国内译者著名的有辜鸿铭、刘殿爵、许渊冲、王福林等。译者所处背景不同,创作目的和翻译取向也各有差异、各有侧重。根据跨文化教学的需要,我们从中选择较为权威的,而且对跨文化交流产生了深刻影响的代表作,最后确定了辜鸿铭、许渊冲以及理雅各的译著作为双语关键词选取的译著来源。这三者的翻译原则各具特色,辜鸿铭的翻译原则为"以西释中",其立足于西方读者的视角,相对而言更贴近英语语言文化的接受习惯;理雅各采取的是直译、注释的方式,反而更加贴近中文原意;而许渊冲注重文学效果,多采用意译的方式诠释原文,文笔更为优美。这几个不同角度的译本互相参考就可以帮助我们打开跨文化教学的视野,把内涵做得更加丰富和精准。

2. 依托教材,忠实经典文本思想

在中文教材方面,我们有一套郑国岱主编的课程,名为《国学》,是"师范院校与中小学国学课程协同开发与建设实验教材",已经由世界图书出版公司在2016年出版。这套教材从2009年开始启动编选工作,用了6年多的时间在一线课堂反复打磨,所以比较扎实、好用,我们的国学经典"点融通"教学实践就是在这套教材的基础上展开的。在安排教学活动时,我们先组织教师研读经典原文文本,明确文意,还选择了南怀瑾先生的《论语别裁》[1]和朱熹先生的《论语集注》[2]进行参照品读。在此基础上遴选出每一课时的关键词,以保障文本解读的规范性。

以《论语》关键词双语教学对接阶段对"君子"一词的选择为例:

---

[1] 南怀瑾:《论语别裁》,复旦大学出版社,2002。
[2] [南宋]朱熹:《论语集注》,商务印书馆,2015,第81页。

原文:"文质彬彬,然后君子。"——(《雍也》6.18)

理雅各译: When the accomplishments and solid qualities are equally blended, we then have <u>the man of virtue.</u>①

许渊冲译: An <u>intelligentleman</u> should appear both cultured and natural.②

辜鸿铭译: It is only when the natural qualities and the results of education are properly blended, then we have the truly <u>wise and good man.</u>③

(画线部分为"君子"译文)

从上述译文中看,理雅各的翻译强调君子的道德品质,许渊冲与辜鸿铭则强调知识与教养的统一,共同点都是侧重于个人修养及道德品质。如果直接采用译文中的关键词,"virtue""intelligentleman"对小学生来说较难且尚有争议,"wise and good man"虽相对简单易于理解,但只是对优秀、智慧的泛称,与仁爱、道德高尚的形象有所差距,在脱离文本语境时难以准确表意。关于"君子",也有译者如林语堂、亚瑟·韦利使用"gentleman"来翻译。在《新汉英大辞典》中,"君子"对应的英文单词也为"gentleman"④。同时《麦克米伦高阶英语词典》中"gentleman"的英文解释为"A man who is always polite and honest and considers other people's needs; an old word for a man from a family in a high social class."⑤据此看出中西方对"君子"概念理解有共通之处,皆有提及个人修养,而在核心理念上两者存在差异,"君子"更强调自身良好修养。"gentleman"除了个人修养,也强调社会地位。综上,我们改用"gentleman"一词讲授"君子",既能立足于文本解读,又采用学生生活常见单词,减少学生的理解困难。尽管"gentleman"还不能完全展现"君子"一词的多层内涵,但重要的是,和其他几个翻译版本相比较,它最能够把"君子"在《论语》思想体系中的核心意涵相对完整表达出来,所以我们跳出既定的三个跨文化基本对读文本选择了它,这样才能最大限度保证对经典原著思想的忠实。

3. 结合学情,有效把控教学难度

理想是美好的,现实是骨感的。因为跨文化视野下的国学经典教育在小学的开展是一个比较新鲜的尝试,作为教师我们没有什么现成的成功经验可以借鉴,

---

① [苏格兰]理雅各:《论语》,辽宁人民出版社,2016,第189、190页。
② 许渊冲:《〈论语〉汉译英》,海豚出版社,2013,第51、52页。
③ 辜鸿铭、黄兴涛:《论语英译》,海南出版社,1996,第385页。
④ 《新汉英大辞典》,商务印书馆,2012。
⑤ 《麦克米伦高阶英汉双解词典》,外语教学与研究出版社,2003。

作为学生孩子们也没有很好的接受习惯，所以这对于教师也好、对于学生也好，往往会有力不从心的感觉，这就需要我们结合学情做好教学难度的把控。实事求是来讲，《论语》的跨文化解读对于初学者，尤其是小学生而言，具有较大的实施难度，从译本中直接选出的关键词有时会存在学生难懂的现象。因此在教学实践中我们需要立足学情，做到知识性与适度性的统一。例如在讲《论语》"仁智"单元时，我们第一课时凝练的关键词是"仁"（"the benevolent"），第二课时凝练的关键词是"智"（"the intelligent"），这两个概念的单词构成都比较复杂，对于三年级的小学生来说挑战性很大，这就要求我们在第三课时关键词凝练的时候既要注意满足单元教学主题的需要，又要注意不再增加学生的学习难度。而本单元第三课时教学内容是《论语》的"井有仁焉"章，这是一个生动诠释了孔子对"仁"与"智"关系理解的故事，其中的"君子可逝也，不可陷也；可欺也，不可罔也"是读解的重点，但是如果直接在这里面选择一个关键词作为双语教学的内容那就会增加新的认知点，从而增加学生学习难度。对此，我们组织学生讨论为什么面对"可陷"和"可罔"的风险，君子依然会毅然前行呢？那是因为君子心中有"爱"，所以我们就把"爱"（"love"）作为本课时的双语关键词。通过这样的设计，我们一方面要告诉学生："仁德"的君子也具有"智"的特质，仁并不是愚昧的善良，而是有智慧的"爱"；另一方面"love"是学生已经熟练掌握了的英语单词，不会增加他们的学习难度，从而满足我们降低单元整体教学难度的要求。在第三课时的时候我们还进行"连缀成句"，对所学三个关键词进行整合，形成"I love the intelligent and The benevolent"（我爱智与仁），这样学生的认知就会更完整，印象也更为深刻了。由此我们就比较准确完整地把《论语》的仁智观传递给了学生，而他们通过这样的学习将来也可以比较准确完整地在跨文化语境中去理解和阐发"仁"与"智"。

（二）《论语》关键词的教法

选择了合适的关键词，接下来就是怎么教的问题。

1. 探析构词，理解"单词"

将"英语单词构词法"与"汉字字理教学法"相结合，把握中西文化差异。在英语词汇教学中，可以对关键单词进行构词分析，发现其独特的意义内涵。在识字教学中，可以通过汉字字形分析探究其结构中蕴藏的逻辑。笔者将两种方式同时运用于国学课堂，将《论语》关键词的中英文本形式进行分析对比，从东西方文化视角对《论语》关键词对比阐述，多角度解读。例如，讲到"习"时，理雅各译为"review"，有"复习"之意。根据其词缀特点，我们将"review"分解成"re"和"view",进一步解释"view"可表示"看","re"是词缀,可表示"反复地"。"习"可理解为"反复地看"。而汉字"习"也是有异曲同工之妙。《说文解字》言"习,数飞也",即小鸟反复地飞。尽管文字形式结构不一样,但是都注重"反复地实践"的。基于此,尽管中西文化的表达形式不同,但是两者的文化观点都存在共通之处。

2. 趣味"炼字",体会意味

炼字,即根据内容和意境的需要,精心挑选最贴切、最富有表现力的字词来表情达意。《论语》具有极高的文学价值,以其为基础的译者在关键概念、核心观点的翻译也是经过反复揣摩、推敲的。通过比较教学,获得准确理解的效果。

基于译本表达准确性进行赏析,即译本如何准确表达文本含义。例如"学",作为《论语》开篇便提出的概念,其重要性无须赘言。理雅各将"学而时习之"的"学"译为"learn"而非"study",两者之间在学习的程度上存在差异,"learn"常指初级阶段的学习,即"认识、了解","study"着重于"研究、钻研"。朱熹《论语集注》曰:"学之为言效也。""效"便是仿效。可见"学"译为"learn"表示学习无论深浅都要时常复习之意。倘若译为"study",在语义表达、所指群体(只是指对知识研究到一定程度的人)、范围上都不够准确。

基于译本表达深刻性进行赏析,即译本能否深刻表达文本内在蕴意。例如,在讲授"孝"时,子曰:"今之孝者,是谓能养。至于犬马,皆能有养;不敬,何以别乎?孔子强调"尽孝"须"敬而养",而"敬",不同的译者也给出不同的观点。辜鸿铭认为"敬"是"the feeling of love and respect",理雅各认为是"reverence"。理雅各强调"敬"是"尊敬、崇敬",辜鸿铭则认为是不仅是尊敬,而且还是爱。基于此,辜鸿铭的"敬爱"将寄寓在"敬"基础上的深层次情感表达出来,更加符合孔子仁爱思想。

3. 连缀成句,丰富意蕴

在对《论语》关键词进行趣味解读时,须注重课时之间、所选英文关键词之间的逻辑性,注重课堂教学内容的整合,便于学生对单元主题有更加系统、完整的理解。采用"连词成句"的方式能够将较为零散的《论语》双语关键词知识串联起来,加深理解。在讲解"为学"主题单元第三课时"发愤忘食,乐以忘忧"时,笔者以"发愤忘食,乐以忘忧,竟不知老之将至云尔"进行英文关键词之间的逻辑构建。如表1,通过对"为学"纵深理解,学生既能明白"learn"和"review"的趣味知识,又可以理解"为学"须树立"勤学、乐学、终身学习"的学习态度。同时以"It is pleasant to learn constantly."记诵和理解,使得《论语》

关键词跨文化解读的意蕴更加丰富、完整。

"发愤忘食，乐以忘忧"教学设计片段

《论语》文本	文本分析	《论语》关键词的双语解读
发愤忘食	发愤用功，连吃饭都忘了。强调要"勤学"。	回顾上一个课时所学的"learn"和"review"
乐以忘忧	学习快乐得把一切忧虑都忘了。强调要"乐学"。	讲授"pleasant"
竟不知老之将至	学习学得连自己快要老了都不知道。强调要"终身学习""持续学习"。	讲授"constantly"
"发愤忘食，乐以忘忧，竟不知老之将至云尔。"	"为学"不仅需要勤学，需要乐学，更需要终身学习。	连缀成句："It is pleasant to learn constantly."

五、总结

阿基米德有言："给我一个支点，我就能撬动整个地球。""点"的作用和意义是无限的，基于此，我们立足于《论语》关键词双语教学这个"点"，从教学原则、教学思路、教学方法的角度探讨了"如何有效开展小学国学经典教学的跨文化解读"的问题，最后希望通达的是中西方文化交流融会贯通的至高境界——那当然是整个地球。目标是美好的，而我们的实践刚刚开始，期待越来越多的人参与，一起攻坚克难。

第十二章　国学经典教育典型课例分析

随着国学教育教学在广大中小学蓬勃展开，在国学教育研究专家和中小学国学教师的努力下，国学经典课堂教学的模式、方法在翻新，教学水平、质量、效果也在稳步提高，原来一些模糊的问题也逐渐清晰起来。为了帮助中小学更好地开展国学经典课堂教学工作，我们对中小学国学经典课堂教学的一些课例进行分析，以期能够从备课、上课等操作层面，给广大的国学教师以一些启迪或参照。

需要说明的是，以下几个教学课例并非完美无缺，当然有需要改进的地方或提升的空间，但在国学课堂教学的"草创期"，它们还是有各自的一些优点。我们在学习时，主要学习其优点。对于一些事关学术性的、有争议的地方，可以先搁置起来。

为了便于学习，我们尽量保持其原貌，而不强求其统一。每个课例后面，是我们对课例的分析，建议与课例进行对读；而几个课例之间，也可以互相联系、形成参照。

第一节　小学国学经典教育课例

《论语·为孝之道》教学设计
佛山市南海区黄岐中心小学　袁春杏

教学内容

4.21 子曰："父母之年，不可不知也。一则以喜，一则以惧。"

2.8 子夏问孝。子曰："色难。有事，弟子服其劳；有酒食，先生馔，曾是以为孝乎？"

2.7 子游问孝。子曰:"今之孝者,是谓能养。至于犬马,皆能有养;不敬,何以别乎?"

4.18 子曰:"事父母几谏,见志不从,又敬不违,劳而不怨。"

内容分析

《论语》最初是由孔子及其再传弟子编写的,以短章为主,有些直接记录孔子的言论和日常活动,有些是孔子与别人的言论。编排的顺序看似松散、随意,其实有一定的内在逻辑。经典的魅力除了体现了文本逻辑之美,还体现了精神教化之美。本课注重学生在诵读中初识经典,在经典中感悟魅力,在感悟下知行合一。

教学目标

1. 读准字音,读顺文本。

2. 通过借助注释,理解"弟子""先生""色难""敬""几谏"之义,明白文本间的内在逻辑。

3. 合作探究,了解《论语》中孝的具体行为与方式,明白孝顺父母的内涵并付诸行动。

教学重难点

学习和借鉴孔子的行孝行为,鼓励学生把孝顺落实到生活实处。

课前准备

PPT、孝心卡。

授课对象

六年级学生

授课时间

1课时

教学环节

一、导趣屋

1. 课前小调查

①你知道爸爸、妈妈的生日吗?

②爸爸、妈妈知道你的生日吗?

【设计意图】 通过调查数据对比,让学生感受父母对我们的爱以及知晓父母年龄的原因,从而引出第一则原文:"子曰:父母之年,不可不知也。一则以喜,一则以惧。"

二、乐读斋

1. 初读正音，自由练读
2. 再读节奏，花式朗读
3. 三读语气，个人赛读

三、善品堂

1. 问题引入

在这种喜惧的感情里，我们应该怎么做才是孝顺呢？

2. 活动解读

（子夏问孝。子曰："色难。有事，弟子服其劳；有酒食，先生馔，曾是以为孝乎？"）

①小组讨论，实物投影孝心卡。

②我们的同学们为父母做了那么多事情，这就是行孝了吗？

③文本对读，读中感悟，强调"弟子""先生"与现代意义的不同。明白为父母做事或者给予物质都不算真正意义上的"孝"，真正意义上的"孝"还有保持和颜悦色。

④老师解读。结合学生实际谈谈孝顺父母不应该停留在行动上，还应该在态度上和颜悦色，尊敬父母。

【设计意图】 学生在这个环节里面先展示自己的孝心卡并且进行小组交流讨论，通过对比，引发学生对"孝"的深层理解。

3. 文本解读

（子游问孝。子曰："今之孝者，是谓能养。至于犬马，皆能有养；不敬，何以别乎？"）

⑤问题引入。孔子告诉我们做到"有事，弟子服其劳；有酒食，先生馔"还不是孝，除了"色难"，还有其他的原因吗？

⑥文本对读，读中感悟，明白养父母最重要的是态度，尊敬父母才是最重要的。

【设计意图】 理解为父母做了那么多事情还不算是"孝"的原因，让学生明白孝最重要的态度是"敬"，"不敬"与"养犬马"有什么区别呢？

4. 文本解读

（子曰："事父母几谏，见志不从，又敬不违，劳而不怨。"）

⑦结合注释说说我们与父母意见不一时应该如何沟通。

⑧学生解读。

【设计意图】 我们对待父母时需要和颜悦色，需要心怀敬意，那么父母做错的时候我们要怎么做的呢？结合学生的实际，教育学生在与父母产生分歧时要注意语气和态度。

5. 小结

⑨全文串读。

⑩理清文本的内在逻辑。

⑪熟读能诵。

设计意图 回顾本节课的内容，帮助学生理清思路。

四、开悟轩

木子是一名六年级的男生，以前的他勤奋好学，成绩优异。可上到六年级，面对升学考试，他感到学习有压力，跟不上老师的节奏，成绩下降。每天在学校他已经很努力学习，回到家想放松一下听听音乐、看看新闻，这时父母就出来大声喝止，说他的成绩下降了就应该好好学习，争分夺秒，还把木子的周末时间都安排了各种培训班，弄得他忙于应付，喘不过气。

请同学根据语境，结合本课内容说说：如果你是木子，你会怎么处理？

设计意图 活学活用，引导学生把所学的知识应用到生活实践中，达到知行合一。

五、回味阁

以图片促发学生的感情，让学生写一写对父母想说的话。

设计意图 创设情景，让学生回顾自己父母养育自己的过程，自己又是怎么对待自己父母的，带着感恩的心情写一写想对父母说的话。

板书设计

为孝之道

——品读《论语》

父母之年

色难

不敬

几谏

课例分析：

这则教学设计，很好地践行了前文所述的国学课堂教学原则和方法，用1课时的时间，通过学习《论语》里面与"孝"相关的几则语录，初步教会学生懂得何为"孝"，以及该如何做到"孝"，强调"知行合一"，是一堂真正的国学课。

这堂课在三个方面做了很好的尝试：

一是国学课的教学内容的取舍、编排问题。国学课堂教学主要是国学典籍的学习，但国学典籍基本上不是为今天的课堂教学而撰写的，这里面就有一个重新取舍、编排的问题。就《论语》的学习来说，如何在有限的课时内，去有效地学习它？是整本书从头至尾地学习，还是有取有舍？是依照原书的顺序学习，还是重新调整，以适应今天孩子们的学习心理？显然，袁老师的教学设计是在深入了解《论语》的基础上，选取与"孝"有关的四则语录然后重新编排顺序，并且在教学中突出它们的内在逻辑——从关心父母的年龄到对待父母的态度，再到如何面对与父母的冲突、如何对待父母的错误，是一种逐层深入的关系。这四则语录，两则出自《为政》，两则出自《里仁》，在《论语》中的顺序是2.7—2.8—4.18—4.21，在这个教学设计中则调整为4.21—2.8—2.7—4.18，其原因如上所述。在40分钟的一堂课内完成四则语录的教学，在教学容量上是适当的，太少则学生吃不饱，太多则难以消化。而围绕"孝"文化主题进行重新编排，则强化了教学内容的内在逻辑性。

二是教学方法的选择。四则语录都是精炼的文言文，有内在的节奏、韵律，因此教学中突出了诵读教学，诵读教学贯穿课堂始终，而且在诵读技巧、诵读时间、与理解分析的结合方面，都做了很好的尝试。教学设计中还注意让学生结合注解弄懂原文大意，教师在疑难处进行适当讲解，做到了自读与教读的有机结合。

三是课堂教学的"文化指向"。袁老师这个教学设计指向的是中国传统"孝"文化的学习，因此没有在语言（文言文）学习上做过多纠缠，而是在学生弄懂四则语录大意的基础上，运用情境教学法，以"知行合一"为教学目标，让学生结合自己的现实生活，去理解这四则语录所呈现的文化意义。这样就是一种有效的国学课堂的学习，与一般的语文课堂教学区别开来。

另外，这个教学设计注重学生学习兴趣的激发，教学思路清晰、环环相扣。导趣屋、乐读斋、善品堂、开悟轩、回味阁，这几个教学步骤的名称也充满浓郁的"国学味"。

当然，这个教学设计还有需要进一步精细的地方。例如，标题"为孝之道"在教学中如何"点题"，板书设计抽取了几个关键词却没有体现出预设中想呈现的逻辑关系等，都还可以再琢磨琢磨。

（特别说明：袁老师授课教材为世界图书出版公司2016年出版的《国学（三）论语选读》，该教材是"师范院校与中小学国学课程协同开发与建设实验教材"；"导趣屋—乐读斋—善品堂—开悟轩—回味阁"为广东第二师范学院郑国岱博士等人开发出的一个相对固定的国学课堂教学模式。）

课例二

《走近〈论语〉——学习之道》教学设计

广州市天河区五山小学　兰润花

课题	走近《论语》——学习之道
一、教材、教学内容简析 1. 教学内容 7.22　子曰："三人行，必有我师焉。择其善者而从之，其不善者而改之。" 2.15　子曰："学而不思则罔，思而不学则殆。" 5.15　子贡问曰："孔文子何以谓之'文'也?"子曰："敏而好学，不耻下问，是以谓之'文'也。" 2.学习内容分析 　　《论语》是一部记录孔子及其弟子言行的书，是儒家文化最重要的经典之一，在中国传统文化中占有极其重要的地位。作为语录体散文，它语言简明流畅，含蓄隽永，许多语句成了格言警句，成为很多人立身处事的准则。《论语》一共20篇，涉及内容很多，各篇章并不是围绕某一主题组织材料，形同散珠。为了便于学习，对本节课学习内容进行了提炼，从不同章节中选取了三则关于学习的语录，从"择善而从""学思结合""不耻下问"三个角度体现孔子的学习态度和学习方法，对学生有启迪作用。如"学而不思则罔，思而不学则殆"句告诉我们学习不能只学不思或只思不学，要学思密切结合；"敏而好学，不耻下问"句，告诉我们要向地位、学问不如自己的人请教而不感到丢面子，含义深刻，值得我们学习。 二、学情分析 　　本次授课的主体是五山小学四年级学生，在一至三年级中他们已读过《三字经》《千字文》《大学》等经典蒙学读本，所以对文言文《论语》中的三则语录并不会感到陌生。并且从文字上看，这三则语录还比较浅显易懂，读起来朗朗上口，属于学生易于接受的句子。 　　本节课将呈现学生从无到有、从未知到已知的学习提升过程，因此，课前没有让学生预习，只凭借学生已有的学习经验和情感体验，循序渐进地推进学习。教学中，我准备了简单的教学课件，将借助多种方式进行引导、点拨，令学生学有所得。 三、教学设想 　　本次授课采用广州市天河区五山小学国学经典"三环七步"课堂教学模式，三个环节指"温故""知新""致用"，七步指"温故"的回顾、展示两个步骤，"知新"的熟读、悟义、博引三个步骤及"致用"环节的成诵、导行两个步骤。（三大环节是每节课必备的，七个步骤不是一成不变的，会根据不同年段、不同教学内容选取适合的几个步骤。） 四、教学目标 1. 指导学生正确、流利、有感情地朗读《论语》中关于学习的三则语录，并能熟读成诵。 2. 通过注释、小组讨论、教师点拨等方法了解三则语录的内涵，理解孔子教给学生的学习方法，并加以借鉴。 3. 激发学生继续学习《论语》的兴趣，感受传统文化的魅力。 五、教学重难点 重点：熟读并背诵《论语》中关于学习的三则语录。 难点：了解三则语录的内涵及孔子关于学习的观点。 六、教学准备 PPT课件。 七、教学过程

(续表)

教学环节	步骤	教师活动	学生活动	设计意图
一、温故	1. 回顾 2. 展示	1. 课前小游戏 （1）看图猜典故 出示《三字经》中关于"凿壁偷光""囊萤映雪""悬梁刺股""负薪挂角"的图片，让学生猜成语典故。 出示《三字经》中关于这些典故的句子齐读。 （2）名言对对碰 出示四句关于学习的名言下半句： 玉不琢—— 书山有路勤为径—— 黑发不知勤学早—— 博学之—— （这些名言有些在语文课本出现过，耳熟能详。）	温习《三字经》及古诗文中关于古人勤学的故事及名句。	温习旧知识，引出新知识，激发学习兴趣。
		2. 了解古体字"学"的含义 出示"学"的古体字——𦥯，了解造字本意。 为引出下面的教学环节做铺垫。	了解"学"的造字本义。	通过解说汉字的造字本意，激发学生对博大精深的中国文化的热爱。
		3. 简介孔子及《论语》 （1）出示孔子图像，引导学生谈孔子及《论语》。 （2）补充相关知识：孔子是我国古代伟大的思想家、教育家，儒家学派的创始人，被誉为"万世师表""千古圣人"。《论语》是一本语录体著作，主要记录孔子及其弟子的言行，共20篇。它是研究孔子思想的主要依据。	学生自由谈论所了解的孔子及《论语》。	初步了解孔子及《论语》。
二、知新	3. 熟读	（1）出示三则语录： 子曰："三人行，必有我师焉。择其善者而从之，其不善者而改之。" 子曰："学而不思则罔，思而不学则殆。" 子贡问曰："孔文子何以谓之'文'也?"子曰："敏而好学，不耻下问，是以谓之'文'也。" （2）提出朗读要求一：把字音读准，把句子读通顺。 （3）扫除读音障碍，指导"焉""罔""殆""耻"四个难字的读音。 （4）指导学生把三则语录读通、读顺。 （5）提出朗读要求二：读出古文的节奏及韵味。	（1）自主朗读，试着把句子读正确、读流利。 （2）借助拼音读准字音：焉（yān）罔（wǎng）殆（dài）耻（chǐ） （3）学生自由谈论怎样才能读出古文的韵味。	古文教学以读为主，通过多层次朗读，能让学生逐渐品味出古文的独特韵味，激发学生的学习兴趣，为下一步悟意做好铺垫。

(续表)

教学环节	步骤	教师活动	学生活动	设计意图
二、知新	3. 熟读	（6）问：怎样才能读出古文的韵味？ （7）出示画出节奏的学习内容，学生根据节奏与同桌练习读。 （8）引导反复诵读，读出古文的韵味。	（4）学生通过各种形式的朗读，逐步学会停顿和断句，初步读出古文的韵味。	
	4. 悟意	过渡：读古文读出韵味还不够，还要读出理解，读出其中蕴含的智慧来。 1. 组织小组合作学习，借助注释研读三则语录 2. 学习第一则语录 子曰："三人行，必有我师焉。择其善者而从之，其不善者而改之。" （1）学生交流名言大意。 （2）重点引导学生理解"善"及"不善"的意思。 （3）请三个同学上台，说说其他二人身上在哪些优点值得自己学习，哪些不足要提醒自己改正的。 （4）指导把这句话概括为一个成语——择善而从。 （5）小结：这句话孔子告诉我们学习的道理是择善而从。 3. 学习第二则语录 子曰："学而不思则罔，思而不学则殆。" （1）引导学生明确句子大意。 （2）借用古体字的造字法理解"罔"和"殆"的意思。 罔：古体写法为图，跟现在的"网"意思一样；殆：古体写法为图，左边为"死"，右边为"胎"，意思是胎死腹中。 （3）明确这句话的意思：光学习而不思考就像"网"一样，所学知识会有疏漏，漏的多了，就会迷惑，也不会有收获。光思考而不学习，就像胎死腹中，没有任何发展就终止了，更谈不上收获。 （4）这句话告诉我们的学习之道是要学思结合。出示古体字"思"图，理解思的含义是用脑子思考，用心灵去体会。 （5）关于学思结合，孔子还说过一句话： 子曰："吾尝终日不食，终夜不寝，以思，无益，不如学也。"	四人小组合作探究，互帮互助了解三则语录的大意。 1.第一则语录 （1）谈对这句话的理解。 （2）明确"择"的意思是选择，"善"指好的方面（优点），"不善"指不好的方面（缺点）。 （3）学生谈自己要从他人身上学习的优点是什么，需要提醒自己注意的缺点是什么。 （4）从这则语录中体会到孔子的学习之道——择善而从。 2.第二则语录 （1）学生汇报，了解句子的大意。 （2）了解"罔""殆"和"思"的造字含义。 （3）把这句话概括为一个四字词——学思结合。	小组合作学习为学生提供了主动参与的机会。使每位学生都有平等的机会在各自的小组中讨论并解答疑惑。 1.通过交流反馈，培养学生独立思考、个性化表达的良好习惯。 2.通过理解三则语录大意，了解孔子关于学习态度和方法的论述。 3.能潜移默化地培养学生"择善而从""学思结合""下耻下问"的学习品质。

（续表）

教学环节	步骤	教师活动	学生活动	设计意图
二、知新	4. 悟意	（6）不仅我们需要学思结合，动物同样需要。出示"学思结合"的漫画故事——《学飞翔》，引导学生思辨：为什么乌鸦和寒号鸟学飞翔都失败了呢？	（4）理解孔子另一句关于学思结合句子的意思。（5）通过观看漫画，了解乌鸦学不会飞翔是因为他只知道生搬硬套别人的经验而不思考自己的实际情况；寒号鸟只知道幻想自己能像麻雀一样飞翔，但却不去学习、不去练习，所以也失败了。（6）明确孔子的学习之道——学思结合。	
	5. 博引	3. 学习第三则语录 子贡问曰："孔文子何以谓之'文'也？"子曰："敏而好学，不耻下问，是以谓之'文'也。" （1）引导学生明确句子大意。 （2）播放孔子授课的视频。 （3）指导学生理解"文"的含义及孔文子谓之"文"的理由。 （4）引导学生理解"下问"是什么？ （5）引导学生联系实际谈"下问"的经历。 （6）引导学生把这句话告诉我们的学习之道概括为一个四字词——不耻下问。	3. 第三则语录 （1）学生交流名言大意。 （2）学生观看视频。 （3）通过观看视频理解"文"的含义及孔文子被封谥号为"文"的理由。 （4）能联系实际说说自己不耻下问的经历或身边人不耻下问的例子。 （5）明确孔子学习要"下耻下问"的道理。	

(续表)

教学环节	步骤	教师活动	学生活动	设计意图
三、致用	6.背诵 7.导行	（1）有梯度地引导学生背诵。 （2）设计情境，让学生能自由表达并运用所学名言。 情境一：生活中我们既要善于学习他人好的方面，又要善于从不好的方面吸取教训。用孔子在论语中说的一句话表述是？ 情境二：我们不能死读书，也不能读死书。要把读和思结合起来。正如《论语》中所说…… 情境三：妈妈说："明明，这学期表弟住在我们家，你俩要互相学习，共同进步啊！"明明回答说："妈妈，他比我小，学习还比我差，我还需要向他学习吗？"同学们想一想，你该用哪些名言来开导他？	（1）学生练习背诵。 （2）背诵展示。 （3）学生汇报。	
板书设计：		走近《论语》 ——学习之道 择善而从 学思结合 不耻下问		

课例分析：

广州市天河区五山小学是国学教育开展比较早（2001年即开始了"每天10分钟"经典诵读）、国学教育也比较有特色的一所学校，他们早在2007年6月即出版了一套6本的《少儿国学读本》，并形成了比较成熟的"三环七步"国学课堂教学模式。兰老师的这个课例，即是五山小学"三环七步"国学课堂教学模式的典型课堂，我们由此可以窥其精华所在。

这个课例呈现如下几个鲜明的特点：

一是"国学味"浓郁。"温故"环节的"看图猜典故"（《三字经》）、"名言对对碰"（古代诗文名言名句）、"学"的造字法解读、对孔子与《论语》的介绍；"知新"环节对"罔""殆""思"的"说文解字"式学习、相关《论语》语录的引入，等等，加上课堂主体教学部分的《论语》学习，让这堂课呈现出浓浓的"国学味"。

二是注重朗诵。朗诵不仅形式多样，穿插在不同的教学环节，而且朗诵教学扎实，从正音、读顺，到有节奏读，再到有韵味地读，最后自然而然地背诵，形成一个有梯度的朗诵教学过程，并且与其他教学活动水乳交融、相得益彰。

三是教学方法多样，充分考虑到学生学习兴趣与思维能力的发展。有故事引入，有人物介绍，有视频观看，有概括思维训练，有情境运用，从不同的角度、不同的感官去调动学生、启发学生，在"知行合一"的文化教育上也是做足了功夫。

除了上述三个特点外，在教学内容的选择、学习顺序的安排上，也显示出国学教学中"主题式"学习的鲜明特征，体现了教材编者、教者对《论语》的理解和使用，也是十分难能可贵的。

略有瑕疵的是，"教学目标"中的概念是（孔子的）"学习方法"，"教学重难点"中是（孔子的）"学习观点"，概念的不统一反映出教师对这三则语录理解的犹疑、不肯定。其实，这里孔子更强调的是一种学习的态度，"学习方法"具体、形而下一点，"学习观点"又太宽泛了些。

课例三

《千字文·天地玄黄》教学设计

中山市古镇镇镇南小学 赵红月

设计理念

"蒙以养正"是中国古代的教育观，认为教育要从启蒙开始，对儿童进行初步的品德训练和基本文化知识教学。《千字文》是我国古代著名的启蒙教育读本之一，全文以儒学理论为纲，穿插诸多常识。国学主要是借助吟诵方法和通解、故事等材料进行经典诵读，为了激发学生学习中华优秀传统文化的兴趣，乐于学习《千字文》，本课注重学生诵读的训练和文化的渗透，通过朗读、吟诵、吟唱等多种方式进行教学，为学生学习中华优秀传统文化奠定坚实的基础。

教学目标

1. 识记《天地玄黄》中生僻的字，特别注意"盈""昃""宿""闰"等字。
2. 找出韵律，多种方式熟读《天地玄黄》，学习吟诵，感受传统文化的艺术魅力。
3. 合作探究，理解文句浅层大意，激发学生学习国学精粹的热情与兴趣。

教学重难点

多种方式诵读经典，学习吟诵，感受传统文化的艺术魅力。

教学环节

一、课前激趣

1. 游戏一：象形字，猜猜猜

2. 游戏二：看图片，吟古诗

过渡：同学们真棒，积累了这么多古诗，除了古诗，古代经典书籍《三字经》你们读过吗？《弟子规》能背诵几句吗？

二、谈话导入，引入主题

1. 谈话引出《千字文》

过渡：《千字文》有读过吗？今天，老师想带同学们读一读另一本古代蒙学经典作品《千字文》，来，我们一起先来看看关于《千字文》这本书的介绍吧！

2. 观看《千字文》来历的视频

3. 交流关于《千字文》的相关知识

设计意图 通过视频导入和交流的方式，既点燃了学生的学习热情和对古代文化的向往之情，也能使他们初步把握《千字文》的相关知识。

三、初读感知，读通读顺

（一）字正腔圆，知读音

1. 自由练读，教师巡视，提醒学生注意读准字音，读通、读顺

2. 指名读，一人读一句，其他学生跟读

过渡：同学们读得非常认真，老师想听听你们读得怎么样，小火车开起来，请八位同学，每人读一句，其他同学认真听，如果他读对了，我们也跟着读一遍。

3. 两大组赛读

过渡：现在我们两大组比一比，看看哪一组读得更准确、流利。

4. 齐读

过渡：两大组都读得很好，老师给每个组的同学都点赞，让我们再齐读一遍。

（二）形式多样，读韵律

1. 感受押韵，介绍押ang韵的文化知识

过渡：韵母ang是阳韵，高位的鼻音，有辽阔的发音。天地宇宙是全世界最辽阔、最广大的，所以运用ang这样的发音，代表辽阔的气魄。我们朗读的时候就要注意把韵尾延长。

（板书：韵尾延长）

2. 教师示范朗诵

过渡：老师在刚刚朗读的时候，脑海中也想象着文段中的画面，相传在盘古开天辟地之时，世界就出现了日明月朗，山川秀美，我们的祖先在这广阔的中华大地上繁衍生息。所以，同学们朗读的时候也可以带着想象的画面去有感情地朗读。

3. 学生自由练习，有韵味地朗读

4. 指名读
5. 全班齐读

设计意图 国学古文很多生僻的字，读准字音对学生来说是最基本，也是最重要的一个教学目标。在这里，教师重视对学生进行读的训练，首先要求学生读准、读顺；《千字文》是韵文，在这一环节中，教师让学生感受其韵律之美，初步认识押韵，了解ang韵所承载的文化意义，为后面的学习打下基础。

四、合作学习，知文大意

1. 各小组参照注释，交流文段中描写了哪些事物，它们有什么特点
2. 交流反馈

过渡：文段中描写了天地宇宙、日月星辰、春夏秋冬等。

3. 图片展示总结

过渡：

（1）天地玄黄，宇宙洪荒。

宇宙开天辟地之时，天地一片朦胧混沌的样子。

（2）日月盈昃。

太阳一天中东升西落，月亮在一个月里有时是圆圆的满月，有时是弯弯的月牙。

（3）辰宿列张。

单个星星称为辰，一组星星称为宿，满天星斗按照一定的顺序布满天空，这就是辰宿列张。

（4）寒来暑往，秋收冬藏。

大自然不仅有日月星辰，更有季节的变化。这一句是老祖宗流传下来的谚语。春天是万物复苏的季节，人们播下种子，你看，从土里正冒出新嫩的小芽儿来。夏天到了，植物都茂盛的生长起来，这映日的荷花、碧绿的荷叶多漂亮啊！秋天到了，这是收获的季节，这金灿灿的玉米真让人陶醉啊！冬天来了，大自然中的植物、动物和我们人类都要休养生息了，等待着新的一年的到来。这就是一年四季的运作规律。

（5）闰余成岁，律吕调阳。

中国的农历比公历每年少11天，为了让农历和公历的天数相等，那么每两三年的农历就要补足一个月，这个月称为闰月，而这一年称作闰年。这就是闰余成岁。

一年中，不仅有季节的变化，也有节气的变化，古人如何判断各个节气的到来呢？古人发现，十二律与一年十二个月相对应，可以通过在密闭性非常好的房间里来测算节气的到来：当地下的冷暖之气发生变化，哪个管子发出高低长短不同的音乐声，就证明是哪个月对应的节气来到了。这就是律吕调阳。

设计意图 采取小组合作和教师讲授相结合的教学方式,通过图片让学生直观理解韵文的内容,渗透中国传统文化,这不仅符合学生形象思维的学情特点,也让学生发挥视觉学习能力。

五、学习吟诵,体会吟诵之魅力

1. 教师示范吟诵

(板书:平长仄短)

过渡:我们的祖先是一个爱唱歌的民族,当他们高兴、悲伤、感动时都会情不自禁地吟诵出来。穿过岁月的长河,遥想千百年前,古人站在苍茫的大地上,遥望茫茫的宇宙,情不自禁发出这样的感慨。(教师手拿竹简深情地吟诵)

2. 教师教学生吟诵,学生跟着教师一句一句学吟诵

3. 学生自由练习

3. 教师引诵

4. 男、女生分别吟诵

6. 全班齐诵

7. 小组合作演练

8. 学生吟诵展示

设计意图 吟诵是学习传统文化的重要方法之一。学习古人吟诵,吟其文、品其意,回归传统文化的本真教学,不仅增强了课堂趣味,更能体现传统文化的魅力。

六、课堂小结

《千字文》中还有很多有趣的典故,在本课这段文字中就有《盘古开天地》《瓜代有期》等故事,大家课后可以去慢慢品读,愿同学们走进更多的国学经典作品中,让优秀的传统文化伴随我们成长。

设计意图 引入成语故事,初步介绍国学古文中的典故,了解典故,感受典故所承载的中国传统文化,进而增加对传统文化的热爱和向往之情。

附:板书

课例分析：

赵老师的这个课例，教学生学习的是《千字文·天地玄黄》部分："天地玄黄，宇宙洪荒。日月盈昃，辰宿列张。寒来暑往，秋收冬藏。闰余成岁，律吕调阳。"上课时，发给学生学习材料，上面有这几句话，还有拼音、少量注解和译文，以让学生有所依傍，并且降低学习难度。

《千字文》虽然是古代蒙学教材，但因为时代和文化的变迁，以及因为白话文的长期学习而造成的对文言文、古代汉语的相对陌生，今天的小学生学习起来仍然有一定的难度。但《千字文》之所以能够成为古代广泛使用的一种蒙学教材，也自有其独特优势：四字一顿，朗朗上口，几乎浓缩了中国古代文化的各个方面。因此，赵老师的这堂课充分利用《千字文》的音韵特点，在教学中把诵读、吟唱作为贯穿始终的、最重要的教学方法，在"读—诵—吟"的步步引导、学习中，去激发学生的兴趣，去促使学生感悟文本、体会中国文字的奇妙，进而直观而又深刻地与中国文化发生奇妙的"遇合"，达到一种水到渠成的"文化育人"效果。赵老师在进行吟诵教学时，还特别注重教给学生关于吟诵的规律与方法，学生也基本上能够当堂学会。当然，这对老师的要求比较高，要求老师会吟会诵，我们现场观摩过赵老师这堂课的教学，她都做到了，很好地调动了学生，课堂教学效果非常好。这是赵老师这个课例的一大亮点。

这个课例的另外一个特点，与前面几个课例一样，是国学味很浓厚。无论是前面"课前激趣"部分的"象形字，猜猜猜""看图片，吟古诗"，还是中间部分关于《千字文》的视频、知识介绍，以及音韵知识的学习，对"律吕"的图片展示、说明，以及最后"课堂小结"部分对于其他有趣的典故的介绍，都使这堂课的传统文化气息无所不在，让学生不自觉地浸润国学知识的学习之中。

第三个特点，是教学思路的清晰，导、谈、读、知（意）、吟、（小）结的教学过程，配以不同的学习方式，有一种层层深入、渐至妙境的良好效果，使学生慢慢地上台阶，不至于觉得学习困难。

当然，《千字文·天地玄黄》部分是描述中国人的空间、时间观念，在教学中如果渗透这一点，这个课例的教学效果会更好。《千字文》中的"云腾致雨，露结为霜"这两句，与这堂课学习的几句联系更紧密，而与后面的"金生丽水，玉出昆冈"距离较远，如果课堂教学时间充裕的话，把这两句也拿出来教学，这样教学内容就会相对完整一些，也符合《千字文》原文的逻辑安排。

第二节 中学国学经典教育课例

课例四

国学经典《大学》整本书阅读教学课例
广州市番禺区沙湾镇象骏中学　陈丽敏

一、《大学》原文

经　文

大学之道，在明明德，在亲民，在止于至善。

知止而后有定，定而后能静，静而后能安，安而后能虑，虑而后能得。

物有本末，事有终始。知所先后，则近道矣。

古之欲明明德于天下者，先治其国；欲治其国者，先齐其家；欲齐其家者，先修其身；欲修其身者，先正其心；欲正其心者，先诚其意；欲诚其意者，先致其知。致知在格物。物格而后知至，知至而后意诚，意诚而后心正，心正而后身修，身修而后家齐，家齐而后国治，国治而后天下平。自天子以至于庶人，壹是皆以修身为本。

其本乱，而末治者否矣。其所厚者薄，而其所薄者厚，未之有也。

传　文

第一章：《康诰》曰："克明德。"《太甲》曰："顾諟天之明命。"《帝典》曰："克明峻德。"皆自明也。

第二章：汤之《盘铭》曰："苟日新，日日新，又日新。"《康诰》曰："作新民。"《诗》曰："周虽旧邦，其命维新。"是故君子无所不用其极。

第三章：《诗》云："邦畿千里，维民所止。"《诗》云："缗蛮黄鸟，止于丘隅。"子曰："于止，知其所止，可以人而不如鸟乎？"

《诗》云："穆穆文王，於缉熙敬止！"为人君，止于仁；为人臣，止于敬；为人子，止于孝；为人父，止于慈；与国人交，止于信。

《诗》云："瞻彼淇澳，菉竹猗猗。有斐君子，如切如磋，如琢如磨。瑟兮僴兮，赫兮喧兮。有斐君子，终不可喧兮！""如切如磋"者，道学也。"如琢如磨"者，自修也。"瑟兮僴兮"者，恂慄也。"赫兮喧兮"者，威仪也。"有斐君子，终不可喧兮"者，道盛德至善，民之不能忘也。

《诗》云："于戏，前王不忘！"君子贤其贤而亲其亲，小人乐其乐而利其利，此以没世不忘也。

第四章：子曰："听讼，吾犹人也。必也使无讼乎！"无情者不得尽其辞。大畏民志，此谓知本"。

此谓知本，此谓知之至也。

第五章：所谓致知在格物者，言欲致吾之知，在其物而穷其理也。盖心之灵莫不有知，而天下之物莫不有理，唯于理有未穷，故其知又不尽也，是以《大学》始教，必使学者即凡于天下之物，莫不因其已知之理而益穷之，以求至乎其极。至于用力之久，而一旦豁然贯通焉，则众物之表里精粗无不到，而吾心之全体大用无不明矣。此谓物格，此谓知之至也。

第六章：所谓诚其意者，毋自欺也。如恶恶臭，如好好色，此之谓自谦。故君子必慎其独也。小人闲居为不善，无所不至，见君子而后厌然，掩其不善，而著其善。

人之视己，如见其肺肝然，则何益矣。此谓诚于中，形于外，故君子必慎其独也。

曾子曰："十目所视，十手所指，其严乎！"富润屋，德润身，心广体胖，故君子必诚其意。

第七章：所谓修身在正其心者，身有所忿懥，则不得其正，有所恐惧，则不得其正，有所好乐，则不得其正，有所忧患，则不得其正。心不在焉，视而不见，听而不闻，食而不知其味。此谓修身在正其心。

第八章：所谓齐其家在修其身者，人之其所亲爱而辟焉，之其所贱恶而辟焉，之其所畏敬而辟焉，之其所哀矜而辟焉，之其所敖惰而辟焉。故好而知其恶，恶而知其美者，天下鲜矣。故谚有之曰："人莫知其子之恶，莫知其苗之硕。"此谓身不修不可以齐其家。

二、《大学》简介

《大学》是儒家经典著作，是体现儒家思想的一篇政论文。《大学》原是《礼记》里的一篇，一般认为是曾子所作。在宋代以前，《大学》在儒家思想学术中的地位并不是很突出，由于它论述了儒家为学治世的基本原理、原则、方针、步骤和方法等，所以中唐以后，逐渐受到儒家学者的重视，唐代韩愈开始把它看作与《孟子》《易经》同样重要的"经书"，到北宋得到程颢、程颐兄弟的竭力尊崇，南宋朱熹又作《大学章句》，《大学》成为了儒家经典中重要的篇章。

"大学"有两个意思，一是大人之学，"大学"是相对"小学"而言，是说它不是"详训诂，明句读"的"小学"。古人八岁入小学，学习"洒扫应对进退，礼乐射御书数"等文化基础知识和礼节。二是治国安邦的大学问，古人十五岁入大学，学习伦理、政治、哲学等"修己治人、治国安邦"的大学问。后一种含义其实也和前一种含义有相通的地方，同样有"博学"的意思。《大学》全文文辞简约，内涵深刻，影响深远，主要概括总结了先秦儒家道德修养理论，以及关于道德修养的基本原则和方法，对儒家政治哲学也有系统的论述，对做人、处事、治国等有深刻的启迪性。

三、教学价值分析

经过朱熹的编排整理后，《大学》分"一经""十传"。其基本经义，就在第一部分，也就是"一经"，只有寥寥205字。话语虽少，道理却很深刻。后面的"十传"是对"一经"的解释，引述了不少典章典故，十章分别解释明明德、新民、止于至善、格物、致知、诚意、正心、修身、齐家、治国、平天下。

因为课时与学生接受程度的原因，本次整本书阅读仅包含"一经""八传"，舍弃了最后较长的两章（留给学生自学）。

儒学有"三纲八目"的追求。它既是《大学》的纲领，也是儒学"垂世立教"的目标所在。所谓三纲，就是指明明德、亲民、止于至善。八条目是指格物、致知、诚意、正心、修身、齐家、治国、平天下。它既是为达到"三纲"而设计的条目工夫，也是儒学为我们所展示的人生进修阶梯。

四、阅读年级及学情分析

八年级上学期学生已经共读了《论语》，经典文化整本书阅读掌握相关方法，本学期选取《大学》这本书进行整本书阅读的深化，贯穿吟诵和整本书阅读的方法指导。例如，选取经典文段作为阅读技巧指导示范，学习多种阅读形式，引领学生掌握整本书阅读的方法；结合生活，理解所选经文的深刻含义；挑选了使学生受益终身的名言警句，联系自身和社会实际进行评析，让学生加强理解，加深印象。

五、阅读开展过程基于互联网+的技术说明

网上资料搜索

喜马拉雅FM音频欣赏

优酷视频资料

六、教学过程

第一课时　总体把握

执教老师	陈丽敏	执教年级	八年级	学科	语文
教学目标	\multicolumn{5}{l}{1. 初步认识古代"大学"的含义、国学经典《大学》的内涵。 2. 掌握"传文"部分内容的吟诵技巧。 3. 学习"经文"内容,了解国学经典《大学》的内容结构。 4. 联系生活,初步了解国学经典《大学》的学习意义。}
教学重难点	重点	\multicolumn{4}{l}{学习"经文"内容,初步了解国学经典《大学》的内容结构。}
	难点	\multicolumn{4}{l}{初步了解国学经典《大学》的学习意义。}
\multicolumn{6}{c}{教学的具体过程设计}
教学环节	\multicolumn{3}{l}{教师活动}	学生活动	设计意图
课堂导入	\multicolumn{3}{l}{**参考资料一:** "大学"有两个意思,一是大人之学,"大学"是相对"小学"而言,是说它不是"详训诂,明句读"的"小学"。古人八岁入小学,学习"洒扫应对进退,礼乐射御书数"等文化基础知识和礼节。二是治国安邦的大学问,古人十五岁入大学,学习伦理、政治、哲学等"修己治人、治国安邦"的大学问。后一种含义其实也和前一种含义有相通的地方,同样有"博学"的意思。 **参考资料二:** 《大学》作为《礼记》中的一篇,它对于汉儒的思想有直接的启发。特别是到宋代理学勃兴后,借助科举的力量,又使它发挥了极大的作用,宋以后几乎每一个读书人都受到《大学》的影响。《大学》强调了学习者自身道德修养的提高,还强调了对社会的关心和参与精神,对形成良好的社会风气与促进社会发展都具有积极意义。《大学》所提出的"修、齐、治、平"思想,几乎成为读书人的唯一标准理想。这种思想主张积极入世,注重自身修养,关心人民疾苦,努力改善民生,维护社会安定,拥护统一,对社会的繁荣稳定发挥了重要作用。}	1. 看资料。 2. 思考问题。 3. 形成初步认知。	

(续表)

教学环节		教师活动	学生活动	设计意图
阅读指引		阅读任务： 1. 请谈谈你认识的"大学"是怎样的？ 2. 请思考国学经典《大学》是什么？ 3. 请讨论古人为什么要读《大学》？		
	诵读指导	1. 阅读资料 　　《大学》提出了三条基本原则和八个具体步骤。三条基本原则就是"三纲领"（明明德、亲民、止于至善），通过八个步骤进行努力，即"八条目"（格物、致知、诚意、正心、修身、齐家、治国、平天下）。"八条目"中，"修身"是根本，前四项是修身的前提，后三项是"修身"的目的。强调修己是治人的前提，修己的目的是为了治国平天下，说明治国平天下和个人道德修养的一致性。 阅读任务： 请根据所给资料，阅读"经文"内容，用思维导图画出《大学》大致结构。 2. 吟诵中"而"字的吟诵方法指导 　　物格而后知至，知至而后意诚，意诚而后心正，心正而后身修，身修而后家齐，家齐而后国治，国治而后天下平。 技巧：而字承接前后文内容，吟诵时应延长 阅读任务： 请思考"格物致知"与"修身"的关系？	1. 阅读资料。 2. 绘制思维导图。 3. 掌握吟诵技巧。	熟悉整本书结构，掌握阅读方法。
	初步研读	读一读： 　　大学之道，在明明德，在亲民，在止于至善。 　　知止而后有定，定而后能静，静而后能安，安而后能虑，虑而后能得。 　　物有本末，事有终始。知所先后，则近道矣。 注释： 明明德：前一个"明"作动词，有使动的意味，即"使彰明"，也就是发扬、弘扬的意思。后一个"明"作形容词，明德也就是光明正大的品德。 亲民：根据后面的"传"文，"亲"应为"新"，即革新、弃旧图新。亲民，也就是新民，使人弃旧图新、去恶从善。 知止：知道目标所在。 得：收获。	1. 结合注释理解，熟悉选段内容。 2. 思考问题，理解意义。	使学生对《大学》内容初步了解。

(续表)

教学环节		教师活动	学生活动	设计意图
阅读指引	初步研读	阅读任务： 选段告诉我们，大学之道在于哪三个方面？有所"得"的前提是什么？	阅读经文，写下做法，小组分享。	引出"修身"内容，为下一节课的讲授做准备。
	讨论分析	读一读： 　　古之欲明明德于天下者，先治其国；欲治其国者，先齐其家；欲齐其家者，先修其身；欲修其身者，先正其心；欲正其心者，先诚其意；欲诚其意者，先致其知。致知在格物。 　　物格而后知至，知至而后意诚，意诚而后心正，心正而后身修，身修而后家齐，家齐而后国治，国治而后天下平。自天子以至于庶人，壹是皆以修身为本。 　　其本乱，而末治者否矣。其所厚者薄，而其所薄者厚，未之有也。 注释： 明明德：前一个"明"作动词，有使动的意味，即"使彰明"，也就是发扬、弘扬的意思。后一个"明"作形容词，明德也就是光明正大的品德。 齐其家：管理好自己的家庭或家族，使家庭或家族和和美美，蒸蒸日上，兴旺发达。 修其身：修养自身的品性。 致其知：使自己获得知识。 格物：认识、研究万事万物。庶人：指平民百姓。 壹是：都是。本：根本。 末：相对于本而言，指枝末、枝节。 厚者薄：该重视的不重视。薄者厚：不该重视的却加以重视。 未之有也：即未有之也。没有这样的道理（事情、做法等）。 写一写： 　　在校作为学生需要完成学习任务，在家做父母的子女也有要履行的义务。请你写一写在家庭里面你自己履行的义务有哪些。		
作业布置		布置预习内容。	预习下一课时的内容。	为新课做准备。

第二课时　重点段落研读

执教老师	陈丽敏	执教年级	八年级	学科	语文
教学目标					

教学目标	1. 掌握"传文"部分内容的吟诵技巧。 2. 通过阅读重点文段，掌握整本书阅读方法。 3. 进一步了解《大学》的学习意义、宗旨和结构。
教学重难点	重点：掌握古文吟诵技巧，并学习"传文"部分吟诵。
	难点：通过阅读重点文段，掌握整本书阅读方法。
课前准备	回顾古诗吟诵的技巧，初步了解多种阅读方法。

教学的具体过程设计

教学环节	教师活动	学生活动	设计意图
课堂导入	1. 公式导入：著名的科学家爱因斯坦有一公式：W(成功)=X(刻苦努力)+Y(方法正确)+Z(不说空话)。 2. 掌握正确的读书方法非常关键，今天我们一起上一节"掌握《大学》读书方法"阅读指导课，一起来探讨《大学》整本书的读书方法。	看公式并思考公式的关系。	引出"阅读方法"这个话题。
阅读指导 — 诵读指导	吟诵第一至三章内容。 (吟诵技巧：入短韵长，平长仄短) **阅读任务：** 第一至三章分别阐释了"明明德""新民""止于至善"，这三者有什么关系？	各种方法读： 1. 自由吟诵，读准字音。 2. 精读语句，正确停顿。 3. 结合注释，品读细节。	熟悉选段内容，初步掌握方法。
阅读指导 — 自主译学	自学第一至三章部分内容： 《康诰》曰："克明德。"《太甲》曰："顾是天之明命。"《帝典》曰："克明峻德。"皆自明也。 汤之《盘铭》曰："苟日新，日日新，又日新。"《康诰》曰："作新民。"《诗》曰："周虽旧邦，其命维新。"是故君子无所不用其极。	1. 利用工具书查阅大意，圈画疑点。 2. 思考问题。 3. 小组合作探究。	1. 指导自学方法。 2. 以问题促进阅读理解。

（续表）

教学环节		教师活动	学生活动	设计意图
阅读指导	自主译学	《诗》云："邦畿千里，维民所止。" 《诗》云："缗蛮黄鸟，止于丘隅。"子曰："于止，知其所止，可以人而不如鸟乎？" 《诗》云："穆穆文王，於缉熙敬止！"为人君，止于仁；为人臣，止于敬；为人子，止于孝；为人父，止于慈；与国人交，止于信。 …… 阅读任务： 1. 选段引用了哪些内容？ 2. "止于至善"是人生修养的最高境界，第三章周文王认为要如何做人？		
	深入研读	品读第五章部分内容： 　　所谓致知在格物者，言欲致吾之知，在即物而穷其理也。盖人心之灵莫不有知，而天下之物莫不有理，惟于理有未穷，故其知有不尽也。 　　是以大学始教，必始学者即凡天下之物，莫不因其已知之理而益穷之，以求至乎其极。至于用力之久，而一旦豁然贯通焉，则众物之表里精粗无不到，而吾心之全体大用无不明矣。此谓物格，此谓知之至也。 阅读任务： 在生活中，为什么人的认识会有局限性？我们应该怎样提高自我的认识能力，开拓自己的眼界？	1. 分组再一次吟诵。 2. 讨论问题，标示并提出疑点。 3. 展示所思，解决疑点。 4. 根据第一至五章节内容画出思维导图。	以阅读任务驱动学生理解文本。
	讨论分析	整本书的阅读方法有哪些？请积累。 总结阅读的方法： 1. 圈画不会的词句。 2. 在有感悟的句子写旁批。 3. 利用工具书解决重点字词。 4. 画思维导图了解结构。	写下并总结整本书阅读方法。	引导归纳学生阅读经典文化阅读文本的方法。 为下一节课的讲授做准备。
作业布置		布置预习内容。	预习下一课时的内容。	为新课做准备。

第三课时　重点段落研读

执教老师	陈丽敏	执教年级	八年级	学科	语文
教学目标	1. 对所选内容熟读成诵。 2. 学习"传文"部分内容。 3. 结合生活让学生理解"修身"的德育含义。					
教学重难点	重点	学习第六到八章内容：诚意、正心、修身、齐家。			
	难点	结合生活让学生理解"修身"的德育含义。			
课前准备	通过吟诵简单初步了解内容。				

教学的具体过程设计

教学环节		教师活动	学生活动	设计意图
课堂导入		展示象形文字的"修"字让同学们猜。 想一想："修"字由哪部分组成？ 思考："修"本义是什么？	1. 看字。 2. 思考问题。	引出"修身"这个话题。
阅读指导	诵读指导	1. 吟诵第六至八章内容。 2. 回顾前文："欲修其身者，先正其心。欲正其心者，先诚其意。欲诚其意者，先致其知；致知在格物。" **阅读任务：** 结合前文内容，请你说说：要达到修身，需要经过哪些步骤？	1. 自由吟诵，读准字音。 2. 读准节奏。 3. 思考问题。	熟悉选段内容。
	自学自译	自学第七章： 　　所谓修身在正其心者，身有所忿懥，则不得其正，有所恐惧，则不得其正，有所好乐，则不得其正，有所忧患，则不得其正。 　　心不在焉，视而不见，听而不闻，食而不知其味。此谓修身在正其心。 **注释：** 身：程颐认为应为"心"。 忿懥（zhì）：愤怒。 **阅读任务：** 结合选段内容，思考"修身"的方法有哪些。	1. 结合注释理解。 2. 思考问题。 3. 小组合作探究。	1. 初步理解课文内容。 2. 引出学生对"修身"的思考。
	深入研读	品读第八章： 　　所谓齐其家在修其身者，人之其所亲爱而辟焉，之其所贱恶而辟焉，之其所畏敬而辟焉，之其所哀矜而辟焉，之其所敖惰而辟焉。故好而知其恶，恶而知其美者，天下鲜矣。		

(续表)

教学环节		教师活动	学生活动	设计意图
阅读指导	深入研读	故谚有之曰："人莫知其子之恶，莫知其苗之硕。"此谓身不修不可以齐其家。 **思考：** 1. 引用谚语论证了什么观点？ 2. 请你谈谈"好而知其恶，恶而知其美"的理解，从中有何启发？	1. 分组再一次吟诵。 2. 讨论问题。 3. 展示所思。 4. 谈论修身的方法。	引导学生明白修身是齐家治国平天下的前提。
	讨论分析	在家庭里面自己如何做，才可以齐家？	写下做法。	引导思考学生在家庭中应如何履行自己的责任才能"齐家"。为下一节课的讲授做准备。
作业布置		布置预习内容。	预习下一课时的内容。	为新课做准备。

第四课时　课外延伸

执教老师	陈丽敏	执教年级	八年级	学科	语文
教学目标		1. 对其中的思想有个基本的了解，并探讨这些思想的现代意义。 2. 小组合作探究以段落为分界，合作翻译全文。 3. 让学生认识到"修齐治平"的重要性，并培养加强自身修养的意识。			
教学重难点	重点	理解《大学》中的"三纲""八目"并了解这些内容之间的逻辑联系。			
	难点	理解文章中的思想，并探讨这些思想的现代意义。			
课前准备		通过吟诵简单了解每个单元内容。			

教学的具体过程设计

教学环节	教师活动	学生活动	设计意图
课堂导入	**简介：** 《大学》分"经""传"两部分："经"指的是道、根本、原则和规律；"传"则用以诠释"经"的。大学的经文名为"大学之道"，其内容有"三纲八目"之分。"纲"是大纲、纲领，指主要的部分；"目"是细目，大项中再分的小项；纲目即大纲和细目，古有"纲举目张"一说。《大学》"三纲"指明明德、亲民和止于至善。"八目"是格物、致知、诚意、正心、修身、齐家、治国、平天下。	1.阅读简介。 2.思考问题。	整体回顾，引导思考"三纲""八目"的内在关系。

（续表）

教学环节		教师活动	学生活动	设计意图
课堂导入		阅读任务： 《大学》的主体是"三纲""八目"，根据简介，结合全文，请在文中将其找出来。		
阅读指导	整理逻辑	资料展示： "格物、致知、诚意、正心"是基础，做好这些的目的是为了"修身"。"齐家、治国、平天下"是"修身"的条件，"修身"的目的是"齐家、治国、平天下"。它们是由大至小的条件关系，或者是由小至大的因果关系。"修身"是根本（自天子以至于庶人，壹是皆以修身为本）。 阅读任务： 1. 用思维导图画出"八目"的逻辑关系。 2. "八目"中哪一个是根本？	1. 阅读资料。 2. 思考问题。	熟悉选段内容，形成整体思考。
	探究现实意义	有人说《大学》的论述可谓"微言大义"，精微的言辞中蕴含着深刻的道理，这些道理，对现代人也是很有作用的；有人却对其中的某些说法颇有非议。 请在下面选择你最感兴趣的一句联系社会和自身实际进行评析。 1. 君子必慎其独也。 2. 君子有诸己而后求诸人，无诸己而后非诸人。 3. 格物致知。 4. 自天子以至于庶人，壹是皆以修身为本。 5. 德者，本也；财者，末也。 6. 好而知其恶，恶而知其美。 7. 心不在焉，视而不见，听而不闻，食而不知其味。	1. 结合社会和自身实际思考问题。 2. 小组合作探究。	1. 深入理解内容。 2. 引导学生思考《大学》的现实意义。
	读背	自由朗诵；背诵全文。	多种形式背读。	巩固加深。
总结		如果一个人缺乏基本的道德修养，就不可能完成对家庭和社会应承担的责任。我们应加强自身的修养，即使在无人监督的情况下，也应遵守道德规范。能否永远做光明磊落的人，关键也许就在于你不为人注意的一刹那。		

课例分析：

陈丽敏老师的这个课例，是中学整本书阅读教学、任务驱动式教学与国学经典阅读课相结合的一个探讨课例，虽不是特别完美的精彩课例，但在国学教育教学方面仍然给了我们许多启发。

启发一：长篇的、大段的，甚至整本的国学经典，我们该如何教学？因为国学经典的语言是古代文言文，尤其是生僻字词较多的时候，学生学起来比较困难，老师教起来也不容易，有时费时费力，效果反倒不佳。因此，中小学很多的国学教育教学都是断片的、零碎的，在小学尚可，到了中学如果继续这样，显然不利于学生掌握系统的国学知识。大部分国学经典都很强调其系统性、完整性，让中学生接受系统而完整的国学思想体系，显然比学习零碎的断片知识要有用得多。但如何让学生掌握，却需要教师去精心设计、精心引导，其一就在于教师自己要吃透这些国学经典，把握其概念、结构和逻辑框架，即教师首先要掌握国学经典的系统性和完整性。就《大学》来说，不同版本的《大学》呈现面貌不同，陈老师依据朱熹的《大学》版本，依据《大学》的内在逻辑，分其为"经文""传文"，给学生讲清这样分的原因，并在教学中以"三纲八目"来系统称之。在具体教学中，用第一课时"总体把握"来让学生获得对《大学》的总体印象，并通过学习"经文"，理解它在《大学》思想体系中的核心地位。这样，对于《大学》的整体面貌，学生就有初步印象了。接下来，陈老师用两个课时，带着学生分别研读"传文"中不同的重点章节，让学生深入到《大学》的思想深处，以获得细致、具体的印象。这样先整体、后局部的好处是：在局部、细处的学习中能够时时想到它在整体中的位置；反过来，整体因局部、细处的充实而鲜活，有支撑，不干瘪。最后一课时，在复习巩固的基础上，引导学生联系自己的生活实际去分析《大学》的思想，教学内容很自然地拓展到了国学经典之外，并赋予它当代思想内容。这样的四节课连贯下来，与中学语文的整本书阅读教学在内在的学理上是一致的，遵循的是"整体—局部—整体"的教学逻辑，然而要完美地实现它，需要教师对国学经典的熟悉与深入理解，即所谓的"文本解读"要"透"。

启发二：教师讲解、指导与学生自学相结合，而贯穿其中的是"任务驱动式教学"。国学经典的学习，因其语言障碍，学生对老师依赖性很大，推一下动一下，有时甚至推而不动。要解决这个问题，除了老师对学生进行兴趣激发之外，借鉴语文教学中的"任务驱动式教学"也不失为一个好办法。我们看到，在陈老师的四课时的教学设计中，给学生特定的"阅读任务"（学习任务）贯穿始终，在教学中的各个环节，学生都有学习任务：或学习吟诵技巧，或理解句子段落，或展开辨析、讨论，学生或读或说或思考，在听说读写的整体训练、学习中去理解经典、接受经典、使用经典。当然，"任务驱动式教学"必须注意：何时提出任务？提出什么任务？学生如何完成任务？遇到困难时，教师如何指导、帮助学生完成任务？如何评估学生任务的完成情况？……我们注意到，陈老师在这个课例中，往往是先讲方法，然后让学生运用这些方法去完成下一步的学习任务，这是方法指导；另外，在任务设计中，陈老师注意到了任务的顺序、衔接和层次问题，即由简单任务到复杂任务（如先读后写），由基础任务到高阶任务（如理解原文内容到思考自身、社会）……当然，国学经典的任务设计与学习，与一般的语文教育教学不同，它必须集中到思想、文化层面上来，不能在语言学习上花太多功夫。

启发三：用学习国学的方式，来进行国学经典的教学设计。在这个课例中，注重诵读（吟诵），注重内容理解，注重思想辨析，注重文化传承（联系自身，联系当代生活），甚至注重汉字字理的学习（如"修"），这些都体现了国学经典学习的特色与优势。这样的国学课堂学习，老师、学生一定是"乐亦在其中"！

当然，《大学》在"经文"之外，有十章"传文"，为课时所限，陈老师将最后两章舍弃，课堂教学学前八章，后两章学生课下自学，这不失为一种没有办法的办法。但从《大学》的重要性和完整性来说，多花一两个课时，认真读一读、学一学，是非常值得而有必要的。

第三节　国学教育学科渗透课例

中英语言文化对比之美
——小学英语课堂渗透国学文化的教学案例

广东省佛山市禅城区澜石小学　萧敏莹

人教版小学英语四年级上册 Unit 6　Meet my family! Let's learn	
一、学生分析	本班学生活泼好动，但不善于表现自我。学生需要在各种课堂活动中提高语言技能和综合素养，增强学习自信。 　　学生在三年级时已经学习了 father/dad, mother/mum, brother, sister, grandfather/grandpa, grandmother/grandma 等关于直系亲属称呼的单词。
二、教学目标	1. 能够在学习英语绘本 Me and my family tree 和制作家庭树的过程中听、说、认读以下单词：parents, grandparents, cousin, uncle, aunt, baby brother. 2. 能够利用家庭树，灵活运用以下的句型介绍自己的家庭成员： This is my mother's mother—my grandma. My mother and father had my brother. They're all part of my family tree.

（续表）

二、教学目标	3. 通过学习英语绘本 Me and my family tree，以及《三字经》中的"高曾祖，父而身，身而子，子而孙"，学生能够对比中西文化，理解家庭成员代代相传，爱家人的文化内涵，感受中英文化内涵的共通之处。 4. 通过对比学习《三字经》的中英文版本，感受译本从音、形、义三个方面对原著的复原。 5. 通过对比学习《弟子规》的中英文版本，感受中英文的朗读都有重读和押韵，理解英汉修辞有相似之处，感受中西方语言的美，尊重文化异同。学会用英语传播中华文化。
三、教学重难点	1. 重点：能够灵活运用本课重点词汇和句型介绍家庭。 2. 难点：能够理解英语绘本和《三字经》中英文化家庭传承概念的共通之处；能够体会《三字经》的英文版在音、形、义三方面与原文的匹配；能够理解《弟子规》中英两个版本中的英汉修辞的相似之处。
四、教学准备	1. 英语绘本 Me and my family tree (By Joan Sweeney)。 2.《三字经》中"高曾祖，父而身，身而子，子而孙"的中英对照（赵彦春译）。 3.《弟子规》"父母呼，应勿缓。父母命，行勿懒"的中英对照。
五、教学过程	**Step 1 Lead-in** 　　Sing the song I love my family. 　　What's the song about? (It's about family.) 　　Who are in the family? (Recall family members in the video.) 　　Get to the topic of the lesson. 　　设计意图：活跃课堂气氛，复习家庭成员词，引入话题。 **Step 2 Learn the picture book *Me and my family tree*** 　　Teacher reads the picture book with students. 　　设计意图：学习如何制作家庭树的英语绘本，让学生感受家庭成员之间的密不可分的关系，知道自己从哪儿来，知道家庭成员的来龙去脉，增强亲情观念。初步理解感知本课新学的家庭成员单词，为学习新词和制作家庭树做铺垫。 **Step 3 Learn new words by making a family tree** Learn the new words and ask studeuts to put word cards and pictures on blackboard to make a family tree.

(续表)

| 五、教学过程 | (1)Learn the new word: baby brother.
T: First, I start with me. Then comes my baby brother. We're both part of my family tree.
(2)Learn the new word: parents.
T: This is my mother. This is my father. Who are they?(They are parents.) They're all part of my family tree.
(3)Learn the new word: grandparents.
T: This is my father's father. This is my father's mother. Who are they? This is my mother's father. This is my mother's mother. Who are they?(They're grandparents.)They're all part of my family tree.
(4)Learn the new words: aunt, uncle.
T: This is my mother's sister. Who is she? (She is my aunt.) This is her husband. Who is he? (He is my uncle.)
They're all part of my family tree.
(5)Learn the new word: cousin.
T: My aunt and uncle had my cousin. They're all part of my family tree.
（6）Tell the relationship of family with family tree.
This is me and my family. My grandparents had father and her sister. My aunt and uncle had my cousin. My parents had my brother and me. One day I may have children, too. They're all part of my family tree.
设计意图：利用单词卡片和人物图片，引导学生一边制作家庭树（板书），一边学习家庭成员新词parents, grandparents, cousin, uncle, aunt, baby brother，并灵活运用所学句型介绍家庭树。让学生理解They're all part of my family tree.的深层含义，明白家庭就像一棵树一样，虽然各自在往不同的方向生长，但有共同的根。制作家庭树，自下而上理解家庭树，按自上而下的顺序介绍家庭树，让学生理解家庭成员之间密不可分的道理。
Step 4 English VS Chinese ——《三字经》
1. T: In the English picture book, we learn that they are all part of my family. How about our Chinese traditional culture?
在《三字经》中，有部分内容和我们刚才学习的英语绘本所表达的道理有异曲同工之妙，同样是表达家庭成员之间密不可分、家族传承的概念，同学们知道是哪几句吗？
（"高曾祖，父而身，身而子，子而孙。"）
2. 同学们能尝试说一下这几句话的意思吗？
（由高祖父生曾祖父，曾祖父生祖父，祖父生父亲，父亲生我本身，我生儿子，儿子再生孙子。表示着血缘亲族之间的亲疏远近、尊卑老幼的关系。我们每个人都承担着承上启下的责任和义务。）
3. 学习英文版《三字经》(赵彦春译)。一边拍手，一边有节奏地朗诵中英两个版本，感受节奏。 |

(续表)

五、教学过程	高曾祖， 父而身， 身而子， 子而孙。 Grand, great-grand, great-great-grand Father, myself, and Children, and grandchildren All are kinsmen. 　　为什么我们可以用一样的节奏，朗诵不同语言的国学经典作品呢？（因为中文版都是三个字，英文版都是三个词。） 4. 分别观察中文版的字，英文版的单词，你发现了什么特点吗？（提示：有什么字或词重复使用了？想一想为什么？） （1）中文版中的"而"字出现了三次，而英文版中的and 重复出现了两次，都是表示连接，都是意喻家庭的"传承"。 （2）中文版的"子"字和"身"字重复了两次，"孙"字里面还有"子"字，而英文版中的grand 重复了三次，great 出现了两次，children 重复两次，单词grandchildren里面含有children，grand的里面有"and"都是表示家庭成员之间"你中有我，我中有你"的寓意。 （3）中文版用"高曾祖"，英文版用"Grand, great-grand, great-great-grand"表示对长辈的层级尊重。 　　设计意图：在《三字经》的语句学习中，感受到中华经典文化与英语绘本所表达的家庭传承的意思相同。让学生在《三字经》中英文版本的拍手朗诵学习中读得津津有味，感受到中西文化思想和语言表达的异曲同工之妙，感受语言之美。感受英文版兼顾了音、形、义，完美复原了原著的文本特色。 **Step 5　English VS Chinese ——《弟子规》** 1. Do you know the Chinese meaning? 　　Teacher reads the English version of the following sentences in *Guidelines for Children*. When parents order, Quick to answer. When parents say, Do without delay. 2. Show the Chinese meaning of the sentences.（让学生根据中文释义说出《弟子规》中相应的句子。） 　　Ask Students to tell the correspondent sentences in Guidelines for *Children* in Chinese.

(续表)

| 五、教学过程 | Do you know?
When parents order,
Quick to answer.
When parents say,
Do without delay.
【释义】父母呼唤你时，应该及时应答；父母交代去做的事情，应该立刻动身去做，不要推辞偷懒。
你能说出《弟子规》中相应的句子吗？

3. Students follow teacher to read the English version sentence by sentence. Repeat the words which are difficult for Students. (运用自然拼读教)
4. Practice reading in groups.
5. 句子重读 VS Sentence stress。
　　Read the Chinese version after teacher.
　　Ask Students to find what words are emphasized while reading.
　　(呼，缓，命，懒)
　　Clap hands and read the English version after teacher.
　　Ask Students to find what words are emphasized while reading.
　　(order, answer, say, delay)
　　Teach the pronunciation of the four words.
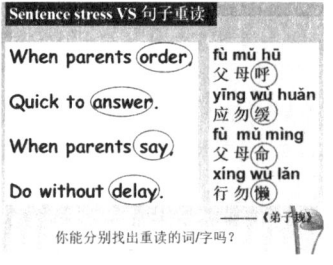
6. 押韵 VS Homeoteleuton。
　　Ask Students to pay attention to the last words of both versions.
　　Find the same sounds respectively.
　　(缓 huǎn，懒 lǎn , order, answer, say, delay)
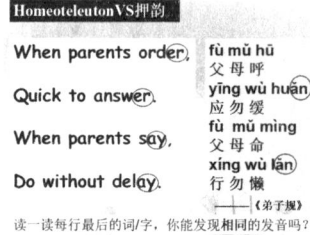 |

（续表）

五、教学过程	设计意图：通过对比学习《弟子规》的中英文版本，感受中英文的朗读都有重读和押韵，理解英汉修辞有相似之处。感受中西方语言的美，尊重文化异同，有益于培养国际意识，加深对中华民族优秀传统文化的认识和热爱。让学生学会用英语传播国学经典。 **Step 6　Summary** 　　经过对比，英汉文化内涵和修辞都有相似之处。
六、板书设计	
七、教学流程图	
八、教学资源	1. 人教版小学英语四年级上册Unit 6　Meet my family! Let's learn

(续表)

八、教学资源	2. 英语绘本 *Me and my family tree*（By Joan Sweeney）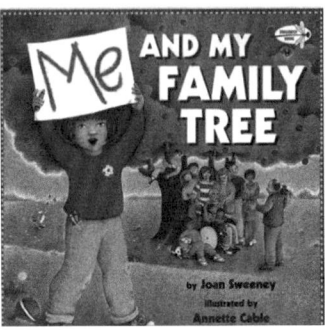This is me and my family. I have a brother, a mommy and a daddy, grandparents, aunts and uncles, and cousins too. How are they all related to me? I'll show you on my family tree. First I start with me. Then comes my big brother, Alan. We're both part of my family tree. These are my parents — my mommy and daddy. They're part of my family tree. This is my mommy's mommy—my grandma. This is my mommy's daddy—my grandpa. This is my daddy's mommy—my nana. This is my daddy's daddy—my poppa. They're all part of my family tree. Mommy has a sister — my Aunt Sally. She's married to my uncle Lee. They have a daughter —my cousin Alice. They're all part of my family tree. Daddy has a brother—my Uncle Jim. He's married to my Aunt Margie. They have two sons—my cousin Jeff and my cousin David. Daddy also has s sister —that's my Aunt Pat. They're all part of my family tree. Now—can you guess how I came to be? Grandma and Grandpa had Mommy and her sister. Nana and Poppa had Daddy and his brother and sister. My aunts and uncles had my cousins. Mommy and Daddy had my brother. And then...Mommy and Daddy had me! One day I may have children, and they'll be part of my family tree. Think of it! Everyone in the world has a family tree. Just like you and me. 3.《三字经》中英对照（赵彦春译） 高曾祖， 父而身， 身而子， 子而孙。 Grand, great-grand, great-great-grand Father, myself, and Children, and grandchildren All are kinsmen. 【释义】由高祖父生曾祖父，曾祖父生祖父，祖父生父亲，父亲生我

（续表）

八、教学资源	本身，我生儿子，儿子再生孙子。表示着血缘亲族之间的亲疏远近、尊卑老幼的关系。我们每个人都承担着承上启下的责任和义务。 4.《弟子规》中英对照 When parents order, Quick to answer. When parents say, Do without delay. fù mǔ hū 父 母 呼 yīng wù huǎn 应 勿 缓 fù mǔ mìng 父 母 命 xíng wù lǎn 行 勿 懒 【释义】父母呼唤你时，应该及时应答；父母交代去做的事情，应该立刻动身去做，不要推辞偷懒。

教学反思：

1. 学生参与积极性高，始终对课程内容有浓厚的兴趣，始终保持新鲜感，营造了轻松、和谐的课堂氛围，师生、生生交流融洽。

2. 教材二次开发，利用英语绘本、《三字经》以及《弟子规》进行学科融合，丰富教学资源，激发学生学习兴趣。学生在接触和了解外国文化的同时，也加深了对中华优秀传统文化的认识与热爱。接受中外文化的熏陶，有益于培养国际意识，有利于用英文传播中华文化。

3. 利用英语绘本创设情景，让学生理解家庭传承的概念。展示家庭树的制作方法，为学生学习家庭成员词做好了铺垫，为制作家庭树提供了较好的示范，同时能让学生在家庭树思维导图的制作过程中感受家庭的概念，理解家庭成员之间的密切关系。

4. 学生在对比学习英语绘本和《三字经》的过程中，感受中英文化的相似之处，理解家庭一脉相承的传统概念。学习《三字经》的英文版，还能巩固和拓展家庭成员单词，更好地理解英语的构词法。例如，《三字经》中的新词grandchildren与课本重点词grandparents，使学生更好地理解前缀grand的意思。在学习《三字经》中英文版本中，感受到中西文化思想和语言表达的异曲同工之妙。英文版的《三字经》兼顾原著的音、形、义，保留了原著的特色，化解了

"汉语以字为基本单位,英语以单词为单位"的基本语言结构。

5. 通过让学生读《弟子规》的英文版和中文版,发现中英版本都有重读的字或词,中英版本的读音都有押韵。通过对比,总结英汉修辞有相似之处。学生带着节奏和韵律朗诵中华传统经典的中英文版,感受国学经典的中英文版本朗诵起来都一样朗朗上口\津津有味\句句能懂,感受中英语言的韵律美,感受中外文化的哲学思想。

课例分析:

在2017年2月中共中央办公厅、国务院办公厅印发的《关于实施中华优秀传统文化传承发展工程的意见》指出,学习中华优秀传统文化要"贯穿国民教育始终",要"围绕立德树人根本任务,遵循学生认知规律和教育教学规律,按照一体化、分学段、有序推进的原则,把中华优秀传统文化全方位融入思想道德教育、文化知识教育、艺术体育教育、社会实践教育各环节,贯穿于启蒙教育、基础教育、职业教育、高等教育、继续教育各领域"。在中小学开展国学教育,不仅是语文、历史、道德与法治课的任务,其他各个学科,也应该融入中华优秀传统文化的学习,换言之,国学教育应该渗透进各个学科里去,成为各个学科教育里"水乳交融"的一部分。

国学教育在其他学科里的渗透,要解决两个基本问题:一是渗透点的选择,二是如何渗透,即渗透的方法问题。萧敏莹老师这个课例在这两个问题上,都给我们做出了很好的示范。

先看看渗透点的选择。萧老师的这节课,是小学四年级的英语课,重点在于英语语言的学习,同时学习西方关于家庭树的文化。按照一般的讲法,先进行单词、句子等语言学习,然后进行家庭树的内容学习,让学生记得单词、句型并且会说,教学任务也就完成了。这样的学习,放在以英语为母语的国家,是没有一点问题的,但作为中国孩子的学习,它还有一个中国文化背景,并且要在东、西方文化的学习中,来强化这个文化背景,即中华优秀传统文化的学习。有这样的意识与观念,才能够敏锐地在这篇课文的教学中,找到"家"文化这个共同点(尽管在具体文化内容上有差异),这共同点也就是渗透点。因此,在这篇课文的教学中,在完成单词、语言的学习并了解西方的家庭树后,萧老师马上引入《三字经》中与之密切关联的内容的学习,不仅强化学生对家庭树的认识,而且还让学生学习中国文化中关于家族传承的文化观念。为进一步进行语言学习和文化学习,萧老师又以先英文后中文的方式拿出相关的《弟子规》里的内容,通过明确中国人家庭内部的伦理来进一步强化中国文化里"家"文化的内涵。这样的教学，由一个关键的渗透点生发开去，层层深入，取得了良好的教学效果。

再来看看具体的渗透方法。萧老师的这个课例中，主要运用了这几种渗透方法：①比附法：由课文里西方的家庭树，联系到相应的中国优秀传统文化内容，由《三字经》而《弟子规》，由近而远，渐渐拓展；②求同存异法：寻求渗透点与原教学内容的共同之处，这个课例找到了《三字经》《弟子规》在修辞、音韵方面的相同、相似之处，如"而"与and、重复、押韵等；③融合法：这个课例不是把国学内容"硬塞"进英语课堂，而是巧妙融入，在融入内容的选择、融入时机的选择、融入的比重等方面都经过了慎重考虑，既不喧宾夺主、主次颠倒，也不蜻蜓点水、随意穿插，而是把国学教育内容与原有内容融为一体，成为一种互相促进、互相深化的关系，换言之，国学教育内容的渗透，已成为这堂课的有机组成部分。掌握了这些渗透方法，我们就能够上出优秀的国学渗透课来。

当然，就这个课例来说，学习西方语言和文化，对于中华优秀传统文化的学习，是一种相辅相成的关系。在教育部2014年3月印发的《完善中华优秀传统文化教育指导纲要》关于"加强中华优秀传统文化教育的基本原则"中，有一条是："坚持弘扬中华优秀传统文化与学习借鉴国外优秀文化成果相结合。既要高度重视培育学生的民族自信心、自豪感，又要注重引导学生树立世界眼光，博采众长。"其实，这一原则也适用于其他大多数学科的国学渗透性学习。

后　记

《中小学国学教育理论研究与实践》的出版，是广东第二师范学院国学教育教学团队的一个阶段性成果。

2009年，本书主编之一——郑国岱博士率先在广州市海珠区的小学推广国学经典教育，开创了本团队传统文化教育协同育人的先河。随后几年，团队其他成员也相继在省内不同的中小学校开展传统文化教育活动，充分展现了广东第二师范学院服务和引领基础教育的特质。2014年，郑国岱博士在汕头市潮南区首次创办"公益岭南国学夏令营"，获得成功；2015年，夏令营受邀在佛山市禅城区澜石中学举办，引起更加广泛而热烈的反响。在上述努力的基础上，2015年底，团队创办了"岭南国学教育论坛"，并在佛山举办首届会议，当时参会者300余人，协作学校达40多所，一时盛况空前。2016年，团队出版了国学教育实验教材。同年，为呼应中小学传统文化教育的需求，团队所在的中文系适时进行人才培养模式改革，在省内高校中率先开设全日制国学教育特色班，并连续招收了两届学生。同年，团队在广大协作学校的支持下，向省教育厅申请成立了广东教育学会国学教育专业委员会，为全省国学教育同道搭建了更高层次、更具专业性的交流合作平台。有了这些积累，团队在传统文化教育方面步伐更加快捷，成效也更加显著。2017年，团队被评为省级教育教学团队，国学教育班特色课程获批为省级应用型课程建设项目，"公益岭南国学夏令营"受广东省扶贫开发领导小组办公室邀请赴贵州开展文化帮扶活动，并因此被团中央评为"全国优秀国学教育项目"。2018年，集教材开发、教法研究、教师培训与志愿服务于一体的"公益岭南国学夏令营"获广东省教育教学成果奖二等奖（基础教育类）。在此基础上，本团队于2018年申请成立"中华优秀传统文化教育研究中心"，并获批为"广东省高校人文社科重点研究基地"。

本书是研究基地的系列规划项目之一。多年的国学教育实践让团队成员深切感觉到，在党中央和国务院的大力倡导下，在各级政府的支持和各类媒体的促动下，传统文化教育确已形成热潮，国人的文化自信也显著提升。但如何将传统文化的"创造性继承、创新性发展"落到实处并形成长效机制，如何利用学校这一主阵地全面深入地开展传统文化教育并形成"大中小幼"四位一体的协同育人机制，如何扣紧课程、教材、教法这些重要抓手去打造国学教育高效课堂，从而为青少年打下鲜明的中国底色，确实还有许多工作要做。而且，当前各中小学校的国学教育虽然丰富多彩，但也五花八门，因此很有必要对此进行理论上的厘清和实践上的总结，以便将传统文化教育推向更深层次和更高效度。为此，本团队进行了多次有针对性的调研，并据此确定了本书的主旨和框架，即以优秀传统文化为内容、学校教育为着力点，以学科、课程、教材、教法等要素及其相互关系为研究重心，希望能够为当前中小学国学教育的规范发展、高效推进发挥积极作用。在成书过程中，具体分工如下：

陈涵平负责全书统稿，并撰写第七章；

郑国岱负责全书版式，并撰写第二、八、十一章；

李杰荣撰写第一章；

侯立兵撰写第三章；

葛立斌撰写第四章；

徐世中撰写第五章；

刘兴晖撰写第六章；

刘石泉撰写第九章；

余新明撰写第十、十二章。

本书的出版离不开学校的大力支持，多年来学校从学科建设、团队培育、课程开发等多个方面都给予了必要资助；同时也得到了世界图书出版广东有限公司的鼎力相助，策划编辑陈名港作为国学教育同道，多年来一直协助团队工作，贡献良多；广东教育学会国学教育专业委员会副理事长黎建平博士对本书的撰写提出了许多中肯的建议；北京师范大学国学经典教育研究中心主任、中国教育学会传统文化教育分会理事长、中华炎黄文化研究会童蒙文化专业委员会会长徐勇（笔名徐梓）教授长时期悉心指导我们的工作，并在百忙之中欣然赐序，令人感动，在此一并致以谢忱。

主编谨识

2020年7月